Le présent ouvrage a été publié
avec le soutien de
l'Académie Nicaraguayenne de la Langue

ANL

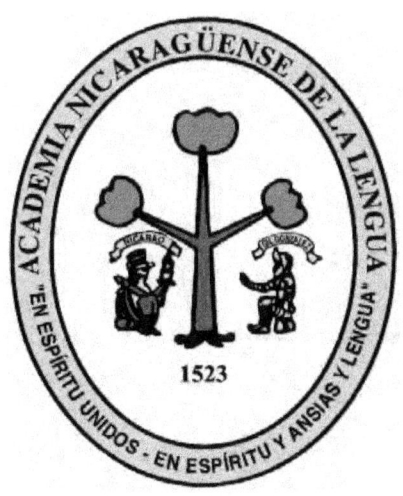

"En espíritu unido, en espíritu y ansias y lengua."

La Collection "*Travaux Panofskiens*" est dédiée à l'étude des oeuvres d'art de la période moderne (XIIème-XVIIIème siècles) et de la période contemporaine (XIXème-XXIème siècles), à partir de plusieurs concepts des études de l'École de Warburg, notamment représentés dans les travaux de son principal représentant Erwin Panofsky. Ces concepts sont les suivants:

La transmission des symboles culturels entre les époques, et la permanence de leur représentation;

L'étude des oeuvres d'art comme matériel pour comprendre leur époque et l'histoire des mentalités qui y est liée, c'est-à-dire, inversement, les idées, les pratiques et les moeurs, que révèlent les oeuvres d'art;

En ce sens, l'interaction entre les cosmos de cultures profane et religieuse, d'une part, et populaire, cultivée et savante, d'autre part.

Le principal apport de la présente Collection, ou son principal projet en tous cas, est d'aborder, non seulement les oeuvres de l'époque moderne, champ d'étude particulier de l'École de Warburg et de Panofsky, mais d'amplifier cedit champ à celui de la contemporanéité, en particulier des avant-gardes, afin, non seulement d'appliquer la méthode panofskienne à l'art contemporain, mais encore pour en expérimenter la pertinence dans le cadre visuel de la non figuration et de l'abstraction (soit-elle, celle-ci, thématique ou formelle).

Dr. N.-B. Barbe

Norbert-Bertrand Barbe
Membre Honoraire de l'Académie Nicaraguayenne de la Langue

Las Meninas de Diego Velázquez: un exemple de "*pathosformel*"

ISBN: 978-2-35424-227-5
Collection "*Travaux Panofskiens*"

© 2019, Bès Editions

Toute reproduction intégrale ou partielle du présent ouvrage, faite par quelque procédé que ce soit, sans le consentement de l'auteur ou de ses ayants cause, est illicite et constitue une contrefaçon sanctionnée par les articles L.335-2 et suivants du Code de la propriété intellectuelle.

SOMMAIRE GÉNÉRAL DU VOLUME

1. Le "*pathosformel*" et son modèle	1
2. Le tableau et son genre	12
2.1. *Le peintre à son étude*	12
2.2. Le peintre et le Roi	17
3. La peinture et ses motifs: Le peintre, la dédicace et le miroir	
	20
4. Le peintre, son chevalet et l'emblème	28
4.1. Le *corpus*	28
4.2. Diego Saavedra Fajardo	36
4.3. Les personnages	43
5. Conclusions	49
5.1. Résumé: style et genre	49
5.2. La question éducative	51
5.3. La question du portrait du peintre et des Rois	55
NOTES	85

PLANCHES

1. Le "*pathosformel*" et son modèle

Beaucoup d'interprétations[1] ont été données du tableau connu comme[2] *Las Meninas* (et antérieurement comme *La familia de Felipe IV*, 1656[3]) de Diego Velazquez, mais aucune d'un point de vue stylistique.

Toutefois, celles rapprochant le tableau de *Cristo en casa de Marta y María* (1618) du même Velázquez pour la scène en second plan, s'"*incrust*(ant)" dans celle du premier plan[4], et de *La fábula de Aracne (Las Hilanderas)* (1657), contemporaine de *Las Meninas*[5], et qui contient également une scène en second plan[6] s'approchent cependant, curieusement sans le relever, de cette réalité stylistique sous-jacente - même si l'escalier (comme dans *Las Hilanderas*) et la porte dans *Las Meninas* ouvrent passage à un personnage du groupe, mais, à la différence de ce qui se passe dans les deux autres oeuvres citées, ne double pas l'action d'un second épisode narratif, distinct de celui du premier plan -.

Dans ce même sens, il est utile de citer la description du tableau donnée par Antonio Palomino, biographe de Velázquez, qui la date de 1656[7], au § VII, sous le titre "*EN QVE SE DESCRIBE LA MAS ILVSTRE OBRA de Don Diego Velazquez*", du Deuxième Tome *Práctica de la Pintura* de *El Museo Pictórico y Escala Óptica* (1714), et du Troisième Tome du *Parnaso Español Pintoresco Laureado* (1724):

"*Entre las Pinturas maravillofas, que hizo Don Diego Velazquez, fue vna del Quadro grande con el Retrato de la Señora Emperatriz (entonces Infanta de Efpaña) Doña Margarita Maria de Autria, fiendo de muy poca edad: faltan palabras para explicar fu mucha gracia, viveza, y hermofura; pero fu mimo Retrato es el mejor panegyrico. A fus pies eftà de rodillas Doña Maria Aguſtina, Menina de la Reyna, hija de Don Diego Sarmiento, adminiſtrandole agua en un bucaro. Al otro lado eſtà Doña Iſabel de Velaco (hija de Don Bernardino Lopez de Ayala y Velaco, Conde de Fuenſalida, Gentil-Hombre de Camara de ſu Mageſtad) Menina tambien, y deſpues Dama, con vn movimiento, y accion propriſsima de hablar: en principal termino eſtà vn perro echado, y junto à el Nicolaſico Pertuſato Enano, piſandolo, para explicar al miſmo tiempo, que ſu ferocidad en la figura, lo domeſtico, y manſo en el ſufrimiento; pues quando le Retrataban ſe quedaba immobil en la accion, que le ponian; eſta figura es obſcura, y principal, y haze à la compoſicion gran armonia: detras eſtà Mari Barbola Enana, de aſpecto formidable: en termino mas diſtante, y en media tinta eſtà Doña Marcela de Vlloa, Señora de Honor, y vn Guarda Damas, que hazen à lo hiſtoriado maravilloſo efecto. Al otro lado eſtà Don Diego Velazquez pintando; tiene la tabla de las colores en la mano ſinieſtra, y en la dieſtra el pincel, la llave de la Camara, y de Apoſentador en la cinta, y en el pecho el Abito de Santiago, que deſpues de muerto le mandò ſu Mageſtad ſe le pintaſſen; y algunos dizen, que ſu Mageſtad miſmo ſe lo pintó, para aliento de los Proſeſores de eſta Nobiliſsima Arte, con tan ſuperior Chroniſta; porque quando pintó Velazquez eſte Quadro, no le avia hecho el Rey* efta merced. Con no menos artificio confidero efte Retrato de Velazquez, que el de Fidias Efcultor, y Pintor famofo, que pufo fu Retrato en el Efcudo de la Eftatua, que hizo de la Diofa Minerva, fabricandole con tal artificio, que fi de alli fe quitaffe, fe deshizieffe tambien de todo punto la Eftatua.

No menos eterno hizo Ticiano fu nombre, con averfe retratado teniendo en fus manos otro con la Efigie del Señor Rey Don Phelipe Segundo; y afsi como el nombre de Fidias jamás fe borrò, en quanto eftuvo entera la Eftatua de Minerva, y el de Ticiano, en quanto duraffe el de el Señor Phelipe Segundo: afsi tambien el de Velazquez durarà de vnos figlos en otros, en quanto durare el de la Excelfa, quanto preciofa Margarita: à cuya fombra immortaliza fu imagen con los benignos influxos de tan Soberano Dueño.

El Lienzo, en que eftà pintando es grande, y no fe ve nada de lo pintado porque fe mira por la parte pofterior, que arrima à el caballete.

Diò mueftras de fu claro ingenio Velazquez en decubrir lo que pintaba con ingeniofa traza; valiendofe de la chriftalina luz de vn efpejo, que pintó en lo vltimo de la Galeria, y frontero al Quadro, en el qual la reflexion, ó repercuffion nos reprefenta a nuetros Catholicos Reyes Phelipe, y Mariana. En efta Galeria, que es la del Quarto del Principe, *donde fe finge, y donde fe pintó, fe ven varias Pinturas por las paredes, aunque con poca claridad; conocefe fer de Rubens, y Hiftorias de los Metaforfios, de Ovidio. Tiene efta Galeria varias ventanas, que fe ven en diminucion, que hazen parecer grande la diftancia; es la luz izquierda, que entra por ellas, y folo por las príncipales, y vltimas. El Pabimento es lifo, y con tal perpectiva, que parece fe puede caminar por el; y en el techo fe defcubre la mefma cantidad. Al lado izquierdo del efpejo eftà vna Puerta abierta, que fale a vna Efcalera; en la qual eftà Jofeph Nieto, Apofentador de la Reyna, muy parecido, no obftante la diftancia, y degradacion de cantidad, y luz, en que le fupone; entre las figuras ay ambiente; lo hiftoriado es fuperior; el capricho nuevo; y en fin, no ay encarecimiento, que iguale al gufto; y diligencia de efta Obra; porque es verdad, no Pintura. Acabòla Don Diego Velazquez el año de 1656. dexando en ella mucho, que admirar, y nada, que exceder. Pudiera dezir Velazquez (à no fer mas modefto) de efta Pintura, lo que dixo Ceuxis de la bella Penelope (de cuya Obra quedò tán fatisfecho:) In vifurum aliquem, facilius, quam, imitaturum: que mas facil feria embidiarla, que imitarla.*

Efta Pintura fue de fu Magetad muy eftimada, y en tanto que fe hazia, afsiftió frequentemente à verla pintar; y afsimifmo la Reyna nueftra Señora Doña Maria-Ana de

Auftria baxaba muchas vezes, y las Señoras Infantas, y Damas, eftimandolo por agradable deleite, y entretenimiento. Colocòfe en el Quarto baxo de fu Mageftad, en la Pieza del Defpacho, entre otras Excelentes; y aviendo venido en eftos tiempos Lucas Jordan, llegando a verla, preguntóle el Señor Carlos Segundo, viendole como atonito: Que os parece? Y dixo: Señor, efta es la Theologia de la Pintura: queriendo dar à entender, que afsi como la Theologia es la fuperior de las Sciencias; afsi aquel Quadro era lo fuperior de la Pintura."[8]

En premier lieu parce qu'elle décrit les personnages, et nous évitera d'en reprendre ces éléments de seconde main[9].

Ensuite parce qu'elle insiste sur la comparaison avec les modèles antiques, et permet, ainsi, de pouvoir considérer le tableau comme étant un paradigme visuel, lié, disons-le tout de suite, au néerlandais.

En effet, la mise en perspective, récurrente dans les oeuvres de Velázquez, nous l'avons évoqué, des pièces s'imbriquant visuellement les unes dans les autres, et accentué par un recour à la lumière[10] particulier (parfaitement compris, donc, dès l'époque; de fait, en outre, dans le cadre architectural, référé, par deux phrases significativement consécutives, à la salle représentée et à son décor pictural, hollandais encore:

" *En efta Galeria, que es la del Quarto del Principe, donde fe finge, y donde fe pintó, fe ven varias Pinturas por las paredes, aunque con poca claridad; conocefe fer de Rubens, y Hiftorias de los Metaforfios, de Ovidio. Tiene efta Galeria varias ventanas, que fe ven en diminucion, que hazen parecer grande la diftancia; es la luz izquierda, que entra por ellas, y folo por las príncipales, y vltimas. El Pabimento es lifo, y con tal perpectiva, que parece fe puede caminar por el; y en el techo fe defcubre la mefma cantidad. Al lado izquierdo del efpejo eftà vna Puerta abierta, que fale a vna Efcalera; en la qual eftà Jofeph Nieto, Apofentador de la Reyna, muy parecido, no obftante la diftancia, y degradacion de cantidad, y luz, en que le fupone*"),

Noté dans la description que nous venons de reproduire de Palomino, invoquent directement la reprise de la représentation du cadre des intérieurs par la peinture flamande et hollandaise de l'époque[11].

C'est bien en cela, et non dans d'autres symbolismes qui seraient sous-jacents que réside le "*pathosformel*" (au sens warburgien) de cette toile[12].

De fait, par exemple, Palomino recrée l'histoire de la *sobreescritura* de la croix rouge de l'ordre de Santiago sur la poitrine du peintre, évitant ainsi certaines digressions interprétatives *a posteriori*.

Nous avons étudié, dans notre ouvrage, dans la présente Collection, sur Heinrich Vogtherr, la division en registre, notamment pour le thème iconographique du *Boeuf écorché*, propre du

XVIIème siècle hollandais, et lié à la superposition de scènes, liées à la vie du Christ, en second plan.

C'est donc bien, ici, le même phénomène que l'on retrouve, comme, sans le savoir, le confirment les analyses rapprochant les trois oeuvres citées du peintre entre elles.

Dans un cas (*Cristo en casa de Marta y María*), de fait, le second plan est chrétien, dans le second (*Las Hilanderas*) mythologique.

D'autre part, confirmant encore notre assertion de l'inspiration - ici en hommage - de l'art hollandais dans *Las Meninas*, ce sont des peintures flamandes que reproduit le tableau de Velázquez, conformément à leur présence dans le Quadro del Príncipe de l'Alcázar royal de Madrid[13], s'agissant d'une série de de la série des *Métamorphoses* d'Ovide par Rubens, ainsi que de copies d'oeuvres de Jacob Jordaens par Juan del Mazo, gendre de Velázquez[14].

Les deux oeuvres, visibles, sur le mur du fond, derrière Velázquez et au-dessus de Nieto, sont ainsi: *Minerve et Arachné*, copie de Mazo d'une composition de Rubens, et *Tmolos couronnant Apollon devant Pan et Midas*, d'après un original de Jordaens (1637) à son tour d'après une esquisse sur bois de Rubens (1636-1637)[15] pour la série de la Tour de la Parada[16].

Plus encore, beaucoup débattue, la présence du miroir réflecteur du couple royal dans *Las Meninas* s'inspire, au fait, là aussi, d'une longue - et bien connue - tradition flamande[17]: du *Portrait des époux Arnolfini* (1434) de Jean van Eyck[18] au *Saint Eloi Orfêvre* (1449) de Petrus Christus[19], ou encore au *Changeur et sa femme* (1514) de Quinten Metsys[20].

De fait, cette influence hollandaise dans la peinture de Velázquez n'a rien d'étonnant, sachant l'importance de Rubens, d'une part, comme modèle pour les peintres de la seconde moitié du XVIIème siècle espagnol, d'abord par les nombreuses commandes pour décorer les résidences royales madrilènes que Felipe IV fit dans la décade de 1630 à Rubens (notamment pour la Tour de la Parada, à l'extérieur de Madrid, sur le mont de El Pardo, de soixante-et-un ou soixante-deux tableaux représentant des scènes mythologiques d'après Ovide, en outre de scènes de la vie d'Hercule, et de quelques figures allégoriques, ainsi que des philosophes Héraclite et Démocrite, puis d'un second groupe d'une autre soixantaine de peintures essentiellement animalières, et d'au moins cinq toiles de scènes de chasse), puis par la reproduction en gravures de ses oeuvres par les artistes flamands[21], ensuite, historiquement, par l'union du style hispano-flamand[22], dès l'époque des Rois catholiques (1469-1516)[23], du fait de l'étroite relation politique[24] entre l'Espagne et les Pays-Bas espagnols (jusqu'encore au règne de Carlos II, successeur de Felipe IV)[25].

2. Le tableau et son genre
2.1. *Le peintre à son étude*

Il serait trop long et de peu d'effet de produire ici la longue, pour ne pas dire énorme, liste d'oeuvres représentant *Le peintre à son étude*[26], dont un exemple fameux est celui peint par Rembrandt (c.1626-1628[27]); toujours peignant, le peintre, dans celles-ci, est couramment montré (ce qui n'est pas le cas dans l'exemple que nous venons de citer), de nouveau pour ne pas dire habituellement, au milieu de ses clients et/ou modèles, souvent nobles, comme on le voit dans *Een schilder in zijn atelier, een dame portretterend* (*Le peintre à son studio, peignant une Dame*, 1707) de Ludolf Bakhuizen[28]; *Dans l'atelier du peintre de Cour* du flamand Gérard Thomas (1663-1720)[29], auteur, d'ailleurs, celui-ci de plusieurs oeuvres sur le même thème[30], dont une allégorie de *La Peinture*[31], représentant une Dame à la perruque poudrée, du type de celle que l'on trouve chez Bakhuizen comme modèle de ladite Allégorie, et, comme dans l'oeuvre précédente de Thomas, avec, un drapeau posé à côté du tableau en cours de production; ou *L'Archiduc Léopold-Guillaume dans sa galerie à Bruxelles* (1647-1651) de David Teniers le Jeune, qui était conservée en 1700 dans le "*pasillo junto al cubillo de la pieza de la Audiencia*" (No 141) du Palais de l'Alcázar à Madrid[32].

On notera, au passage, l'origine flamande de ces peintres[33].

Toutefois, on trouve, bien sûr, identiquement, ce thème de l'artiste peignant son modèle (comme chez Bakhuizen ou Thomas), par exemple dans *L'artiste dans son atelier* (1741-1744) de l'Italien Pietro Longhi[34].

Dans ce cadre, on rencontre souvent des peintures représentant la famille de l'artiste, avec, au milieu, celui-ci en train de la peindre, comme c'est le cas dans *La familia del pintor Juan Bautista Martínez del Mazo* (1665)[35], dont la structure générale rappelle directement celle des *Meninas* par son beau-père, en notant, toutefois, ici que le peintre y est déporté au fond, dans la seconde pièce de la perspective (selon le modèle de *Las Hilanderas*), comme Nieto chez Velázquez, et s'y trouve de dos, non plus de face, au spectateur.

D'autre part, les portraits de famille sont nombreux à cette même époque, soient-ils de familles bourgeoises (les portraits collectifs ayant acquis un grand succès parmi les corporations professionnelles de Hollande et des Pays-Bas, et ayant ainsi fini par s'imposer comme un genre à part dont tirèrent profit les familles comme celle-ci pour se faire représenter tous ensemble[36] - comme le prouvent, par exemple, les portraits: *De schilder in zijn werkplaats bezig met het portretteren van een echtpaar* [*Le peintre dans son atelier peignant le portrait d'un couple marié*], 1612, par Herman van Vollenhoven; *Groupe familial dans un paysage*, c.1645-1648, par Frans Hals[37], et de la *Famille de Willem van Kerckhoven* [*Familieportret van Willem van Kerckhoven*], membre du gouvernement néerlandais, au Royaume-Uni des Pays-Bas, par Johannes Mytens, 1652-1655[38]; mais aussi *Les gouverneurs de la Guilde de Saint-Luc, Haarlem*, 1675, de Jan de Bray[39]; bien sûr *La Ronde de Nuit*, 1642, de Rembrandt[40]; ou *Gentilhommes fumant et jouant au backgammon dans un intérieur* de Dirck Hals, 1591-1656[41] [avec, comme dans *Las Meninas*, les deux tableaux du fond, ici intégrant un élément extérieur: la mer, comme l'est le mythologique par les deux copies également "*en miroir*" dans la toile de Velázquez] -), comme dans *Everhard Jabach et sa Famille* (c.1660) de Charles

Le Brun[42]; *Portrait d'une famille dans une cour de Delft* (1662) de Pieter de Hooch[43] (duquel Velázquez semble avoir repris les motifs récurrents chez Hooch[44] de la porte ouverte au second plan et du personnage, que Hooch choisit de représenter de dos[45]); *Intérieur de Fantaisie avec Jan Steen et la famille de Gerrit Schouten* (c.1659-1660) de Jan Steen[46], où, de fait, apparaît celui-ci, comme l'indique le titre, mais où, cependant, Steen n'apparaît pas peignant; ou de familles nobles ou royales, comme la première scène: "*della corte*" du mur Nord de la Camera degli Sposi (1465-1474[47]) du Palais Ducal de Mantoue par Andrea Mantegna, où est représenté "*la cour*" du prince Ludovico Gonzague entouré de sa famille et de la princesse Barbara de Brandebourg assis[48]; *The Family of Henry VIII*, portrait de groupe anonyme au Hampton Court Palace (1545), qui, outre la famille royale, intègre, sous le arcades, William Sommer, le fou du roi, et "*Jane the Fool*", qui était la folle de la reine[49]; *La Famille de Philippe V d'Espagne* (1723) de Jean Ranc[50]; ou *La familia del infante don Luis de Borbón* (1784[51]) et *La familia de Carlos IV* (1800[52]) de Francisco de Goya, où celui-ci (qui fut le premier à graver[53] *Las Meninas*, c.1778-1785[54], à l'intérieur d'une série de treize[55] gravures reproduisant les oeuvres de Velázquez[56] dans les Collections des Palais Royaux[57], 1778-1799[58]) apparaît, dans les deux cas, faisant le portrait de groupe.

2.2. Le peintre et le Roi

L'association entre le peintre de Cour, dont l'office est, bien inscrit dans la tradition depuis la fin du Moyen Âge[59], d'offrir des portraits familiaux et individuels des monarques[60], et le noble ou monarque qu'il peint est également notablement attesté, aussi bien dans le monde occidental, avec, par exemple, *Sir Endymion Porter et van Dyck* (c.1635, de nouveau conservé en Espagne, ici au

Prado) de l'encore flamand Anthon van Dyck[61], ou dans *François I reçoit les derniers soupirs de Leonard de Vinci* (1818) d'Ingres[62], comme, à la même époque, dans le monde oriental, avec, en particulier, la fameuse miniature *L'Empereur Jahangir préférant un cheikh soufi aux rois*[63] (c.1615-1618, The Smithsonian's Museums of Asian Art, Washington, Donation Charles Lang Freer, F1942.15a[64]) de Bichitr[65].

On trouve plusieurs portraits représentant soit l'artiste peignant une scène allégorique[66], comme dans le *Retrato de Antonio Palomino de Castro y Velasco* (1726) par Juan Bautista Simó[67]; soit l'artiste et Saint, comme, concrètement, dans *De heilige Lucas schildert de Madonna* (*Saint Luc peignant la Vierge*, 1532) du, là encore, de néerlandais Maarten van Heemskerck[68]; soit l'artiste en Zeuxis, comme dans le sardonique et souriant *Selbstbildnis als Zeuxis, der eine hässliche* *alte Frau porträtiert*⁶⁹ (*Autoportrait en Zeuxis peignant une vieille femme laide*, 1685⁷⁰) d'Arent de Gelder (le sourire y rappelle les *Autoportraits riant* de Rembrandt - étant plus nombreux encore, dès sa jeunesse, ceux au demi-sourire esquissé⁷¹ -, parfois en Démocrite, c.1628⁷², ou en Zeuxis, c.1662⁷³, parfois en lui-même, comme le montre l'*Autoportrait au chapeau, riant*, 1630⁷⁴, préfiguration des essais similaires de Gustave Courbet et du futuriste Fortunato Depero⁷⁵, en cela que pendant des *Autoportraits* respectivement *à la bouche ouverte, comme en train de crier*⁷⁶ et *aux yeux hagards*⁷⁷, tous deux également de la même année 1630; alors que la vieille, habillée, rappelle, chez Gelder, *Bethsabée au bain tenant la lettre de David*, 1654, de Rembrandt⁷⁸, notamment pour son geste, soutenant ici un fruit, et les perles soutenant sa coiffure).

3. La peinture et ses motifs: Le peintre, la dédicace et le miroir

Il n'est donc pas étonnant que les peintures reconnaissables dans *Las Meninas* aient, toutes deux, à voir avec un concours entre une divinité et un humain, et dans les deux cas encore concernant une compétition d'art, la tapisserie pour Arachné, la musique pour Pan.

Il est, également, de tradition, depuis le Moyen Âge, et déjà à Byzance, que le commanditaire de l'oeuvre apparaisse, en miroir, dans l'oeuvre, on pensera à Suger dans les vitraux de Saint-Denis, ou aux empereurs ou évêques byzantins présentant la miniature de l'édifice où ils sont représentés, ce qui deviendra le principe de la miniature de présentation[79], en particulier, à l'époque carolingienne et ottonienne, des miniatures de présentation royales, montrant les empereurs[80] ayant commandité le manuscrit où leur est, ainsi, rendu hommage. Ce sont encore, dans une autre perspective, les châteaux du Duc de Berry, qui ponctuent la représentation des mois de l'année de son fameux *Livre d'Heures* par les Frères Limbourg[81].

C'est donc, logiquement, dans *Las Meninas*, le portrait, en miroir, du couple royal, regardant la scène représentée.

C'est, dans la tradition flamande et hollandaise de la fin du XVIème[82] siècle et du XVIIème[83] siècle, la représentation de l'amateur d'art ou "*leifhebber*", soit dans l'atelier de l'artiste, soit dans le "*konstkamer*" ou cabinet de peintures[84], ce qui, de fait, la pièce où sont représentées *Las Meninas*.

La représentation des nobles dans l'atelier du peintre élevant d'autant celui-ci dans cet environnement rempli intellectualisme, générateur de conversations sur la virtuosité[85], comme l'attestent, par exemple, *Les Archiducs Albert et Isabella visitant la collection de Pierre Roose* (1621-1623) de Hieronymus Francken II et Jan Brueghel l'Ancien, *Une galerie de peintures* (c.1660–1665) de Gillis van Tilborgh, ou la peinture anonyme flamande représentant le travail de *Cognoscenti dans une pièce ornée de peintures* (c.1620)[86] où d'élégants "*cognoisseurs*" jouent ce rôle d'analystes savants des oeuvres[87] (déjà étudié pour le Quattrocento par Michael Baxandall dans son ouvrage *Painting and Experience in Fifteenth-Century Italy - A Primer in the Social History of Pictorial Style*, 1972).

Attention soutenue des visiteurs de l'atelier dans *Amateurs d'art dans un atelier de peintre* (c.1635) de Pieter Codde, *L'atelier du peintre* (c.1655–1657) de Frans van Mieris, *Visite à un atelier* (1659), attribué à Job Adriaensz. Berckheyde[88] ou *Atelier d'artiste avec une femme cousant* (c.1648) de Michael Sweerts[89] (par ailleurs créateur d'une académie de peinture[90], comme le montre *L'école de dessin*, c.1655[91]).

De là, peut-être, la référence à Athéna, dans son combat avec Arachné, ces "*cognoisseurs*" ou "*leifhebber*" se considérant comme les adorateurs de Minerve, la déesse de la sagesse et des arts[92], définition apparue pour la première fois dans le dictionnaire *Thesaurus theutonicae linguae* de C. Plantin (Anvers, 1573)[93].

L'intégration et l'apprentissage de l'amateur[94], qui devient au XVIIème siècle un fait accompli, fondé, préalablement, sur l'élaboration d'ouvrages codifiant pour lui l'art du peintre, dès le XVIème siècle[95], nous replaçant dans la complexe évolution du thème de *L'atelier du peintre* et de son symbolisme[96], depuis la "*bottega*"[97], marque, tout à la fois, la possibilité de la représentation de l'artiste, en miroir, et en famille.

Nous avons cité *La familia del pintor Juan Bautista Martínez del Mazo*.

Il faut également citer *Margereta de Roodere et ses Parents* (1652) de Gerard van Honthorst, où le peintre représente l'amatrice peignant son père qu'elle signale du doigt[98], structure inverse de celle de l'*Autoportrait* (1699) de l'également hollandais Adriaen van der Werff, qui se représente tenant en main un portrait de son épouse avec leur enfant[99], ou les différentes versions de *Tintoret peignant sa fille morte*, Marietta, peintre à son tour, décédée avant son père, par Léon Cogniet (c.1843[100]), et Henry Nelson O'Neill (1873[101]), et George H. Blackburn (1891[102]).

Cette mise en miroir, qui reprend celle de l'expérience de l'"*atelier imaginé*" ou "*virtuel*" appliqué par H. Perry Chapman à Vermeer[103] à propos de *De Schilderkonst* (*L'Art de la Peinture*, c.1662-1668[104]) - qui n'en est rien d'autre, pour ses attributs, que l'Allégorie[105] -, permet, parallèlement, le développement de mises en miroir, telles que dans *Henri IV reçoit le portrait de la reine et se laisse désarmer par l'amour*[106] (c.1622-1625) de Rubens[107], l'estampe *Présentation du portrait de Marie-Antoinette à Louis Dauphin, depuis Louis XVI, devant Louis XV et la cour de Versailles* (1770) par Jean-Baptiste-André Dagoty[108], ainsi décrite dans le catalogue de 1906:

"M. Gauthier Dagoty, fils de M. Gautier (sic) anatomiste, pensionné du Roy, a publié une estampe de sa composition de Louis XV, qui, accompagné de la famille royale, montre Mgr le Dauphin (le futur Louis XVI) le médaillon (sic) de l'auguste archiduchesse Antoinette. Ce médaillon est soutenu par l'ambassadeur de l'Empire. Cette composition intéressante par elle-même, puisqu'elle nous retrace une union désirée, l'est encore par les soins qu'a pris l'artiste de rendre ses personnages ressemblants. Au Bas, où on lit ce vers latin:

"Fœdera, sanguis, hymen nexu solidentur amori".
L'estampe a été gravée en manière noire par l'auteur lui-même et a environ 30 pouces de long sur 24 de haut"(Mercure de France, avril 1770, p. 193. Note communiquée obligeamment par M. Albert Vuaflart)"[109],

Mais, surtout, dans les originels deux témoins se reflétant[110], et dont l'un pourrait être l'artiste lui-même[111], dans le miroir[112] du portrait des *Époux Arnolfini*, où le peintre, dans la formulation latine, complexe à traduire, de sa signature datée "*Johannes de eyck fuit hic. 1434*", semble reprendre le modèle (on a pensé que l'épouse dans le portrait du couple Arnolfini était enceinte[113]) élaboré par Matthäus Schwarz dans le dessin qui porte la légende "*Ich war verborgen im 1496*"[114] ("*J'étais caché là en 1496*", 1520[115], du *Livre des costumes*, Paris, BnF, Département des Manuscrits, Allemand 211, fol. 3v.[116]), portrait de ces parents, dont sa mère au moment où elle se trouvait enceinte du futur peintre:

"*L'enluminure figur*(ant) *la mère de Matthaus Schwartz, presque à terme, la main gauche posée sur son ventre. Le jeune Matthaus commente: "J'étais là, caché, en 1496"; le choix de la forme pronominale, à la première personne du singulier, concède au fotus une personnalité.*"[117]

C'est le même sens, on le voit, que le geste de revendication filiale[118] du doigt signalant le père peint dans *Margereta de Roodere et ses Parents*.

Le thème de la visite à l'atelier du peintre est donc d'origine hollandaise[119].

C'est dans un dessin anversois anonyme, représentant l'*Artiste et des visiteurs dans l'atelier* (c.1600)[120] que l'on retrouve les miroirs utilisés comme créateurs de perspective, s'y regardant, de chaque côté du peintre, d'un côté la famille, modèle du peintre, et, de l'autre, un singe.

4. Le peintre, son chevalet et l'emblème
4.1. Le *corpus*

Ainsi, l'on se rend compte que les thèmes, conjoints, de *L'Atelier de l'artiste*, très développé de la Renaissance[121] au XIXème siècle (comme en témoignent, par exemple les oeuvres: *Atelier de la rue La Condamine*, 1870, de Frédéric Bazille[122]; *Dans l'atelier* [de l'Académie Julian de Paris], 1881, par Marie Bashkirtseff[123], qui y étudiait[124]; *Atelier de Bouguereau à l'Académie Julian, Paris*, 1891, par Jefferson David Chalfant[125]; la photographie de la fin du XIXème siècle[126] intitulée *École des Beaux-Arts - Atelier de Peintre*; les portraits de groupe *Hommage à Delacroix*, 1864 [représentant, autour de l'autoportrait d'Eugène Delacroix, de gauche à droite, assis: Louis Edmond Duranty, Henri Fantin-Latour, le peintre auteur du tableau lui même, Jules Champfleury, Charles Baudelaire, et debout: Louis Cordier, Alphonse Legros, James Whistler, Édouard Manet, Félix

Bracquemond, Albert de Balleroy][127], et *Un coin de table*, 1872 [représentant, debout, Elzéar Bonnier, Émile Blémont, Jean Aicard, et assis: Paul Verlaine, Arthur Rimbaud, Léon Valade, Ernest d'Hervilly et Camille Pelletan][128], tous deux de Fantin-Latour; ou encore *Los poetas contemporáneos. Una lectura de Zorrilla en el estudio del pintor*, 1846, d'Antonio María Esquivel[129], sans doute le plus célèbre tableau du peintre et pièce maîtresse du romantisme espagnol[130], portrait de groupe à imitation du cabinet barroque flamand, dans lequel d'innombrables oeuvres tapissent les murs[131]), et de *La visite à l'atelier* par les amateurs d'art sont d'origine hollandaise et flamande[132].

Que le principe du commanditaire, du modèle, ou du propre peintre visibilisé en miroir dans l'oeuvre, par un jeu perspectif (qui d'autre part n'est pas sans renvoyer aux *Ambassadeurs*, 1533, de Hans Holbein le Jeune, en tant que portrait politique double, et mise en scène du *quadrivium*[133], associé, évidemment au crâne en anamorphose) est commun du genre, entre autres dans les portraits de présentation royaux, comme aussi dans celui des *Époux Arnolfini*.

Que ce type d'introduction indirecte peut trouver une origine, à son tour, dans les miniatures de présentation.

Ainsi, dans *La familia del pintor Juan Bautista Martínez del Mazo*, le peintre se représente peignant le portrait[134] de *La infanta doña Margarita de Austria* (1660)[135], traditionnellement attribué à Velázquez[136] (et que celui-ci avait laissé inachevé[137]), avec les portraits qu'en fit celui-ci en 1653-1654[138], en blanc et argent (1656)[139], bleu (1659)[140], et *Las Meninas*. Toute la scène étant présidée par le dernier des nombreux portraits[141] d'Enrique IV, ici à cinquante-deux ans[142], par Velázquez[143] (1657, National Gallery, Londres[144]). Mazo fera en 1666 un portrait de *L'infante Marguerite Thérèse portant le deuil de son père*[145], avec, à l'arrière-plan, son frère Charles II et la naine Mari Barbola également représentée dans *Las Meninas*[146].

Similairement, dans les deux versions qu'il en fit (les deux conservées à Londres, respectivement dans la Collection du Duc de Westminster[147], et dans la Collection Wallace[148]), Velázquez profite du portrait équestre en extérieur *El príncipe Baltasar Carlos en el picadero* (également connu comme *Lección de equitación del príncipe Baltasar Carlos*, 1636-1637)[149] pour faire un portrait de groupe en perspective, principe qu'il reprendra dans *La Meninas* (portrait, celui-ci, d'intérieur), jusques dans la porte du second plan surélevée.

C'est encore, dans *L'Atelier du peintre* (1632-1639) de Giovanni Domenico Cerrini la relation maître-élève, motif dont le pendant pourrait être le reflet dans *Vanité au violon et à boule de verre* (1628) de Peter Claesz qui renvoie l'image de l'artiste en train de peindre (dans les deux cas, comme dans *Les Ambassadeurs*, les instrument musicaux symbolisent la virtuosité de l'artiste lié au maniement des arts libéraux[150], en même temps de l'éphémérité de tout effort humain):

"*La nature morte peut reprendre le thème de la Vanité. Que ce soit chez Gerrit Dou, Peter Claesz ou encore chez Jan Miense Molenaer, la musique incarnée par l'instrument dans une nature morte symbolise alors plus particulièrement l'éphémère, renforçant le caractère fugitif des autres éléments de la vie symbolisés. L'activité humaine est mise en abyme soit directement, par un miroir sphérique chez Claesz, soit indirectement par tous les emblèmes qui composent la nature morte. Chez Cerrini, le motif de la nature morte est dédoublé dans tout l'atelier tandis que la prédominance de la musique par les instruments est renforcée par la présence d'une partition: il s'agit d'un motet à deux voix extrait du volume 2 de la Selva armoniosa, imprimé en 1632 à Naples. Mais ce qui semble plus original encore dans ce tableau en train de se faire, c'est peut-être le dépassement de la vanité par la transmission artistique, explicitée par la relation Maître-apprenti et par le motto «Ancora imparo».*"[151]

Dans ce cadre, l'allégorisation de l'art du peintre, identifié à Zeuxis, par exemple, et qui a un modèle direct[152] dans Alexandre le Grand visitant dans l'atelier d'Apelle[153], comme le peint Giovanni Battista Tiepolo (*Alexandre le Grand et Campaspé dans l'atelier d'Apelle*, c.1740[154] - où, pour cela sans doute, une vieille soutient, à manière de présentation royale, donc, un miroir à forme de bouclier, dans lequel se reflète la concubine Campaspé, cadeau d'Alexandre à son peintre favori[155], reflet qui fait écho à l'ébauche faite par le peintre du modèle sur sa toile -), trouve un sens d'autant plus pertinent qu'il intègre le portrait individuel dans les conditions historiques qui l'entourent, comme c'est le cas pour Jean de Dinteville et Georges de Selve dans *Les*

Ambassadeurs, ou de la carte des Pays-Bas, élément récurrent dans l'art de l'époque[156], dans *De Schilderkonst* de Vermeer.

Ainsi, les livres d'emblèmes réduisent-ils, autour d'un nombre limité de "*figures-symboles*" (pour employer le terme roigien), la référence au peintre: bien sûr, à l'évocation de *La Calomnie d'Apelle* (ainsi en est-il dans *Le Pegme*, 1560, de Pierre Coustau[157]); à celle de l'extrême diligence de Protogénès (toujours chez Coustau[158]); la flatterie d'Apelle à Alexandre qui, au détriment de Jupiter, lui mit un foudre en main (dans l'Emblème "*Importuna adulatio*" des *Emblemes*, 1567, Joannes Sambucus[159]); en contrepoint des deux antérieurs l'on trouve l'injonction à la maîtrise de l'art, contre "*Qui s'auance d'entreprendre/ Sur le mestier d'autruy*" du soixante-dixième Emblème "*Cuiqve suum studium*" des *Q. Horatii Flacci Emblemata* (1612) de Van Veen[160]; par la figure du sculpteur Polyclète et la critique de Platon aux artistes, l'identification péjorative de leur art à l'avilissement par la matière contre l'idée (dans l'Emblème "*Sur le dire de Polycletus paintre. Contre les livres obscenes*" du *Pegme*[161], repris par l'Emblème 88 en référence à "*Sap. 1. Eccles. 20. 26., Os quod mentitur occidit animam. Potiore fur, quam assiduatas viri mendacis, perditionem autem*" des *Centuria Similitudinum Omni Doctrinarum Genere Plenarum, Sub Externarum Imaginum Aeri Incisis Umbris, Deo Devotis mentibus, pulcherrimas res spirituales côtemplandas proponétium*, 1624, de Daniel Sudermann[162]); et, finalement, ce qu'on pourrait voir comme un développement par rapport aux présentations de portraits royaux à des fins matrimoniales, l'image des deux amants dont les coeurs sont "*des pourtraits reciproques*" (dans l'Emblème "*Imago Amoris*", respectivement vingt-neuvième de l'anonyme *Amoris divini et humani antipathia* de

1628[163], et cinquante-septième de *Amoris divini et humani antipathia*, 1629, de Ludovicus van Leuven[164]), ce que l'on retrouve dans le Cupidon peignant l'image de sa Dame dans l'Emblème "*Amoris fructus atque præmium sola quandoque cogitatio est*" des *Amorum emblemata* (1608) de Van Veen[165], repris par le cinquième, intitulé: "*Imaginem eius mecum gesto*", de l'ouvrage *Ambacht van Cupido d: Nederduytsche poemata* (1616) de Daniël Heinsius[166].

4.2. Diego Saavedra Fajardo

Dans ce cadre, le chevalet, par le fait souvent représenté dans l'art hollandais[167], dont dans *De Schilderkonst* de Vermeer[168], trouve, dans l'Emblème "*Ad omnia - A tout*" des *Devises et emblemes* (1691) de Daniel de la Feuille[169] une copie exacte, du titre et de l'image, de l'"*Empresa*" 2 "*Ad Omnia*"[170] d'*Idea de un príncipe político cristiano representado en cien empresas* (1640) de Diego de Saavedra Fajardo.

Aussi bien, donc, dans les livres d'emblèmes que dans l'iconographie de *L'Atelier du peintre*, la figuration oscille entre, d'une part, la représentation de la virtuosité de l'artiste par lui-même, au moyen d'auto-références, tels que le motif du miroir ou les allusions à Zeuxis et, par exemple, ou Phidias (dans la description de *Las Meninas* par Palomino), et, de l'autre, la moralité politique (envers le mandataire, dans l'épisode entre Apelle et Alexandre, envers la divinité, dans celui, cette fois, de la flatterie du même premier au même second, ou dans les circonstances de l'histoire de *La calomnie d'Apelle*, thème iconographique qui connut un fort succès à la fin du Moyen Âge[171]), qui est une question propre, et centrale, du théâtre anglais (notamment dans les pièces historiques[172] et les tragédies[173] de

Shakespeare) et espagnol (chez Luis Vélez de Guevara[174]; dans *Santa Isabel, reina de Portugal, El Caín de Cataluña* ou *Del rey abajo ninguno* de Francisco de Rojas Zorrilla; *La fuerza de la ley* ou *El mejor amigo, el Rey* d'Agustín Moreto; les "*Comedias de capa y espada y palatinas*"[175] et les "*Comedias históricas*"[176] de Tirso de Molina; *El alcalde de Zalamea, El príncipe constante* ou *La vida es sueño* de Calderón de la Barca; *El gallardo español* ou *Pedro de Urdemalas* de Miguel de Cervantes Saavedra) du XVIIème siècle (même si les tragédies de Racine et Corneille offrent, aussi, des modèles de comportement au prince), mais aussi, et surtout, comme nous l'avons dit dans notre Ouvrage, de la présente Collection, sur Goya, de l'emblématique espagnole.

Nous pensons aux nombreux recueils[177], historiquement dérivés de *El conde Lucanor* (1331-1335) de Don Juan Manuel Prince de Villena et petit-fils du roi Fernando III de

Castille[178], tels le fondateur *Empresas espirituales y morales* (Baeça, Fernando Díaz de Montoya, 1613) de Juan Francisco de Villava, et ses multiples reprises, du point de vue du thème, les *Empresas de los reyes de Castilla y León* (terminées vers 1632) de Francisco Gómez de la Reguera, le précédemment cité *Idea de un príncipe político christiano representada en cien empresas* de Saavedra Fajardo, l'*Emblemata regio politica in centuriam vnam redacta et laboriosis atque vtilibus commentarijs illustrata* (Matriti, in typographia Domin. Garciae Morras, 1653) de Juan de Solórzano Pereira, le *Gobierno general, moral y político, hallado en las aves más generosas y nobles, sacado de sus naturales virtudes y propiedades* (Madrid, Melchor Alegre, 1670) de Fray Andrés de Ferrer de Valdecebro, le *David pecador, enpresas* (sic) *morales, político cristianas* (Madrid, Francisco Sanz, 1674) d'Antonio de Lorea, *Príncipe perfecto y ministros aiustados: documentos políticos y morales en emblemas* (Lyon, a costa de Horacio Boissat y George Remeus, 1662) d'Andrés Mendo, dont la contrepartie pour la formation du clergé sont l'*Idea de el buen pastor copiada por los SS. Doctores representada en empresas sacras* (Lyon, a costa de Anisson, Posuel, y Rigaud, 1688) de Francisco Núñez de Cepeda, et le diptyque *Memoria, entendimiento, y voluntad* (Sevilla, Juan Francisco de Blas, 1677) et *Ver, oir, oler, gustar, tocar* (Lyon, imprenta de Anisson, Posuel y Rigaud, 1687) de Lorenzo Ortiz.

Cette nombreuse production, aussi marquée par un courant italien important (on pense au *Prince* [1513, première publication en 1532] de Machiavel, et au *Livre du Courtisan*, 1528, de Baldassarre Castiglione, ainsi qu'en arts, au cycle de fresques de l'*Allégorie et effets du Bon et du Mauvais Gouvernement*[179] [*Allegoria ed Effetti del Buono e Cattivo Governo*], 1338-1339[180], d'Ambrogio Lorenzetti pour la Sala dei Nove ou Salle des Neuf, aussi appelée Sala della Pace ou Salle de la Paix, du Palazzo Pubblico de Sienne), le seul équivalent français de sur l'éducation morale des princes étant peut-être, par opposition, les *Emblesmes Royales a Louis le Grand* (Paris, Chez Claude Barbin, 1673) de Jean Martinet.

Or l'Emblème cité de Saavedra Fajardo expose, dans son premier paragraphe[181] :

"*Con el pincel y los colores muestra en todas las cosas su poder el arte. Con ellos, si no es naturaleza la pintura, es tan semejante a ella, que en sus obras se engaña la vista, y ha menester valerse del tacto para reconocerlas. No puede dar alma a los cuerpos, pero les da la gracia, los movimientos y aun los afectos del alma. No tiene bastante materia para abultarlos, pero tiene industria para realzarlos. Si pudieran caber celos en la naturaleza, los tuviera del arte; pero, benigna y cortés, se vale dél en sus obras, y no pone la última mano en aquellas que él puede perfeccionar. Por esto nació desnudo el hombre, sin idioma particular, rasas las tablas del entendimiento, de la memoria y la fantasía, para que en ellas pintase la doctrina las imágines de las artes y ciencias, y escribiese la educación sus documentos, no sin gran misterio, previniendo así que la necesidad y el beneficio estrechasen los vínculos de gratitud y amor entre los hombres, valiéndose unos de otros; porque, si bien están en el ánimo todas las semillas de las artes y de las ciencias, están ocultas y enterradas, y han menester el cuidado ajeno, que las cultive y riegue. Esto se debe hacer en la juventud, tierna y apta a recibir las formas, y tan fácil a percibir las ciencias, que más parece que las reconoce, acordándose de ellas, que las aprende: argumento de que infería Platón la inmortalidad del alma. Si aquella disposición de la edad se pierde, se adelantan los afectos y graban en la voluntad tan firmemente sus inclinaciones, que no es bastante después a borrarlas la educación. Luego en naciendo lame el oso aquella confusa masa, y le forma sus miembros. Si la dejara endurecer, no podría obrar en ella. Advertidos de esto los reyes de Persia, daban a sus hijos maestros que en los primeros siete años de su edad se ocupasen en organizar bien sus cuerpecillos, y en los otros siete los fortaleciesen con los ejercicios de la jineta y la esgrima, y después les ponían al lado cuatro insignes varones: el uno muy sabio, que les enseñase las artes; el segundo muy moderado y prudente, que corrigiese sus afectos y apetitos; el tercero muy justo, que los instruyese en la administración de la justicia; y el cuarto muy valeroso y práctico en las artes de la guerra, que los industriase en ellas, y les quitase las aprehensiones del miedo con los estímulos de la gloria.*"[182]

4.3. Les personnages

Or, de ces quatre personnages, nous avons bien, dans *Las Meninas*, divisé compositivement en croix, l'artiste peignant, Velázquez, à gauche, et le quatrième, tel que nous le décrit Palomino:

"... *en principal termino eftà vn perro echado, y junto à el Nicolafico Pertufato Enano, pifandolo, para explicar al mimo tiempo, que fu ferocidad en la figura, lo domeftico, y manfo en el fufrimiento*"

Le second peut bien être identifié à la Ménine María Agustina Sarmiento de Sotomayor donnant à boire à l'Infante, "*en train de présenter un plateau en or avec une cruche rouge posée (le bocaro) dessus et des gaufres ou des biscuits peut-être*"[183], puisque dans la "*Seconde Partie*" de l'*Iconologie* de Cesare Ripa l'on trouve un personnage donnant à boire à une enfant, et c'est l'allégorie de la "*Vie Hvmaine*"[184], qui tient:

"*... & en la (main) gauche vne Couppe, dont elle ſe ſert à donner à boire à vn Enfant.*"[185]

Car:

"*Pour le regard de l'Enfant à qui cette Femme donne à boire, cela veut dire, que sans le breuuage & les aliments conuenables, il est impoſſible que la vie ſe maintienne, puiſque c'eſt la nourriture qui fortifie & conferue la chaleur naturelle.*"[186]

Parallèlement, si le geste d'agenouillement est, chez Ripa, associé, logiquement, aux allégories de la piété religieuse (CXII. Oraison de la Première Partie[187]; Dévotion[188], Méditation Spirituelle[189] et la troisième des "*Hvit Beatitvdes*"[190] de la Seconde Partie), il trouve cependant, dès l'"*Epistre*" de la

"*Préface sur le sujet de ce livre*" par J. Baudoin, une représentation laïque par la référence à la représentation du Voeu Public dans les médailles d'Adrien, comme femme à genoux qui porte les mains au Ciel[191].

Si l'on associe les deux concepts, et qu'on les rapproche des deux Meninas, on pourra reconnaître celui donné par Fajardo, à savoir, outre l'obséquieusité de Cour, la représentation de l'éducation sociale, des règles, et des normes, par les Meninas, en même temps que le souhait, par l'attention portée à l'Infante, que, guidée par ces modèles (ce qui en serait le Voeu public), elle grandisse, saine et forte (la Vie humaine), physiquement comme moralement, d'où la nourriture qu'on prend garde de lui donner, celle-ci, peut-être, en outre, en référence à un épisode arrivé durant la peinture de la toile[192], et qui ferait lien entre les deux Meninas y celle du bouffon dans le tableau.

Resterait, si est juste notre superposition entre le livre d'emblèmes de Saavedra Fajardo et *Las Meninas*, la question du troisième éducateur, celui lié à la justice.

Des autres personnages de la scène[193], si l'on excepte, toutefois, le couple royal, qui pourrait faire tenir cet office, mais son éloignement comme l'entourage de l'Infante par ses serviteurs marquent plutôt l'idée d'une éducation remise aux mains de spécialistes, comme chez Saavedra Fajardo, le personnage logique, par la division quaternaire de l'espace, dont le sens moral semblerait presque prouvé où nous en sommes par la triade du peintre, du nain et de la Ménine, est Nieto, chef des tapisseries[194] et chambrier de la Reine, dont on a pu penser qu'il était parent du peintre[195] - ce qui nous renvoie, à nouveau, à la question de l'autoportrait artistique par dérivation (ou présence immanente, comme chez Schwarz et

Van Eyck) dans ce genre de scène, comme les portraits de Cerrini ou de la famille de Mazo -.

En tant que régisseur, et "*guardadamas*"[196], il opère bien comme ce quatrième élément. En effet, alors que l'art (Velázquez), l'éducation (les Ménines), la guerre (représentée, paradoxalement, par le bouffon nain), intègrent les apprentissages nécessaires aux princes, l'ordre qu'implique l'organisation de l'office de Nieto, en tant qu'"*aposentador*", renvoie au cadre, sinon de justice en soi, au moins d'administration ("*el tercero muy justo, que los instruyese en la administración de la justicia*"), lié à la répartition des lieux, devoirs et biens de chacune des personnes du cortège royal.

Il n'est, cependant, pas invraisemblable que ce rôle de justice soit partagé, ou donné, dans le tableau, à la chaperonne, vêtue de deuil, Marcela de Ulloa, et au garde ou "*guardadamas*" mentionné sans lui donné de nom par Palomino, qui pourrait être Diego Ruiz de Azcona, écuyer des dames de la Cour[197]. Le vêtement de deuil de la veuve de Diego de Peralta Portocarrero rappelant un vêtement ecclésiastique.

La justice serait alors la sainteté religieuse, le respect de la Loi chrétienne, chez ces Rois, précisément, Très Catholiques.

De fait, si l'identification de Ruiz de Azcona est correcte, celui-ci était un "*prelado vasco que fuera obispo de Pamplona y arzobispo de Burgos y ostentaba el cargo de educador y formador de los Infantes de España*"[198], alors, que, d'autre part:

"*La guardadama de honor* (Marcela de Ulloa) *tenía entre sus funciones ser dama de compañía y se encargaba de cuidar y vigilar a las doncellas que rodeaban a la infanta Margarita, es decir a las meninas. Por su parte el guardadamas era una especie de escolta de las doncellas de honor y cuidaba de las necesidades de las damas: preparaba el carruaje de la infanta, le abría las puertas, etc.*"[199]

5. Conclusions
5.1. Résumé: style et genre

Le tableau de Velázquez ici étudié reproduit un genre: celui de la visite à l'atelier du peintre (confirmant cette analyse, on relèvera que Jan Ameling Emmens, 1995[200], compare à tort ce qu'il nomme l'*Atelier du sculpteur* - il s'agit en réalité du *Sculpteur dans son atelier*, 1642[201] - d'Abraham Bosse avec *Las Meninas*; il pense, en réalité au *Noble Peintre*, c.1642, du même[202]) par la famille, commanditaire, et noble, "*liefhebber*" et amatrice d'art; et un style[203]: le néerlandais, notamment dans l'expression de l'espace, et la reprise de motifs, propres soit de la tradition (le miroir, comme chez Van Eyck), soit plus contemporains, comme pour la porte ouverte où s'encadre un personnage, deux éléments récurrents dans les toiles de Hooch.

Las Meninas, bien compris, n'a donc de sens qu'autant que ce tableau s'inscrit dans un genre déjà ancré, et qu'il en reprend les codes, permettant ainsi à ses contemporains[204] (de Palomino à Luca Giordano, et au propre roi Felipe IV) de le pouvoir comprendre car ils pouvaient en goûter les subtilités visuelles et les reprises des trouvailles formelles, propres dudit genre.

Ainsi, la construction de la toile *Las Meninas* par rapport au tableau dans le tableau, d'une part (Velázquez en train de peindre), et, de l'autre, de la mise en miroir (le reflet du couple royal dans le miroir, qui coupe le cadre général du tableau[205]), reprend un élément courant du genre, comme on peut le trouver des signatures cryptographiques de Schwartz, Van Eyck ou Cerrini, au miroir réflecteur dans *Les Époux Arnolfini*, *Alexandre le Grand et Campaspé dans l'atelier d'Apelle* de Tiepolo, ou *Vanité au violon et à boule de verre* de Claesz, à l'*Hommage à Delacroix* par Fantin-

Latour, réunissant les figures autour de l'autoportrait, central, du peintre.

René Magritte[206] reprendra ce double thème du tableau dans le tableau et de la mise en miroir, d'ailleurs, implicitement compris et qui, inconsciemment du point de vue de la référence à un système iconograpique historiquement récurrent, se répétera dans son oeuvre.

5.2. La question éducative

Las Meninas n'offre par conséquent aucun mystère caché, mais bien au contraire une somme de codes énumérables: les espaces s'ouvrant l'un derrière l'autre; la superposition de scènes et de personnages; la division de la toile entre des groupes de premier et de second plans; le peintre entre ses modèles, et ses modèles reconnus comme amateurs d'art (il est souvent dit que c'est parce que l'Infante venait déranger le peintre qu'est née l'idée du tableau); les portraits individuels cachés ou déportés dans le portrait de groupe, et liés, en outre, comme chez Schwartz ou Van Eyck, à une relation de paternité; les jeux de miroirs qui font écho aux perspectives imbriquées des intérieurs entre eux; l'effervescence de l'atelier du peintre, comme lieu de description de la virtuosité de celui-ci, ici par l'utilisation de la grandeur nature[207], créant un autre trompe-l'oeil dans l'espace peint qui sera, également, celui où sera conservé la toile finie; et encore, cette même effervescence comme prétexte d'une représentation morale (c'est-à-dire éducative, comme chez Cerrini par exemple) et politique, pour l'éducation des princes, d'autant que *Las Meninas* sont peintes par Velázquez lorsque l'Infante, d'à peine cinq ans[208], a acquis, suite au décès prématuré du Prince Baltasar Carlos[209], un rôle central, comme unique héritière de Felipe IV, sur l'échiquier[210] politique de la monarchie espagnole (de fait un an avant la naissance de l'héritier Felipe Próspero[211], qui ne vécut que quatre ans), étant, notons-le, la Infanta Doña María Teresa "*La Infante ausente del lienzo*"[212], et faisant ainsi de *Las Meninas* un véritable portrait politique (surtout dès lors que l'on accepte, donc, notre thèse d'une oeuvre à références éducatives implicites [qui trouve, encore une fois, son origine dans l'emblématique espagnole de l'époque et son insistance sur ce thème], par l'organisation des personnages autour de l'Infante), un " *"espejo de príncipes"*[213] *o, en este caso, "de princesas"*"[214], "*retrato de la Infanta Margarita —en esos años única heredera al trono de España, prometida ya su hermana mayor, María Teresa, al rey de Francia Luis XIV—*"[215]:

"*En las fechas que nos ocupan, 1654-1657, tras un aborto de la reina en agosto de 1653, la línea sucesoria de la monarquía estaba establecida por la Infanta María Teresa (nacida en 1638) y, en segundo lugar, por la Infanta Margarita (nacida en 1651), trece años más joven. En agosto de 1654 ya estaba previsto el matrimonio de María Teresa con el Duque de Saboya Carlo Emanuele II (1634-1675), un candidato que no la inhabilitaría como futura reina, así como la jura como heredera, por parte de las Cortes de Castilla y para antes de las siguientes Navidades, de la hija mayor del rey. Si en octubre de 1654, también según los rumores recogidos en los «Avisos» de Jerónimo de Barrionuevo, se barajaba la idea de que se juraran como herederas, «la una en defecto de la otra» a María Teresa y Margarita, «a instancias de la reina», la madre de la última, el rey decidió a los pocos días suspender la convocatoria de las Cortes de Castilla, retrasándose desde noviembre hasta abril con el fin de que aprobaran el matrimonio de la primera, y que en primavera fuera jurada por las Cortes del Reino de Aragón. Algunos meses después, en diciembre, al hacerse los preparativos para convocar las Cortes en Madrid, el rey todavía no había tomado la «resolución» de hacer jurar a la hija mayor, sola o con la menor, o quizá de posponer su juramento, siempre a la espera de la descendencia de un varón."*[216]

5.3. La question du portrait du peintre et des Rois

Le problème de la commande, du thème ou du portrait réel de la toile a beaucoup été débattue[217], en particulier, précisément pour l'absence, dans ce portrait de famille, qui a première vue semblerait n'en être pas un (nous avons montré, par la construction, pour la première fois, d'un *corpus* pertinent de comparaison, que c'en est, au contraire, bien un), de l'Infante María Teresa, laissant le rôle central, compositivement parlant aussi d'ailleurs, à sa jeune soeur l'Infante Margarita Teresa.

Fernando Marías (dans l'ouvrage collectif *Otras Meninas*, 1995) a été opposé à ceci, que Manuela Mena Marqués ("*La restauración de Las Meninas de Velázquez*", 1984) lit comme une référence implicite à l'entrée dans la ligne de succession de l'Infante Margarita par le mariage de sa soeur, ou du moins, son accord, avec Louis XIV, le double fait que la Monarchie espagnole refusa cette union en 1656, et que l'accord ne survint qu'à l'année suivante. Ceci malgré le fait que, dès les premières lignes de son article, Mena Marqués insiste sur l'absence de datation précise[218] de *Las Meninas*, si ce n'est pour le témoignage de Palomino, dont on ignore, puisqu'aucun paiement n'en est référencé à Velázquez, s'il s'agit d'une oeuvre commanditée, ou, pour reprendre le terme de Marías, d'un "*caprice*"[219] du peintre.

Toutefois, trois interstices logiques nous semblent permettre de résoudre beaucoup plus simplement cette énigme:

Tout d'abord, il ne semble pas improbable que, dans le cadre des incertitudes successorales de la monarchie hispanique, depuis le décès du Cardinal-Infante Fernando en 1641 et l'impossibilité d'Isabelle de Bourbon de donner naissance à un nouvel enfant après María Teresa en 1638[220], et suite au décès de l'héritier Baltasar

Carlos en 1646, origine de la crise dynastique, qui obligea Felipe IV, de quarante-quatre ans, à se marier de nouveau, cette fois avec l'archiduchesse Mariana de Austria qui n'avait que quinze ans[221] (mère de l'Infante Margarita Teresa en 1651), et qui provoquera les nombreuses tentatives d'union matrimoniale pour restaurer ladite succession par le roi auprès des autres Cours européennes pour sa fille María Teresa[222], crise qu'exprimait Don Luis de Haro au monarque dès Décembre 1646:

"*La Monarquía Católica, a falta de real sucesión varonil, se halla en trance de pasar al dominio de príncipes no naturales o extraños. Es lance en que va todo el caudal de España, cuando está la Monarquía tan a pique de pasarse o a príncipes austriacos (que, en la desdicha, fuera felicidad), o a franceses, totalmente extraños (Real Academia de la Historia, colección Salazar y Castro, K-9, fols. 53v. y 60).*"[223],

Et, de manière plus rapprochée à la date de réalisation du tableau par Velázquez, suite aux naissances, mais de deux filles, l'une née et décédée en 1655, appelée María Ambrosia, la seconde morte-née en 1656, et qui ne reçut pas de nom[224], il n'est pas improbable, disions-nous, que *Las Meninas* soit une oeuvre désireuse de rendre hommage à la seule enfant née, et non décédée, de la nouvelle famille monarchique, surtout si l'on se reporte aux raisons données par Felipe IV à son retard dans l'intronisation de María Teresa (de son premier mariage) comme héritière légitime au trône, pour ne pas déplaire à son épouse actuelle[225].

En second lieu, si l'on révise l'histoire, cette fois racontée par les contemporains, on lit dans l'*Histoire de France, sous le Règne de Louis XIV* (1718) d'Isaac de Larrey[226] l'idée que le refus de l'offre en mariage faite par le Marquis de Lionne, ambassadeur de Louis XIV, venu en secret, pour l'Infante[227], se dût à la peur que la proposition soit une tromperie[228] et non à un refus en soi[229], lequel de fait à la seconde occasion ne se réitéra plus, lorsque Louis XIV menaça d'épouser, à défaut, la Princesse de Savoie[230].

Ceci implique donc, en plein milieu des guerres opposant les deux royaumes, une active recherche, des deux parts, de fait, d'un accord, mettant, ainsi, comme Mena Marqués l'expose, sans toutefois le justifier réellement, ce que lui reproche Marías et ce sur quoi il s'appuie pour la contredire sur cette prémisse fondamentale pour elle (bien que, notons-le, pas pour notre propre démonstration, formelle, sur l'origine, stylistique et de genre, du tableau, non proprement politique), María Teresa en situation d'abandonner ses prétentions au trône espagnol[231].

Plus toutefois que d'entrer, donc, dans ce débat, nous simplifierons en disant qu'aussi bien l'absence de María Teresa dans *Las Meninas*, comme la représentation de celles-ci, nous présente une division entre, d'une part, une Infante, au sens strict, en âge d'être éduquée, et une jeune prochainement Reine, en âge nubile, d'épousailles[232].

En troisième lieu, il faut considérer que l'ensemble de la construction visuelle de *Las Meninas* est un reprise, ou une copie, de celle de *El príncipe Baltasar Carlos en el picadero*, pour les raisons suivantes: le couple de Felipe IV et Isabelle de Bourbon, sur l'escalier au fond de *El príncipe Baltasar Carlos en el picadero* fait écho au reflet du couple de Felipe IV avec Mariana de Austria dans *Las Meninas*.

La position centrale de l'Infant héritier, due, à la question perspective de pouvoir le présenter dans toute la grandeur de sa fonction, au premier plan, alors que les autres personnages, adultes, qui devraient être, par le fait, plus grand que lui, rejetés à un très éloigné second plan, sont tous, au contraire, beaucoup plus petits[233] (il pose sur un petit cheval car il n'a que huit ans^{234}), la position centrale de l'Infant héritier correspond à celle de l'Infante dans *Las Meninas*.

Outre la porte ouvrant au-dessus d'un escalier, en extérieur au fond de *El príncipe Baltasar Carlos en el picadero*, dont le pendant est la même configuration, mais en intérieur, dans l'encadrure de laquelle apparaît apparaît l'"*aposentador de la Reina*" Nieto, pendant, à son tour, en cela de l'"*aposentador del Rey*" Velázquez, dans *Las Meninas*, sous-couple qui fait pendant à celui des rois, on trouve déjà, dans *El príncipe Baltasar Carlos en el picadero*, la figure du nain, Francisco Lezcano, el Niño de Vallecas^{235}.

Le comte Duque de Olivares, maître d'équitation du jeune prince^{236}, recevant une lance des mains de l'assistant du prince, Alonso Martínez de Espinar, renvoie au quatrième éducateur des princes à partir de leur septième année, selon

Saavedra Fajardo (1640), lequel les instruit dans l'art de la guerre.

Derrière eux, l'officier de chasse, Juan Mateo, peut évoquer le second éducateur, qui apprend à corriger le appétits et les passions, selon le symbolisme traditionnel de la chasse dans l'emblématique[237].

Le nain, dans son rôle traditionnel de bouffon, visible à gauche (pour le spectateur), derrière la queue du cheval du prince, dans la partie réservée à Velázquez dans *Las Meninas*, peut, quant à lui, représenter le premier éducateur, en arts, selon Saavedra Fajardo.

On peut assumer, pour le troisième éducateur, en justice, deux possibilités: soit que le couple royal, dans le fond, en tienne lieu; soit que, dans un ordre plus strict par rapport à l'Emblème de Saavedra Fajardo, et dans une lecture de gauche à droite, le nain représente l'éducateur en art (et en jeux, en spiritualité comique, pour ainsi dire);

Mateo le second, en équanimité; le Favori (ou "*Valido*"[238]) Comte-Duc d'Olivares, pour ses activités politiques, notamment dans la Junta de Reformación et la Junta de Ejecución (qui veillaient respectivement sur la moralité de la cour et à l'adoption rapide de décisions)[239], à côté de - et conjointement à - ses activités de guerre[240] (qui lui valent, sans doute, de recevoir la lance du serviteur), servirait parfaitement en tant que figure du troisième éducateur, en justice; et, finalement, le serviteur à la lance ferait office, en tant qu'il la tient, de celui en "*arts de la guerre*".

Quant à l'exercice même qui nous présente le jeune cavalier domant son cheval, là encore selon un motif classique de l'emblématique[241] (déjà présent dans *El príncipe Baltasar Carlos a caballo*, 1635[242], et dont on retrouve encore le modèle dans *Gaspar de Guzmán, conde-duque de Olivares, a caballo*, c.1636[243])[244], sert, en soi, à montrer comment cette activité, prise apparemment sur le vif (comme le seront aussi *Las Meninas*), le prince à lui quitter "*las aprehensiones del miedo con los estímulos de la gloria*".

Nous comparons, dirons certains, abusivement, *El príncipe Baltasar Carlos en el picadero*, qui date, nous l'avons signalé, de 1636-1637, avec l'ouvrage de Saavedra Fajardo, qui lui ne fut publié qu'en 1640.

Toutefois, d'une part, l'on voit comment les figures de l'emblématique s'accordent ici parfaitement à celles de la représentation.

En outre, nous avons, dès nos études sur Pieter Brueghel l'Ancien[245] et Jérôme Bosch[246], que les livres d'emblèmes reproduisent un système préexistant, ce qui, dans le mouchoir de poche où nous nous plaçons, concrètement ici (moins de cinq ans), correspond à la période d'écriture de l'ouvrage de Saavedra Fajardo.

En addition, la représentation du jeune prince arrive entre la publication du volume d'emblèmes cité et celle de *Il ritratto del priuato politico christiano estratto dall'originale d'alcune attioni del conte duca di S. Lucar, e scritto alla cattolica maesta di Filippo 4* du marquis Virgilio Maluezzi (Bologne, Preffo Giacomo Monti, e Carlo Zenero, 1635)[247], qui se complètera par l'*Introduttione al racconto de' principali successi accaduti sotto il comando del potentissimo rè Filippo quarto libro primo* du même auteur (Rome, Per gl'Heredi del Corbelletti, 1651).

En outre, est relativement molle la définition des quatre gentilhommes, comme le prouve la traduction de l'ouvrage de Saavedra Fajardo en fraçais (1668):

"... *pres quoy ils leur donnoient quatre hommes d'élite pour veiller à leur derniere éducation, vn Sçauant qui leur enseignast les Sciences, vn Prudent qui corrigeaft leurs affections, un Jufte qui formaft leurs efptits à l'équité, & enfin un Brave qui leur apprift le meftier des Armes, & les mift dans le chemin de la gloire.*"[248]

Ce qui, nous seulement nous permet les assertions précédents d'identification lâche dans *El príncipe Baltasar Carlos en el picadero*, mais encore on trouve déjà dans l'Emblème 18 de la Centuria II des *Emblemas morales* (1610) de Sebastián de Covarrubias Horozco une représentation similaire à celle, postérieure, de Saavedra Fajardo, de la définition quaternaire (ici en "*religión, criança, letras y virtud*"), plus précise, du second:

"*Temo ay gran descuydo en la criança de los hijos de los Señores, por no les dar maestros y ayos que les enseñen religión, criança, letras y virtud, teniendo por cosa baxa y de gente plebeya el saber [...]. Los que no están criados en esta disciplina, sienten la falta quando no la pueden remediar, y encubren su ignorancia con la nuve y velo de su grandeza.*"[249]

Créant, ainsi, une relation dialectique avec l'Emblème de Saavedra Fajardo, entre, d'une part, l'idée que l'enfant est une table rase sur laquelle construire, par l'éducation, un caractère, ferme ou mou - d'où l'image de la toile blanche, et la métaphore picturale -, et, de l'autre, l'avertissement contre l'éducation laxiste, qui entoure les enfants d'ociosité et de luxe (Covarrubias, Centuria II, Emblème 87) - alors que le prince à cheval nous présente une éducation saine et qui le rend physiquement et moralement fort (comme le posera Saavedra Fajardo, avec son quatrième éducateur) - et, à l'inverse, pourrait-on dire, l'orgueil ignare[250], représenté par des montagnes seulement touchées par les nuages[251] (Emblème 18, Centuria II, précédemment cité), dont le *motto* dit:

"*Los grádes mótes, altos, y encúbrados,*
Son de ordinario efteriles fin fruto,
De procelofas nuues rodeados.

Zelan fus cumbres con obfcuro luto:
Tales fon los feñores endiofados
Que faben poco, y con ardid aftuto
Dißimulan, cubriendo la fimpleza
Con la veneracion de fu grandeza"

Ce que pourrait illustrer, implicitement, l'enfant seul sur son cheval au premier plan, supérieur à ses aînés, rejetés en un extrême arrière-plan, non pas, évidemment, comme critique - sinon l'artiste ne représenterait pas, dans le fond, le couple royal assistant à la scène -, mais comme avertissement, à la manière, donc de Covarrubias.

Ainsi, continuant sur le même principe, Covarrubias écrit encore (Centuria III, Emblème 52)[252]:

"*Críanse desde la niñez en las escuelas unos muchachos con otros indistintamente; pero al cabo, quando vienen a ser hombres, unos han echado por las letras y otros por las armas, y muchos han quedado tan inábiles y apocados que se han contentado con oficios mecánicos... La niñez está representada en una postura nueva y tierna planta, y la edad varonil en essa mesma, quando se ha hecho árbol gruesso y robusto.*"[253]

En ce sens, le nain, montrant du doigt la queue du cheval du prince dans *El príncipe Baltasar Carlos en el picadero* n'est pas sans reproduire un modèle similaire à celui de cet Emblème, où un personnage fait bouger un arbre, un peu comme les habitants de Jérusalem à l'entrée de Jésus dans leur ville. Le *motto* dit:

"*Vn grande perſonage colocado
En ſublime lugar, gouierno y mando,
El que lo conociò en otro eſtado,
Con ſuma admiracion le eſtà mirádo.
Necio, no vees q el tiépo le à mudado
Y ſu valor ſe ha ido acrecentando?
Como la vara de una tierna planta,
Que en arbol acopado ſe leuanta.*"

Nous avons dit la similitude entre les motifs de *El príncipe Baltasar Carlos en el picadero* et *Las Meninas*, similairement que l'un se passe en extérieur, l'autre en intérieur; on pourrait ajouter que l'un évoque l'activité masculine de l'éducation du prince, l'autre la domesticité de celle de la princesse.

Dans ce cadre, il faut aussi relever que les deux oeuvres sont identiquement de grandes dimensions (respectivement 144cm×96,5cm dans la version de *El príncipe Baltasar Carlos en el picadero* de la Collection du Duc de Westminster [la version de la Collection Wallace mesurant également 144cm de haut[254]], et 318cm×276cm pour *Las Meninas*, même si, on le voit, ce dernier tableau est deux fois plus grand que l'antérieur).

Ainsi, les dimensions de *Las Meninas* sont dues au fait qu'il s'agit d'un portrait de groupe de la famille royale (non seulement pour Ramiro de

Moya, 1961[255], le portrait qu'est en train de peindre Velázquez dans *Las Meninas* serait celui du couple royal, mais Emmens[256] compare le portrait du couple royal dans le miroir avec le miroir où est présenté l'un des nombreux[257] *Retrato doble de Carlos II y Doña Mariana de Austria*, c.1665, attribué au cercle de Juan Carreño de Miranda[258], et par Emmens[259] à Carreño lui-même), et du genre ("*La escena ocurre en una gran galería que Velázquez tenía a su disposición en la década de 1650 como taller y oficina en su doble capacidad de pintor de corte y aposentador del rey.*"[260]) des ateliers[261] (où il n'existe pas de miniatures, devant la toile représenter un grand nombre d'autres oeuvres, et nécessitant, pour cela, un cadre narratif relativement spacieux, ainsi, par exemple, *Les Archiducs Albert et Isabella visitant la collection de Pierre Roose* de Hieronymus Francken II et Jan Brueghel l'Ancien mesure 94cm×123.3cm et *Cognoscenti dans une pièce ornée de peintures*,

95.9cm×123.5cm[262]; pareillement *Hommage à Delacroix* mesure 160cm×250cm[263], *Un coin de table* 160cm×225cm[264], et *Los poetas contemporáneos. Una lectura de Zorrilla en el estudio del pintor* 144cm×217cm[265]).

Ainsi, les dimensions de *Las Meninas*, qui rend plus perçant sans doute le reflet fantasmagorique du couple royal face aux spectateurs, qui, au fond, les regarde, au même titre que les autres personnages de la scène, mais en un regard faux et inversé, puisqu'au travers d'un miroir, met, justement, en un miroir infini l'image du couple, et implique un point de vue de l'oeuvre, celle-ci, comme souvent à la Renaissance durant la période baroque, fut prévue, dès sa création, pour prendre place et se fondre avec le fond réel de l'espace qu'elle représente.

C'est donc une représentation ludique, similaire en cela, par sa problématique perspectiviste (de mise en miroir) et spatiale (d'occupation par la toile de l'espace représenté dans la peinture) implicite, à l'anamorphose qui se glisse sur le sol des *Ambassadeurs*.

Il n'est donc pas surprenant, en outre au vue de la situation citée des naissances et morts d'enfants dans le second couple de Felipe IV dans les années 1655-1656, que, comme nous avons trouvé chez Covarrubias des emblèmes pouvant être mis en parallèle avec l'iconographie de *El príncipe Baltasar Carlos en el picadero*, l'on trouve chez son successeur, Saavedra Fajardo (avec, toujours, une origine chez Covarrubias), un emblème, particulièrement, en outre de celui déjà cité, qui éclaire un peu plus l'un des motifs centraux de *Las Meninas*, d'un point de vue éducatif; ainsi:

"*La curiosa vida de los niños sabios o precoces se examina en otro emblema de Covarrubias. Vemos a uno con una lanza en la mano, rodeado de objetos como libros, una guitarra y una silla. El lema Immodicis brevis aetas (Corta es la vida del precoz), ahora tomado de Marcial, se refiere a la creencia de que los niños que maduran con demasiada rapidez también han de morir pronto. Covarrubias se basa una vez más en la teoría humoral y atribuye la muerte prematura a que el calor y la humedad radical de estos niños se agota demasiado rápido (Cent. 3, Emb. 76).*

«All work and no play makes Jack a dull boy». Así reza el refrán en inglés. Y de hecho, la necesidad que tienen los niños de practicar juegos y de la variedad en el proceso educativo da lugar a una de las más conocidas empresas de Saavedra Fajardo. El grabado muestra un jardín en forma de laberinto o fortaleza, decorado con mirto y otros arbustos, y el lema Deleitando enseña. El comentario reitera el desarrollo conocido del utile dulci horaciano:

Las letras tienen amargas las raíces, si bien son dulces sus frutos. Nuestra naturaleza las aborrece, y ningún trabajo siente más que el de sus primeros rudimentos [...] es menester la industria y arte del maestro, procurando que en ellos y en los juegos pueriles vaya tan disfrazada la enseñanza, que la beba el príncipe sin sentir (Empresa 5, 45-7)."[266]

Cette éducation ingérée avec plaisir peut aussi bien être, comme l'attention qui se doit prêter, contrairement à la laxiste, critiquée par Covarrubias, aux Infants, peuvent parfaitement expliquer, aussi bien l'activité fébrile autour du prince héritier à cheval dans *El príncipe Baltasar Carlos en el picadero* (au moins dans la version du Duc de Westminster, celle de la Collection Wallace ayant, peut-être pour des raisons politiques, perdu plusieurs de ses personnages) comme de l'Infante Margarita dans *Les Meninas*, d'une part, que l'offrande du "*bucaro*" à celle-ci dans l'iconographie de l'oeuvre.

C'est une autre représentation, plus directe, et pédagogique, de la raison de cet attribut dans la représentation chez Ripa de la " *Vie Humaine*".

C'est ainsi que, d'ailleurs, l'on retrouve dans *Historia de la vida del Bvscon, llamado Don Pablos; Exemplo de Vagamundos, y efpejo de Tacaños*

(1626) de Francisco de Quevedo divers éléments, qui nous ramènent, encore, aux conseils émis par Saavedra Fajardo.

En effet, le ségovien héros, décidé à s'éduquer pour ne pas avoir à souffrir les conséquences légales de la délinquence à laquelle se dédient ses parents ("*Metílos en paz diciendo que yo quería aprender virtud resueltamente y ir con mis buenos pensamientos adelante, y que para esto me pusiesen a la escuela*", Lib. I Cap. I), et son compagnon et maître ("... *sino de quedarme a servir a don Diego o, por mejor decir, en su compañía*", Lib. I Cap. II), mis, au en tutelle chez le Licenciado Cabra (Lib. I Cap. III), clerc avare, en sortent moribonds et faméliques, au point que les médecins "*mandaron que nos limpiasen con zorras el polvo de las bocas, como a retablos, y bien lo éramos de duelos.*" (Lib. I Cap. IV)

On voit comment cette occurrence, du héros aux illusoires rêves de noblesse et d'ascension sociale (voir, outre la forme de présentation généalogique du héros du tout premier paragraphe qui ouvre le Lib. I Cap. I[267], dans ce même chapitre, son exclamation, contre l'office, séculaire et familial, donc, de ses deux parents: "*siempre tuve pensamientos de caballero desde chiquito*", rappelons ainsi, en outre, que Cabra "*tenía por oficio el criar hijos de caballeros, y envió allá el suyo y a mí para que le acompañase y sirviese*", Lib. I Cap. III), s'oppose à celle émise, réservée, en contrepoint, à la noblesse, par Saavedra Fajardo dans l'"*Empresa 5*".

Ensuite, les rencontres que, se séparant de son compagnon Diego au tout début du Lib II cap. I, d'abord d'un "*loco repúblico y de gobierno*" qui prétend résoudre les problèmes du pays, et veut conseiller au roi, pour conquérir Ostende, de faire sécher la mer avec des éponges, puis d'un géomètre prétendant à maître d'escrime (tous deux au Lib. II

Cap. I), ensuite d'un clerc poète érotique[268] (Lib. II Cap. II) se fâchant contre[269] la "*Premática* (Pragmática) *del desengaño contra los poetas güeros, chirles y hebenes*" qui se porte aussi contre les poésies mythologiques (Lib. II Cap. III), puis finalement un soldat orgueilleux (sorte de "*soldato spaccone*" de la Commedia dell'Arte, inspiré du "Miles Gloriosus" de Plaute[270], et contrepoint du géomètre du chapitre antérieure) et un ermite tricheur (Lib. III Cap. II) - nous ne comptabilisons pas ici le marchand génois, qui ne fait qu'une brève apparition après ces figures et avant les retrouvailles du héros avec son oncle Alonso Ramplón, bourreau (au même chapitre, toujours) -, sont autant de personnages qui, en négatif, représentent les vertus que Saavedra Fajardo donne à l'enseignement chez les Perses, à savoir: la guerre, les arts, le bon gouvernement, personnel et collectif, la suite des rencontres répondant bien à la division quaternaire prise postérieurement par

Saavedra Fajardo (le clerc poète érotique comme premier éducateur [dans l'apprentissage des arts][271], le géomètre prétendant à maître d'escrime - pour "[in]*moderado y* [im]*prudente*" - comme second éducateur [le modérateur des appêtits, en cela que le perd sa vanité morale, de connaître un art par son étude mais sans savoir le pratiquer][272], le "*loco república y de gobierno*" comme troisième éducateur [l'administrateur, sinon ici de la justice, du moins des conseils au gouvernement], et le soldat orgueilleux comme quatrième éducateur ["*courageux dans la pratique des arts de la guerre*"]).

La morale - et dernière phrase (Lib. III Cap. X) - du roman ("*nunca mejora su estado quien muda solamente de lugar y no de vida y costumbres*"), qui s'oppose à l'absence totale de celle-ci (nous voulons dire de perspective morale[273]) tout au long de l'aventure du héros, révèle, au fond, l'esprit de classe de Quevedo, puisque:

"*... principalmente, pretende demostrar la imposibilidad de ascenso social por la parte de los que no dejan de tener una moralidad defectuosa. Pablos quiere subir socialmente, "pica más alto", y así se lo dice a don Diego: "más alto pico, y más autoridad me importa tener". Quiere borrar sus orígenes y apartarse del ignominio de sus parientes. En carta a su tío, el verdugo, le advierte: "No pregunte por mí, ni me nombre, porque me importa negar la sangre que tenemos".*
Todos sus intentos fracasan. Cuando el protagonista u otro trata de hacerse pasar por caballero o por rico, aparece inmediatamente el castigo. La crítica coincide en que Quevedo trata, en esta novela, de la usurpación estamental: La base que sustenta el juego y lo hace posible es que nadie puede ascender a caballero desde la vileza... La intención y el sentido son burlescos; la significación, no.
Domingo Ynduráin, "Introducción" a La vida..., Madrid, Cátedra, 1985"[274]

C'est peut-être ce même esprit qui régit, au second plan de *Las Meninas*, en contrepoint des attentions données à la plante capable de croître et devenir arbre qu'est une princesse, la représentation des mortels, Arachné et Pan, punis pour oser s'affronter aux inégalables divinités (ceci, donc, sans nécessité de rechercher un symbolisme implicite[275], dans les oeuvres non montrées de la salle principale du "*cuarto del príncipe*").

En ce sens, Emmens compare *Las Meninas* à l'Emblème XXIII "*Francisco Valesio Galliar. Regi. Virtvs Virtvtem Fingere Sola Potest*" (mal référencé par Emmens sous le titre: "*Non vinci potis est neque fingi regia virtus*"[276]) du Livre I des *Symbolicarum quaestionum, de vniuerso genere, quas serio ludebat, libri quinque* (1574) d'Achille Bocchi[277], qui semble prendre le contrepoint de celui de la flatterie d'Apelle à Alexandre chez Sambucus, et dont l'image présente un soldat casqué et en jupe (Athéna?) assis en train de peindre le portrait de son roi, dont le visage apparaît dans les nuages, le *motto* en est:

"*Dvm tua fortunae cedit, Rex inclyte, Virtus:*
Victricem fubigit cedere victa fibi.
Quid duce te faciet victrix, fi victa triumphat?
Non hominis Uirtus, fed magis ifta Dei est.
Ergò diuinus quum fis, ò Maxime Regum,
Quis iam mortalis fingere te potuit?
Ipfa tamen potuit talem te fingere Uirtus,
Qualem animus poßit cernere, non oculi."[278]

Dans ce cadre, les motifs (le miroir; le peintre intégré au tableau; le personnage du fond et la porte[279] s'ouvrant sur un second espace, invisible[280]; le nombre des personnages) se reportent, indissolublement, à ceux-là même dans toutes les autres oeuvres du genre.

Pour leur part, les attitudes et les interactions des personnages de l'oeuvre, on le voit, trouvent, tout aussi bien, une explication, s'intégrant à la morale de la représentation dans le groupe du genre d'où provient le tableau, présentant la relation entre le peintre et son roi (comme pour Apelle par rapport à Tiepolo), dans une perspective propre des livres d'emblèmes hispaniques, lié à l'éducation des princes.

Laquelle relation entre le peintre et son roi se rapproche, encore, de la superposition des représentations de Marie-Antoinette et de sa portraitiste Élisabeth Louise Vigée Le Brun avec l'exact même chapeau de paille, respectivement dans *Autoportrait au chapeau de paille*, après 1782[281], et *Portrait de Marie Antoinette en robe de mousseline dite 'à la créole', 'en chemise' ou 'en gaulle'*, 1783[282], modèle que (dans le même sens des débats sur la paternité des portraits de l'Infante par Velázquez ou Mazo, à propos de son autoportrait en train de la peindre dans la représentation de *La familia del pintor Juan Bautista Martínez del Mazo*, ou de la question de la parenté de Nieto avec le peintre des *Meninas*, tableau dans lequel l'artiste figure, dans le fond, en écho à son propre autoportait[283], à l'"*aposentador de la Reina*") porte à son tour la rivale[284] de Vigée Le Brun, Adélaïde Labille-Guiard dans *Autoportrait de l'artiste accompagnée par deux de ses élèves*[285], 1785, dans lesquelles l'on reconnaît Marie Gabrielle Capet (1761-1818) et Marie Marguerite Carreaux de Rosemond (décédée en 1788)[286].

[1]"*A pesar de los muchos estudios que los historiadores de arte han dedicado a encontrar un significado al lienzo, Las meninas sigue planteando incógnitas de difícil respuesta. El primer problema es la dificultad misma que existe para establecer el género pictórico al que pertenecen, ya que no se atiene a ninguno de los géneros tradicionales. Se trata de un retrato cuya protagonista, según las primeras descripciones que del cuadro han llegado, es la infanta Margarita con algunos miembros de su séquito. Pero no se trata de un retrato de grupo convencional, pues en él parece estar ocurriendo algo que solo queda sugerido por la dirección de las miradas de seis de los nueve personajes hacia fuera del cuadro, es decir, hacia el lugar donde se encuentra el espectador. La aparente levedad de la anécdota narrada, su propia indefinición, hace que tampoco pueda considerarse como una pintura de historia convencional. Como obra barroca podría esconder varios mensajes solapados. «El barroco es un arte dinámico. Acción y 'pathos' determinan sus creaciones y tratan de incluir también al observador». En este caso, sin embargo, el espectador al que se destina parece ser único: el rey, que dispone de la obra en un espacio reservado y de uso privado de su cuarto de verano, y que estaría doblemente representado, en el reflejo del espejo y como receptor de las miradas. En este sentido la acción espontánea y de apariencia casual podría ser considerada como un mero capricho dirigido privadamente al rey por su pintor de cámara, cuando este ya lo había conseguido todo en la corte y el rey, agobiado por los quehaceres políticos y envejecido, podía encontrar consuelo tanto en el retrato de la infanta, que era su «alegría», como en el magisterio de su pintor.*
La apariencia casual del suceso narrado esconde en realidad un complejo estudio de las relaciones entre los personajes representados, lo que ha

llevado a la búsqueda de un argumento. Jonathan Brown sugirió que la escena representaría el momento en que la infanta Margarita llegando al estudio de Velázquez para ver trabajar al artista pide agua, que le ofrece la menina situada a la izquierda, instante en el que también entran el rey y la reina, reflejándose sus figuras en el espejo de la pared del fondo. Ante esa aparición, la acción se detiene y los que ya han advertido la presencia de los reyes, no todos, dirigen hacia ellos sus miradas. Para Thomas Glen, la secuencia de hechos es ligeramente distinta: los reyes han permanecido durante un tiempo sentados, posando ante el pintor que los retrata en presencia de la infanta cuando deciden dar por terminada la sesión. En ese momento las miradas se dirigen hacia ellos, Velázquez interrumpe su labor y Pertusato despierta al perro que ha de acompañar a su ama. El aposentador de la reina, abriendo la puerta del fondo en cumplimiento de sus funciones palaciegas, indica que las personas reales se disponen a cruzar el espacio representado. El propio Brown parece aceptar ahora esta narración, que es la que actualmente goza de un mayor consenso y la que permite explicar más satisfactoriamente, conforme a las reglas de la perspectiva, lo reflejado en el espejo.

Si bien, en opinión de Martin Kemp, la composición del espacio en Las meninas es «un sutil desafío al naturalismo científico anterior, principalmente italiano», pues el pintor se habría propuesto dar una idea del proceso de la visión mediante recursos exclusivamente pictóricos — manchas y luces— atento a la apariencia más que a la árida geometría, las líneas ortogonales son suficientes para localizar el punto de fuga en el hueco de la puerta del fondo, próximo al codo de Nieto. El espejo refleja así, como ya advirtió Antonio Palomino, el anverso del cuadro en el que trabaja Velázquez, lo que no vemos: el retrato doble de los monarcas bajo un cortinaje, por más que Velázquez nunca pintase un cuadro de esas características. Si, al contrario, el espejo no reflejase la superficie del lienzo sino a los propios reyes, estando estos situados en el punto de vista exterior al cuadro ocupando el mismo lugar que ocupa el espectador, de modo que el punto focal se localizase justo frente al espejo, el punto de fuga debería situarse de acuerdo con las reglas de la perspectiva en el mismo centro del espejo. Se resolvería así también la cuestión de qué está pintando, cuestión que ha intrigado a muchos investigadores, y a la que se ha respondido que el propio cuadro de Las meninas, con el que coincide en el bastidor primitivo y en las medidas aproximadas, o su propio autorretrato, suponiendo un juego de espejos cruzados, lo que parece desmentir el hecho de que los cuadros del fondo no se muestren invertidos.

Los intentos de descubrir un significado oculto más allá de la pura apariencia de lo representado han sido también diversos. El primero en formular una hipótesis de este género fue Charles de Tolnay, quien interpretó Las meninas como una reivindicación de la nobleza de la pintura, cuestión candente en la España del siglo XVII y por la que hacía tiempo venían luchando los pintores, pleiteando contra el pago de la alcabala, impuesto al consumo que gravaba las ventas y equiparaba a los pintores con los artesanos. Tomando como punto de partida los dos cuadros de asunto mitológico colgados de la pared del fondo, copias de Juan Bautista Martínez del Mazo de dos lienzos que colgaban en la Torre de la Parada, Minerva y Aracne, según Rubens, y Apolo y Marsias, original de Jordaens, cuyos asuntos —la competición entre dos formas de arte, encarnada una en un dios y la otra en un mortal— interpretó como una exaltación del arte sobre la artesanía, Tolnay destacó que Velázquez se representara al margen de la composición, como imaginándola, forjándose una idea platónica de ella, antes de comenzar a manejar los pinceles, oficio mecánico. Con algunos matices la interpretación social de Tolnay ha encontrado numerosos seguidores, entre ellos Jonathan Brown, para quien el asunto de los cuadros carecería de interés, al reflejar la pintura la disposición exacta de la sala, y la exaltación del arte de la pintura vendría dada por la presencia de los *reyes: el rey enaltece al pintor yendo a verle trabajar en su taller — Palomino alude efectivamente a esas visitas de los reyes a sus pintores, y no solo en esta ocasión, como signo de máximo aprecio— y, por su lado, el pintor guarda el decoro no pintándose junto a sus señores, sino ante el reflejo que de ellos proyecta el espejo. En el cuidado puesto por el pintor para autorretratarse en el ejercicio de sus funciones de pintor de cámara sin caer en la «osadía» de hacerse protagonista, pintándose junto a sus señores, ha incidido Fernando Marías, para quien Las meninas serían un capricho conceptista mediante el que el pintor solicita ingeniosamente al propio rey permiso «para retratar a un monarca que no quería ser retratado».*

Una interpretación distinta, en clave política, fue propuesta por Xavier de Salas secundado por Enriqueta Harris, poniendo el acento en el protagonismo de la infanta Margarita, quien ocuparía ese lugar como heredera de la corona, «la exclusiva esperanza por entonces de perpetuar la rama española de los Habsburgo». Tesis amplificada por Manuela Mena, quien interpreta en clave emblemática, como «espejo de príncipes» destinado a la educación de la futura reina, algunos elementos visibles en el lienzo con otros que solo se descubrirían en las radiografías. Puesto que la corona correspondía en realidad a la hermana mayor, María Teresa, hija del primer matrimonio de Felipe IV con Isabel de Borbón, tal hipótesis necesita explicar su exclusión de la línea sucesoria, lo que se justificaría por la promesa de matrimonio con Luis XIV, rey de Francia. Sin embargo este matrimonio, aunque largamente solicitado desde la corte francesa, no se concertó hasta 1659, tras el nacimiento de un heredero varón, Felipe Próspero, en tanto en 1656 se debatían otros matrimonios más convenientes para la infanta con miembros de la familia austriaca, de modo que no quedase excluida de la línea de sucesión.

Muy numerosas son las aproximaciones a Las meninas en clave iconológica, encabezadas por los estudios de J. A. Emmens y Santiago

Sebastián, con las que se busca dar una explicación del conjunto de la obra a partir de las interpretaciones alegóricas de sus componentes, tomando como punto de partida la presencia en la biblioteca de Velázquez de algunos libros de carácter iconológico y emblemático, como la *Iconologia overo Descrittione dell'Imagini universali* de Cesare Ripa. Así, la enana Mari Bárbola, emblema de la Envidia para Emmens, tiene una bolsa de monedas en las manos que simbolizaría la Avaricia. El enano Nicolasito Pertusato, que molesta al perro, sería el Mal, o la Locura, importunando a la Fidelidad, pues el Mal aparece en tratados de iconografía como un personaje vestido de rojo, y el perro es, entre otros, símbolo de Fidelidad y de alerta ante los peligros. El riesgo de tales explicaciones para Julián Gállego es que acaben reduciendo la interpretación del cuadro a una charada, o como dice Brown, que se tomen como emblemas motivos incidentales, «imputando a objetos y personajes una significación que quizá no posean», llevados únicamente de la subjetividad del intérprete.

Entre diversos libros de materias científicas Velázquez disponía de algún tratado de astronomía y cosmografía, como la *Suma astrológica* de Antonio Nájera, y tres anteojos para contemplar las estrellas. Esto ha dado pie a especulaciones sobre la simbología astrológica de *Las meninas*. Se aduce en este sentido que uniendo con una línea imaginaria el corazón, o las cabezas, de las que serían las cinco figuras principales: Velázquez, la menina Agustina Sarmiento, la infanta Margarita, la menina Isabel de Velasco y el aposentador José Nieto, se puede reconstruir el dibujo de la constelación Corona Borealis, cuya estrella central se llama Margarita Coronae, como la infanta que ocupa también el lugar central en el cuadro. Además, trazando un círculo entre estos personajes y añadiendo líneas hacia los personajes secundarios se obtendría el signo de Capricornio, que era el signo zodiacal de la reina Mariana de Austria. Por último, se dice que la luz que entra desde las ventanas coincide con la fecha del 23 de diciembre de 1656, fecha del cumpleaños de la reina.

Subrayando la dificultad de la interpretación, López Rey concluye que sea el que fuese el asunto que Velázquez está pintando en su lienzo lo cierto es que no quiso mostrarlo. Por un lado la infanta y su grupo están mirando desde distintos puntos hacia ese espacio externo que Velázquez está pintando. Por otro el espectador se siente atraído por las intensas figuras del primer plano y por las luminosas imágenes de los reyes reflejados en el espejo. Una pintura dentro de otra pintura, subrayando la división entre pintura y realidad.

Sección áurea y análisis de la obra
Muchos artistas del Renacimiento emplearon la sección áurea en sus dibujos, por ejemplo el gran maestro Leonardo da Vinci. Ya en el año 1509 el matemático Luca Pacioli, publicó el libro De Divina Proportione y en 1525 Alberto Durero publicó Instrucción sobre la medida con regla y compás de figuras planas y sólidas, donde describe cómo trazar la espiral basada en la sección áurea con regla y compás, que se conoce con el nombre de «espiral de Durero». Velázquez, en la composición áurea de su cuadro Las meninas, lo ordena con la mencionada espiral, cuyo centro está situado sobre el pecho de la infanta Margarita, —autores diversos han mencionado la posible utilización del empleo del número áureo por Velázquez— marcando con ello el centro visual de máximo interés y el significado simbólico del lugar reservado para los escogidos, como era tradición en Europa, que el monarca ocupara el lugar central y de privilegio en las ceremonias. No hay que olvidar que en el momento de la creación de la pintura, la infanta Margarita era la persona más indicada como sucesora al trono, ya que Felipe IV no tenía en ese momento ningún hijo varón.
El punto de fuga de la perspectiva está detrás de la puerta donde se encuentra José Nieto; precisamente, allí es donde va la vista en busca de

la salida del cuadro; la gran luminosidad existente en este punto provoca que la mirada se fije en ese lugar.
En Las meninas se puede estructurar el cuadro en diferentes espacios. La mitad superior de la obra está dominada por un espacio vacío, en el que Velázquez pinta el aire. Hay además, un espacio virtual hacia donde mira el pintor y en el que se supone que están los reyes o los espectadores. Otro espacio importante es el del punto de fuga del fondo del cuadro, muy luminoso, donde un personaje huye de la intimidad del momento. Un cuarto espacio es el pequeño espejo que refleja a los reyes; y finalmente, está el espacio delimitado por la luz dorada que se aprecia en las figuras de la infanta, las meninas, la enana y el perro. Son espacios reales y virtuales que conforman la realidad fantástica del cuadro.

Espejo y escenas reflejadas
La estructura espacial y la posición del espejo están dispuestas de tal manera que parece que Felipe IV y Mariana se encontraran delante de la infanta y sus acompañantes, con el observador del lienzo. Según Janson, no solamente la infanta y sus sirvientes están presentes para distraer a la pareja real, sino que la atención de Velázquez se concentra en ellos mientras pinta su retrato. Aunque solo se pueden ver reflejados en el espejo, la representación de la pareja real ocupa un lugar central en la pintura, tanto por la jerarquía social como por la composición del cuadro. La posición del espectador en relación con ellos es incierta. La cuestión es saber si el espectador está cerca de la pareja real o si los reemplaza y contempla la escena con sus propios ojos; es una cuestión que genera polémica. La segunda hipótesis es, para saber cuál es el objetivo de la atención de las miradas de Velázquez, de la infanta y de Mari Bárbola, que mira directamente hacia el observador de la pintura.
En Las meninas se supone que la reina y el rey están fuera de la pintura, y su reflejo en el espejo los sitúa en el interior del espacio pictórico. El espejo, situado sobre el triste muro del fondo, muestra lo que hay: la

reina, el rey y —según las palabras de Harriet Stone— las generaciones de espectadores que han venido a tomar el sitio que la pareja tiene en el cuadro.34Una hipótesis alternativa del historiador H. W. Janson es que el espejo refleja la tela de Velázquez, tela que ya tiene pintada con la representación de los reyes.

Probablemente Las meninas han estado influenciadas por la tela de Jan van Eyck, El matrimonio Arnolfini. Cuando Velázquez estaba pintando Las meninas, el cuadro de Van Eyck formaba parte de la colección de palacio de Felipe IV y Velázquez, sin duda, conocía muy bien esta obra. En El matrimonio Arnolfini de manera similar, hay un espejo en la parte posterior de la escena pictórica, que refleja dos personajes de cara y una pareja de espalda. Aunque estos personajes son muy pequeños para poder ser identificados, una hipótesis es que una de las imágenes corresponde al pintor, justo en el momento de entrar a pintar. Según Lucien Dällenbach:

El espejo de Las meninas está delante del observador, como en el cuadro de Van Eyck. Pero el procedimiento aquí es más realista: el espejo, en la parte posterior, no es convexo sino plano. Mientras que en el cuadro de Van Eyck los objetos y los personajes están recompuestos en un espacio deformado y condensado por la curvatura del espejo, Velázquez se niega a jugar con las leyes de la perspectiva: para quien esté delante del cuadro, él proyecta sobre el espejo los dobles perfectos del rey y la reina. Además, muestra los personajes que son observados por el pintor y, al mismo tiempo, mediante el espejo, se pueden ver los individuos que entran y que dirigen la atención hacia Velázquez, desembocando en una reciprocidad de miradas que trae como consecuencia que la imagen salga de su marco y convide al visitante a entrar dentro de la tela.

El espejo del cuadro tiene una medida de unos treinta centímetros de altura, y las imágenes del rey y la reina están, de manera intencionada, difusas. Jonathan Miller se hace la pregunta: «¿Qué tendríamos que pensar de las caras difusas del rey y la reina en el espejo? Es poco *probable que fuese debido a una imperfección en la óptica del espejo; de hecho, se quiere mostrar este efecto de la imagen del rey y la reina.» Un efecto similar está presente en la Venus del espejo, el único de los desnudos pintados por Velázquez que se ha conservado; la cara del personaje se desvanece en el espejo, más allá de todo realismo. El ángulo del espejo es tan fuerte que «aunque normalmente sea descrita como que se está mirando en él, está de manera desconcertante mirándonos». De manera humorística, Miller también comenta que, además del espejo representado en Las meninas, podemos imaginar la existencia de otro espejo que no aparece en el cuadro, sin el cual habría sido difícil que Velázquez se hubiera podido pintar a él mismo, autorretratándose.*

Numerosos aspectos de Las meninas están relacionados con otras obras procedentes de Velázquez, donde se utiliza y juega con los mismos recursos. Según López-Rey, aparte de El matrimonio Arnolfini, el cuadro que más se acerca a Las meninas es el Cristo en casa de Marta y María, tela que Velázquez pintó en 1618, unos cuarenta años antes, en Sevilla; en este cuadro se puede detectar una imagen en el fondo como si fuera una ventana que da a otra habitación, o que también puede ser un espejo.

En 1964, antes de la restauración del Cristo en casa de Marta y María, numerosos historiadores de arte veían la escena que parece incrustada arriba, a la derecha del cuadro, como si fuera reflejada en un espejo, o como si fuera otro cuadro colgado en la pared. Este debate ha continuado, parcialmente, después de la restauración, aunque según la National Gallery de Londres, que es donde está expuesto el lienzo, Cristo y sus acompañantes son visibles solamente a través de una ventana que da a una habitación contigua. Los vestidos que aparecen en ambas habitaciones son también diferentes; los vestidos de la escena principal son contemporáneos a Velázquez, mientras que los de la escena donde se encuentra Cristo utilizan los convenios iconográficos tradicionales para las escenas bíblicas. En Las hilanderas, cuadro pintado

probablemente un año después que el de Las meninas, aparecen representadas dos escenas de Ovidio: en un primer plano, con vestidos contemporáneos y en el plano posterior, con vestidos antiguos. Según Sira Dambe, «en esta tela, los aspectos de la representación son tratados de manera similar a los de Las meninas»."
(https://es.wikipedia.org/wiki/Las_meninas#Teor%C3%ADas_sobre_el_argumento_de_la_obra)

" *The elusiveness of Las Meninas, according to Dawson Carr, "suggests that art, and life, are an illusion". The relationship between illusion and reality were central concerns in Spanish culture during the 17th century, figuring largely in Don Quixote, the best-known work of Spanish Baroque literature. In this respect, Calderón de la Barca's play Life is a Dream is commonly seen as the literary equivalent of Velázquez's painting:*

What is a life? A frenzy. What is life?
A shadow, an illusion, and a sham.
The greatest good is small; all life, it seems
Is just a dream, and even dreams are dreams.

Jon Manchip White notes that the painting can be seen as a résumé of the whole of Velázquez's life and career, as well as a summary of his art to that point. He placed his only confirmed self-portrait in a room in the royal palace surrounded by an assembly of royalty, courtiers, and fine objects that represent his life at court. The art historian Svetlana Alpers suggests that, by portraying the artist at work in the company of royalty and nobility, Velázquez was claiming high status for both the artist and his art, and in particular to propose that painting is a liberal rather than a mechanical art. This distinction was a point of controversy at the time. It would have been significant to Velázquez, since the rules of the Order of Santiago excluded those whose occupations were mechanical. Kahr asserts that this was the best way for Velázquez to show that he was "neither a craftsman or a tradesman, but an official of the court".

Furthermore, this was a way to prove himself worthy of acceptance by the royal family.

Michel Foucault devoted the opening chapter of The Order of Things (1966) to an analysis of Las Meninas. Foucault describes the painting in meticulous detail, but in a language that is "neither prescribed by, nor filtered through the various texts of art-historical investigation". Foucault viewed the painting without regard to the subject matter, nor to the artist's biography, technical ability, sources and influences, social context, or relationship with his patrons. Instead he analyzes its conscious artifice, highlighting the complex network of visual relationships between painter, subject-model, and viewer:

We are looking at a picture in which the painter is in turn looking out at us. A mere confrontation, eyes catching one another's glance, direct looks superimposing themselves upon one another as they cross. And yet this slender line of reciprocal visibility embraces a whole complex network of uncertainties, exchanges, and feints. The painter is turning his eyes towards us only in so far as we happen to occupy the same position as his subject.

For Foucault, Las Meninas illustrates the first signs of a new episteme, or way of thinking. It represents a midpoint between what he sees as the two "great discontinuities" in European thought, the classical and the modern: "Perhaps there exists, in this painting by Velázquez, the representation as it were of Classical representation, and the definition of the space it opens up to us ... representation, freed finally from the relation that was impeding it, can offer itself as representation in its pure form."

Now he (the painter) can be seen, caught in a moment of stillness, at the neutral centre of his oscillation. His dark torso and bright face are halfway between the visible and the invisible: emerging from the canvas beyond our view, he moves into our gaze; but when, in a moment, he makes a step to the right, removing himself from our gaze, he will be standing exactly in front of the canvas he is painting; he will enter that region where his painting, neglected for an instant, will, for him, become visible once more, free of shadow and free of reticence. As though the painter could not at the same time be seen on the picture where he is represented and also see that upon which he is representing something."

In the conclusion of The Order of Things Foucault explained why he undertook such a forensic analysis of Las Meninas:

let us, if we may, look for the previously existing law of that interplay [i.e., the law of representation] in the painting of Las Meninas... In Classical thought, the personage for whom the representation exists, and who represents himself within it, recognizing himself therein as an image or reflection, he who ties together all the interlacing threads of the 'representation in the form of a picture or table'—he is never to be found in that table himself. Before the end of the eighteenth century, man did not exist—any more than the potency of life, the fecundity of labour, or the historical density of language. He is a quite recent creature, which the demiurge of knowledge fabricated with its own hands less than two hundred years ago: but he has grown old so quickly that it has been only too easy to imagine that he had been waiting for thousands of years in the darkness for that moment of illumination in which he would finally be known.

Foucault's analysis of Las Meninas, although on one level a contribution to art history, is more about epistemology, specifically the 'cognitive status of the modern human sciences'.

Las Meninas as culmination of themes in Velázquez

Many aspects of Las Meninas relate to earlier works by Velázquez in which he plays with conventions of representation. In the Rokeby Venus—his only surviving nude—the face of the subject is visible, blurred beyond any realism, in a mirror. The angle of the mirror is such that although "often described as looking at herself, [she] is more disconcertingly looking at us". In the early Christ in the House of Martha and Mary of 1618, Christ and his companions are seen only through a serving hatch to a room behind, according to the National Gallery (London), who are clear that this is the intention, although before restoration many art historians regarded this scene as either a painting hanging on the wall in the main scene, or a reflection in a mirror, and the debate has continued. The dress worn in the two scenes also differs: the main scene is in contemporary dress, while the scene with Christ uses conventional iconographic biblical dress. This is also a feature of Los Borrachos of 1629, where contemporary peasants consort with the god Bacchus and his companions, who have the conventional undress of mythology. In this, as in some of his early bodegones, the figures look directly at the viewer as if seeking a reaction.

In Las Hilanderas, probably painted the year after Las Meninas, two different scenes from Ovid are shown: one in contemporary dress in the foreground, and the other partly in antique dress, played before a tapestry on the back wall of a room behind the first. According to the critic Sira Dambe, "aspects of representation and power are addressed in this painting in ways closely connected with their treatment in Las Meninas". In a series of portraits of the late 1630s and 1640s—all now in the Prado—Velázquez painted clowns and other members of the royal household posing as gods, heroes, and philosophers; the intention is certainly partly comic, at least for those in the know, but in a highly ambiguous way.

Velázquez's portraits of the royal family themselves had until then been straightforward, if often unflatteringly direct and highly complex in expression. On the other hand, his royal portraits, designed to be seen across vast palace rooms, feature more strongly than his other works the bravura handling for which he is famous: "Velázquez's handling of paint is exceptionally free, and as one approaches Las Meninas there is a point

at which the figures suddenly dissolve into smears and blobs of paint. The long-handled brushes he used enabled him to stand back and judge the total effect."'
(https://en.wikipedia.org/wiki/Las_Meninas#Interpretation)

[2]" *El cuadro se describe por primera vez en el inventario del Real Alcázar de Madrid de 1666 (uno de cuyos responsables es el yerno del pintor, Juan Bautista Martínez del Mazo) descrito como «retrato de la emperatriz», en alusión a la protagonista, la infanta Margarita Teresa de Austria. El inventario localiza la obra en el despacho del rey en el cuarto de verano:*

Una pintura de quatro baras y media de alto y tres y media de ancho Con su marco de talla dorado retratando a la señora emperatriz con sus damas y una enana de mano de Diego belázquez en Mill y quinientos ducados de plata, 16.500 rs.

De forma semejante se citaba en los inventarios de 1686 y 1700, en los que a esta descripción se añadía: «donde se retrató a sí mismo pintando». En la lista de obras salvadas del incendio del Alcázar en 1734 aparecía ya con el título de La familia de Felipe IV, que es el que tenía en 1819 al ingresar en el Museo.

Será en 1843, en el catálogo de las obras del Museo del Prado hecho por Pedro de Madrazo —cuando era director del mismo su padre José de Madrazo—, cuando reciba el nombre de Las meninas1que proviene de la descripción del cuadro que realizó el pintor y escritor Antonio Palomino (1653-1726) en su obra El museo pictórico y escala óptica, donde decía que «dos damitas acompañan a la infanta niña; son dos meninas». Con este nombre, de origen portugués, se conocía a las acompañantes, generalmente de familia noble, que servían como doncellas de honor a las infantas, hasta su mayoría de edad."
(https://es.wikipedia.org/wiki/Las_meninas#El_t%C3%ADtulo)

[3]" *Las meninas (como se conoce a esta obra desde el siglo XIX) o La familia de Felipe IV (según se describe en el inventario de 1734) se*

considera la obra maestra del pintor del Siglo de Oro español Diego Velázquez. Acabado en 1656, según Antonio Palomino, fecha unánimemente aceptada por la crítica, corresponde al último periodo estilístico del artista, el de plena madurez." (https://es.wikipedia.org/wiki/Las_meninas)

[4]"*De nombreux aspects de Les Ménines peuvent se rapprocher d'œuvres précédentes de Velázquez où il joue avec les conventions entourant la représentation. Selon López-Rey plus encore que Les Époux Arnolfini, le tableau qui se rapproche le plus de Les Ménines est le Christ dans la maison de Marthe et Marie de Vélazquez peint en 1618. Avant la restauration de la toile en 1964 de nombreux historiens de l'art voyaient la scène qui semble incrustée en haut à droite de ce tableau soit comme un miroir, soit comme une toile accrochée au mur. Ce débat a en partie continué après la restauration, bien que selon le National Gallery de Londres où est exposée la toile et qui est catégorique quant à l'intention de Velázquez, le Christ et ses compagnons ne sont visibles qu'à travers une fenêtre donnant sur la pièce voisine. Les costumes portés dans les deux pièces sont également différents: les costumes de la scène principale sont contemporains de Velázquez tandis que ceux de la scène où se trouvent le Christ utilisent les conventions iconographiques traditionnelles pour les scènes bibliques. Dans Les Fileuses, probablement peint un an après Les Ménines, deux scènes d'Ovide sont représentées: l'une au premier plan en costume contemporain et l'autre à l'arrière-plan en partie en costume antique. Selon le critique Sira Dambe, «les aspects de la représentation et du pouvoir sont traités dans cette toile de façon similaire au traitement qu'il a été fait dans Les Ménines.».*"
(https://fr.wikipedia.org/wiki/Les_M%C3%A9nines#Analyse)

[5]On donne parfois comme date de celles-ci 1656-1657, cf. https://fr.wikipedia.org/wiki/Les_M%C3%A9nines

[6]"*En Las hilanderas, cuadro pintado probablemente un año después que el de Las meninas, aparecen representadas dos escenas de Ovidio: en un primer plano, con vestidos contemporáneos y en el plano posterior, con vestidos antiguos. Según Sira Dambe, «en esta tela, los aspectos de la representación son tratados de manera similar a los de Las meninas».*" (https://es.wikipedia.org/wiki/Las_meninas#Teor%C3%ADas_sobre_el_argumento_de_la_obra)

[7]Cette datation finale dans les deux volumes rejetant (au sens poétique du terme, https://fr.wikipedia.org/wiki/Rejet_(versification)) en second lieu l'épisode de Luca Giordano ("*En 1692, le peintre napolitain Luca Giordano fait partie des rares personnes autorisées à voir les peintures de la collection privée de Philippe IV dont Les Ménines fait partie. Giordano, grandement impressionné par cette toile, la qualifie de «théologie de la peinture» et s'en inspire pour peindre un Hommage à Vélazquez aujourd'hui conservée à la National Gallery de Londres.*", https://fr.wikipedia.org/wiki/Les_M%C3%A9nines#Influence; dans *Un Hommage à Velázquez*, 1700, https://www.wikiart.org/en/luca-giordano/a-homage-to-velazquez-1700, il reprend notamment la position de l'infante) de l'édition londonienne posthume (1742) de *Las vidas de los pintores y estatuarios eminentes Españoles*, où elle n'apparaît pas: "*en el año 1652, hizo fu Mageftad á Don Diego Velazquez merced de Apofentador mayor, de fu Imperial Palacio. entre las Pinturas maravillofas, que hizo Don Diego Velazquez fué una del Quadro grande, con el Retrato de la Señora Emperatriz, (entonces Infanta de Efpaña) Doña Margarita Maria de Auftria; fiendo de muy poca edad: faltan palabras para explicar, fu mucha gracia, viveza y hermofura; pero fu mifmo Retrato, es el mejor Panegyrico. donde entre otras muchas figuras, eftá el mifmo Don Velazquez pintando. dió mueftras de fu claro ingenio, en defcubrir lo que pintaba, con ingeniofa traza valiendofe de la criftalina luz de un efpejo, que pintó en lo ultimo de la Galeria, y frontero al Quadro, en el qual la reflexion ó repercuffion, nos reprefenta*

á nueftros *Catholicos Reyes Phelipe y Mariana, en efta Galeria, que es la del Quarto del Principe, donde fe finge, y donde fe pintó, fe ven varias Pinturas por las paredes; aunque con poca claridad, conocefe fer de Rubens y hiftorias de los Metamorphofios de Ovidio. no ay encarecimiento que iguale al gufto y diligencia, de efta obra; porque es verdad, no Pintura. colocófe en el Quarto baxo de fu Mageftad, en la Pieza del Defpacho, entre otras excelentes; y aviendo venido en eftos tiempos Lucas Jordan, llegando a verla, preguntóle el Señor Carlos Segundo, viendole como atonito: que os parece? y dixo: Feñor efta es la Theologia de la Pintura: queriendo dar a entender, que affi como la Theologia es la fuperior de las Sciencias; affi aquel Quadro, era lo fuperior de la Pintura."* (Antonio Palomino de Castro y Velasco, *LAS VIDAS DE LOS PINTORES Y ESTATUARIOS EMINENTES ESPAÑOLES. Que con fus HEROYCAS OBRAS han iluftrado la Nacion, y de aquellos Eftrangeros Iluftres, que han concurrido en eftas Provincias, y las han enriquecido, con fus Eminentes Obras*, Londres, Impreffo por Henrique Woodfall, 1742, "*Don Diego Velazquez de Silva*", pp. 83-84)

"*Acabòla Don Diego Velazquez el año de 1656. dexando en ella mucho, que admirar, y nada, que exceder. Pudiera dezir Velazquez (à no fer mas modefto) de efta Pintura, lo que dixo Ceuxis de la bella Penelope (de cuya Obra quedò tán fatiffecho:) In vifurum aliquem, facilius, quàm, imitaturum: que mas facilferia embidiarla, que imitarla.*" (*EL MUSEO PICTORICO Y ESCALA OPTICA. TOMO SEGUNDO. PRACTICA DE LA PINTURA, EN QUE SE TRATA DE EL MODO DE pintar à el Olio, Temple y Frefco, con la refolucion de todas las dudas, que en fu manipulacion pueden ocurrir. Y de la Perfpectiva comun, la de Techos, Angulos, Teatros, y Monumentos de Perfpectiva, y otras cofas muy efpeciales, con la direccion, y documentos para las Ideas, o Affumptos de las Obras, de que fe ponen algunos exemplares*, Madrid, Por la viuda de Juan Garcia Infançon, 1714, p. 343; *El Parnaso Español Pintoresco*

Laureado. Tomo Tercero. Con Las Vidas De Los Pintores, y Eftatuarios Eminentes Efpañoles, Qve Con Svs Heroycas Obras han illuftrado la Nacion Y DE AQUELLOS ESTRANGEROS Iluftres, que han concurrido en eftas Provincias, Y LAS HAN ENRIQVECIDO CON SVS Eminentes Obras; GRADUADOS SEGUN LA SERIE de el tiempo, en que cada vno florecio: PARA ETERNIZAR LA MEMORIA, que tan justamente fe vincularon en la pofteridad tan fublimes, y remontados efpiritus, Madrid, Por Lucas Antonio de Bedmar, 1724, p. 343)

[8]Dans les deux versions pp. 342-343.

[9]"*La numeración de los personajes corresponde a la que aparece en la ilustración.*

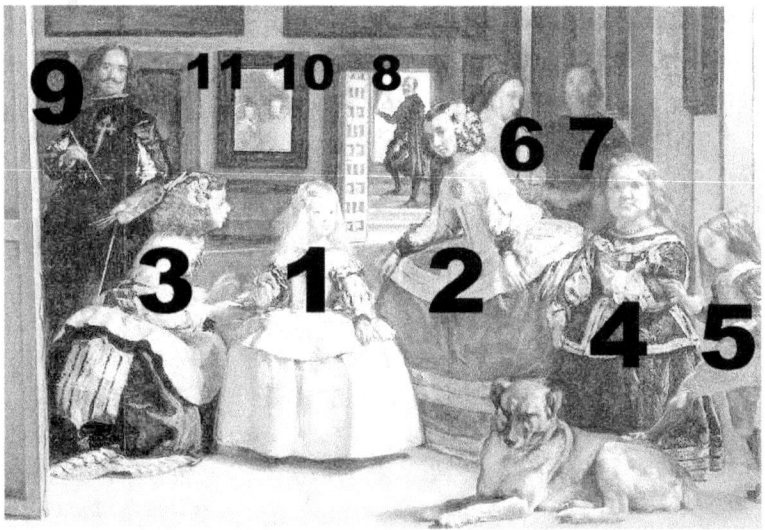

1. Infanta Margarita. La infanta, una niña en el momento de la realización de la pintura, es la figura principal. Tenía unos cinco años de edad y alrededor de ella gira toda la representación de Las meninas. Fue uno de los personajes de la familia real que más veces retrató Velázquez,

ya que desde muy joven estaba comprometida en matrimonio con su tío materno y los retratos realizados por el pintor servían, una vez enviados, para informar a Leopoldo I sobre el aspecto de su prometida. Se conservan de ella excelentes retratos en el Museo de Historia del Arte de Viena. La pintó por primera vez cuando no había cumplido los dos años de edad. Este cuadro se encuentra en Viena y se considera como una gran obra de la pintura infantil. Velázquez la presenta vestida con el guardainfante y la basquiña gris y crema.

2. Isabel de Velasco. Hija de don Bernardino López de Ayala y Velasco, VIII conde de Fuensalida y gentilhombre de cámara de su Majestad. Contrajo matrimonio con el duque de Arcos y murió en 1659, tras haber sido dama de honor de la infanta. Es la menina que está en pie a la derecha, vestida con la falda o basquiña de guardainfante, en actitud de hacer una reverencia.

3. María Agustina Sarmiento de Sotomayor. Hija del conde de Salvatierra y heredera del Ducado de Abrantes por vía de su madre, Catalina de Alencastre, que contraería matrimonio más tarde con el conde de Peñaranda, grande de España. Es la otra menina, la situada a la izquierda. Está ofreciendo agua en un búcaro, pequeña vasija de arcilla porosa y perfumada que refrescaba el agua. La menina inicia el gesto de reclinarse ante la infanta real, gesto propio del protocolo de palacio.

4. Mari Bárbola (María Bárbara Asquín). Entró en Palacio en 1651, año en que nació la infanta y la acompañaba siempre en su séquito, «con paga, raciones y cuatro libras de nieve durante el verano». Es la enana acondroplásica que vemos a la derecha.

5. Nicolasito Pertusato. Enano de origen noble del Ducado de Milán que llegó a ser ayuda de cámara del rey y murió a los setenta y cinco años. En la pintura está situado en primer término junto a un perro mastín.

6. Marcela de Ulloa, viuda de Diego de Peralta Portocarrero. Era la encargada de cuidar y vigilar a todas las doncellas que rodeaban a la infanta Margarita. Se encuentra en la pintura, representada con vestiduras de viuda y conversando con otro personaje.

7. El personaje que está a su lado, medio en penumbra, es el único cuyo nombre no da Palomino. Únicamente lo menciona como un guardadamas.

A la izquierda del cuadro, se encuentra el pintor delante de una gran tela; se considera que este es el mejor autorretrato de Velázquez. Sobre su pecho se añadió posteriormente el emblema de la orden de Santiago.

8. *José Nieto Velázquez.* Era el aposentador de la reina, así como el propio pintor lo era del rey. Sirvió en palacio hasta su fallecimiento. En la pintura queda situado en el fondo, en una puerta abierta por donde entra la luz exterior. Se muestra a Nieto cuando hace una pausa, con la rodilla doblada y los pies sobre escalones diferentes. Como dice el crítico de arte Harriet Stone, no se puede estar seguro de si su intención es entrar o salir de la sala.

9. *Diego Velázquez.* El autorretrato del pintor se encuentra de pie, delante de un gran lienzo y con la paleta y el pincel en sus manos y la llave de ayuda de cámara a la cintura. El emblema que luce en el pecho fue pintado posteriormente cuando, en 1658, fue admitido como caballero de la Orden de Santiago. Según Palomino, «algunos dicen que su Majestad mismo se lo pintó, para aliento de los Profesores de esta Nobilísima Arte, con tan superior Chronista; porque cuanto pintó Velázquez este cuadro, no le había hecho el Rey esta merced».

10 y 11. *Felipe IV y su esposa Mariana de Austria.* Aparecen reflejados en un espejo, colocado en el centro y fondo del cuadro; parece indicar que es precisamente el retrato de los monarcas lo que estaba pintando Velázquez.

En primer término se puede observar un perro, un mastín español, que está en una actitud de reposo, sin inquietarse ni siquiera cuando siente el pie del enano Pertusato."

(https://es.wikipedia.org/wiki/Las_meninas#Personajes_y_otros_eleme ntos)

[10] Le rôle de l'émergence lumineuse depuis un coin du tableau, paradigmatique des toiles de Vermeer (cf. par ex. Philip Steadman, *Vermeer's Camera: Uncovering the Truth Behind the Masterpieces*, Oxford University Press, 2002; et Laura J. Snyder, *Eye of the Beholder: Johannes Vermeer, Antoni van Leeuwenhoek, and the Reinvention of Seeing*, New York, W. W. Norton & Company, 2015), est un recours parfaitement connu (cf. pr ex. l'ouvrage que lui dédie Ulrike Kern, *Light and Shade in Dutch and Flemish Art. A History of Chiaroscuro in Art Theory and Artistic Practice in the Netherlands of the Seventeenth and Eighteenth Centuries*, Turnhout, Belgique, Brepols, 2014), et qu'emploie Diego de Velázquez ici (faisant très visiblement tomber la lumière depuis la fenêtre de droite - pour le spectateur - sur l'Infante, au centre du tableau: "*El espacio representado, como ya indicó Palomino, es la pieza principal del cuarto del príncipe. Aunque el Alcázar resultó destruido en el incendio de 1734, a partir de lo que indican los inventarios y de los planos conservados de Juan Gómez de Mora ha sido posible reconstruir la disposición de la estancia representada con notable fidelidad por Velázquez, sin otro cambio que el espejo, no mencionado en los inventarios. Se trata de una sala rectangular, de aproximadamente veinte metros de largo y más de cinco de ancho con ventanas alineadas en uno de sus lados.*", https://es.wikipedia.org/wiki/Las_meninas#Personajes_y_otros_eleme ntos), associé, comme nous venons de le dire, à celui de la perspective infinie des pièces l'une derrière l'autre, propre, également, de cet art bourgeois néerlandais du Siècle d'Or espagnol.

[11] Cf. par ex. sur ce thème l'ouvrage de Simon Schama, *L'embarras de richesses - Une interprétation de la culture hollandaise au Siècle d'Or*, Paris, Gallimard, 1991.

[12] E. Beulé, *Causeries sur l'art*, Paris, Didier et Cie, 1867, pp. 270-272, donne une explication dans sa propre époque (d'apparition de la photographie), liée aux dimensions de l'oeuvre, plus que visuelle, liée à la compréhension dans le goût de l'époque (mise en perspective à la flamande des espaces intérieurs, intégration du thème de l'atelier de l'artiste et de ses visiteurs comme excuse pour la mise en scène de la virtuosité du peintre, prise sur le vif d'expressions en mouvement de la vie quotidienne, ici des princes), de l'exclamation de Giordano: "*On n'en saurait dire autant d'une scène que l'on nomme les Filles d'honneur (las Meninas). Quoique cette toile soit réputée avec raison un prodige, ce n'est ni par le coloris ni par la grâce qu'elle se recommande. L'aspect en est peu agréable, la couleur triste, tant le génie de Velasquez était capable d'applications diverses, tant il avait ses heures! D'un autre côté, la science de la perspective, l'étude de la vérité, la précision des détails, l'imitation poussée jusqu'à tromper l'œil, expliquent cette différence radicale dans l'effet. On ne saurait mieux définir l'impression que produit ce tableau qu'en le comparant à un dessin photographique. Velasquez a saisi une salle du palais avec les personnages qui s'y trouvaient groupés, sans s'excepter lui-même; il en a tiré une épreuve, non pas à l'aide d'une machine, mais par la force de sa mémoire et l'énergie de son pinceau. Cette épreuve a tous les mérites et tous les défauts de la photographie; la nature y est calquée, mais sans charme. L'on me croira dès que j'aurai décrit le sujet. Un jour le roi Philippe IV et sa femme posaient pour la vingtième fois devant leur peintre favori. Pendant que l'artiste peignait, la petite infante Marguerite était auprès de lui avec ses deux filles d'honneur, qui cherchaient à l'amuser, avec Maria Barbola, naine hideuse qui servait de jouet à la cour. Non loin, le nain Pertusano lutinait un gros dogue, tandis que dans le fond de la galerie Joseph Nieto, quartier-maître de la reine, et dona Marcella de Ulloa, religieuse et dame d'honneur, causaient ensemble. Le roi fut frappé du tableau qu'il avait sous les yeux, il pensa qu'il prêtait à la*

peinture, il demanda à Velasquez s'il pourrait le reproduire. Il fut reproduit, sans omettre le grand chevalet qui occupe presque toute la hauteur de la composition, sans omettre un gentilhomme qui entr'ouvre une porte par laquelle se précipite un flot de lumière. Enfin, pour faire comprendre que Philippe IV et sa femme sont les spectateurs de cette scène intime, leur image est reflétée dans une glace; elle explique une composition renversée d'une manière aussi bizarre, puisque le peintre et ses modèles sont sur le même plan et regardent également le public: or, dans le principe, le public c'était le roi et la reine qui posaient.
On voit combien le mot de photographie, que j'ai employé tout à l'heure, s'applique justement. Il faut même donner à cette comparaison toute sa portée, pour faire sentir l'incroyable tour de force accompli par Velasquez. Luca Giordano, amené par Philippe IV devant cette œuvre, s'écriait: «Sire, c'est la théologie de la peinture.» Les modernes pourraient dire plus simplement: «C'est la photographie de la peinture.» Breughel, Téniers, Gérard Dow et les Flamands les plus minutieux n'ont jamais produit autant d'illusion. Les figures sont de grandeur naturelle, et l'imitation est poussée à un tel degré qu'on croit assister à une représentation sur un théâtre. De semblables beautés frappent trop directement la foule pour qu'il soit nécessaire d'y insister. Elles émeuvent moins ceux qui pensent que l'art est quelque chose de plus que la nature, et que l'artiste ne doit pas rivaliser de fidélité avec un miroir."
[13]"*La peinture a été découpée sur la droite et la gauche mais il n'existe pas de documentation sur les raisons ou la date de ce découpage. En 1734, la toile a été endommagée par le feu qui a détruit l'Alcazar royal de Madrid et a été restaurée par le peintre de la cour Juan García de Miranda (1677–1749). La joue gauche de l'infante a été pratiquement entièrement repeinte à cette occasion pour compenser une substantielle perte de pigment. Le cadre original de la peinture a également été détruit durant cet incendie. Après son sauvetage de l'incendie on retrouve la toile dans l'inventaire de la collection royale de 1747-1748,*

mais l'infante Marguerite-Thérèse est identifiée à tort comme étant sa demi-sœur Marie-Thérèse. Cette erreur est reproduite dans l'inventaire de 1772.

La peinture fait partie de la collection du musée du Prado depuis sa création en 1819. La dernière restauration date de 1984 sous la supervision du conservateur américain John Brealey. Récemment, la peinture a souffert une perte de texture et de pigment due à l'exposition de la toile au public et à la pollution, le contraste entre les pigments blancs et bleus des costumes des personnages s'est estompé." (https://fr.wikipedia.org/wiki/Les_M%C3%A9nines#Provenance_et_%C3%A9tat_de_la_toile)

[14]" *The back wall of the room, which is in shadow, is hung with rows of paintings, including one of a series of scenes from Ovid's Metamorphoses by Peter Paul Rubens, and copies, by Velázquez's son-in-law and principal assistant Juan del Mazo, of works by Jacob Jordaens The paintings are shown in the exact positions recorded in an inventory taken around this time. The wall to the right is hung with a grid of eight smaller paintings, visible mainly as frames owing to their angle from the viewer. They can be identified from the inventory as more Mazo copies of paintings from the Rubens Ovid series, though only two of the subjects can be seen.*

The paintings on the back wall are recognized as representing Minerva Punishing Arachne and Apollo's Victory Over Marsyas. Both stories involve Minerva, the Goddess of Wisdom and patron of the arts. These two legends are both stories of mortals challenging gods and the dreadful consequences. One scholar points out that the legend dealing with two women, Minerva and Arachne, is on the same side of the mirror as the queen's reflection while the male legend is on the side of the king." (https://en.wikipedia.org/wiki/Las_Meninas#Subject_matter)

[15] https://diegovelazquez.webcindario.com/realidad.htm

[16]"*El espacio representado, como ya indicó Palomino, es la pieza principal del cuarto del príncipe. Aunque el Alcázar resultó destruido en el incendio de 1734, a partir de lo que indican los inventarios y de los planos conservados de Juan Gómez de Mora ha sido posible reconstruir la disposición de la estancia representada con notable fidelidad por Velázquez, sin otro cambio que el espejo, no mencionado en los inventarios. Se trata de una sala rectangular, de aproximadamente veinte metros de largo y más de cinco de ancho con ventanas alineadas en uno de sus lados. Se decoraba con cuarenta cuadros, en su mayor parte copias de Rubens hechas por Juan Bautista Martínez del Mazo de asuntos mitológicos tomados de las Metamorfosis de Ovidio, y una serie de aves, animales y paisajes dispuestas sobre las ventanas. En la pared del fondo se disponían cuatro cuadros de la serie de mitologías ovidianas tal como muestran Las meninas: Prometeo robando el fuego sagrado y Vulcano forjando los rayos de Júpiter a los lados del pintor y apenas visibles, y otros dos de mayor tamaño en la parte alta cuyos motivos llegan a advertirse en la penumbra de la estancia: Minerva y Aracne, copia de Mazo sobre una composición de Rubens, y Apolo vencedor de Pan, derivado de un original de Jacob Jordaens ejecutado a su vez sobre un boceto de Rubens para la serie de la Torre de la Parada. En ambos se han fijado quienes buscan intenciones simbólicas en Las meninas, interpretándolos en sentido político, suponiendo en la elección de sus asuntos ocultas alusiones a la obediencia debida a los reyes y al castigo que acarrea incumplirla, o como una reivindicación de la superioridad de las artes mayores consideradas como un oficio noble, frente a los oficios manuales y mecánicos representados en el trabajo artesanal. En el momento de pintar Las meninas Velázquez trataba de ser admitido como caballero de la Orden de Santiago, y consiguientemente ver reconocido su ennoblecimiento sin obstáculo de su oficio de pintor, como ya se hacía en otros países —como Italia—, donde los monarcas y pontífices honraban a los pintores. Entre los libros dejados por*

Velázquez al morir se encontraba la *Noticia de las artes liberales* del abogado Gaspar Gutiérrez de los Ríos (1600), que en España había sido el primero en defender por extenso la liberalidad del arte de la pintura, junto con otros tratados, como una copia de los escritos de Leonardo da Vinci o la *Historia natural* de Plinio en los que se hablaba también de la nobleza de la pintura. Así Plinio, en referencia al pintor Pánfilo, escribió:

... fue el primer pintor cultivado,[...] en todas las disciplinas, principalmente en aritmética y geometría, sin las cuales decía que no podía culminar el arte. [...] este arte se admitía como primer grado de educación liberal. Lo cierto es que siempre tuvo el prestigio de ser practicado por hombres libres y más tarde por personajes de alto rango, y de haber estado vetado siempre a los esclavos. Esta es la razón por la que ni en pintura ni en escultura hay obras famosas realizadas por esclavos».

Plinio Naturalis Historia Lib. XXXV, 77.4142 Reseña: Víctor Nieto Alcaide, Espacio, Tiempo y Forma Serie VII, Historia del Arte, t. 20-21-2007:UNED   p.   63."
(https://es.wikipedia.org/wiki/Las_meninas#Personajes_y_otros_elementos)

[17] http://pcsi-unautreregard.over-blog.com/article-7168979.html
[18] https://fr.wikipedia.org/wiki/Les_%C3%89poux_Arnolfini
[19] https://www.metmuseum.org/es/art/collection/search/459052
[20] https://es.m.wikipedia.org/wiki/Archivo:Quentin_Massys_001.jpg
[21] "*Es un hecho reconocido y aceptado la influencia de Rubens y lo pintores flamencos en la pintura española del siglo XVII.*

Durante la segunda mitad de la década de 1630 la relación entre Rubens y su principal cliente, el rey Felipe IV, alcanzó su momento más productivo. En esos años el pintor recibió de Madrid numerosos encargos para decorar las residencias reales de la capital y sus alrededores. El mayor de estos proyectos fue el de decorar la llamada

Torre de la Parada, un pabellón de caza situado en las afueras de la ciudad, en el monte de El Pardo, que había construido Felipe II en el siglo XVI y que Felipe IV decidió reformar y ampliar. Los datos de este proyecto son bien conocidos, consistiendo básicamente en un primer grupo de sesenta y uno o sesenta y dos cuadros de asuntos mitológicos tomados en su mayoría de Ovidio, además de algunas escenas de la vida de Hércules y representaciones de algunas figuras alegóricas y de los filósofos Heráclito y Demócrito. El segundo grupo consistía en unas sesenta pinturas de animales y un grupo menor, de al menos cinco cuadros, que consistía en escenas de caza.

La llegada de estas obras irrumpieron en el ambiente artístico de la Corte presentando el maestro dinámicas y exuberantes composiciones frente a las obras predominantes en La corte de índole naturalista y clasicistas fundamentalmente de autores italianos, presentando las citadas composiciones un brillo y colorido desconocido en comparación con la tradición tenebrista que imperaba hasta la fecha.

Estos lienzos y los que figuraban en las colecciones de los nobles que desempeñaban misiones diplomáticas o militares en Flandes tuvieron que abrir nuevos horizontes a los artistas que tuvieron accesos a ellos.

Pero la influencia de Rubens no se limita a lo expuesto con anterioridad, ya que el maestro desde el inicio de su carrera se sirvió de un excelente equipo de grabadores y artesanos, que ayudaron a difundir sus obras.

Los maestros flamencos de carácter mas modestos aprovecharon las composiciones de Rubens, difundiéndolas de modo casi industrial. Son numerosísimas las series de cobre exportadas por todo el mundo teniendo como clientela en general devota, conventos, sacristías capitulares, oratorios privados. Son muchos los testimonios que tenemos de esa preferencia por los "colores de Flandes" y numerosos ejemplares de cobre fueron distribuidos en España por la firma Forchondt para la decoración de iglesias y colecciones privadas.

Lo cierto es que por ambos conductos, por los grabados y por los cobres, las composiciones del gran maestro de Amberes, fueron muy pronto conocidas en España, sirviendo de modelo tanto para modestos artistas carente de imaginación que hallaba es esos modelos una de recursos iconográficos y compositivos, como para clientes que imponían dichos modelos.
La incidencia de Rubens sobre el arte hispánico es muy relevante. Los modelos de los artistas flamencos -sobre todo de Rubens y de sus copistas- supieron reorientar los derroteros de la pintura española de la segunda mitad del siglo XVII hacia un nuevo estilo, generando un tipo de arte más sensual, vitalista y de aires más barroquistas que el que había sido característico en la primera parte de la centuria. Gracias a esta influencia, se fue abandonando, poco a poco, el sobrio contenido naturalista de corte claroscurista característico del barroco hispano de comienzos del seiscientos. La avalancha de obras de Rubens y en menor medida de Van Dyck -así como de otros maestros menores también contagiados de esta carga de cromatismo, dinamismo, extroversión y vitalidad- que llegaron a España en estos años, sobre todo a partir de 1630-1640, y la gran cantidad de estampas que sobre composiciones originales de los mismos se hicieron, abonaron perfectamente el camino para que la pintura española diera el paso hacia el pleno barroquismo que se evidenciará ya, en muchos casos, en los años centrales del siglo. También el Nuevo Mundo se vio inmerso en la influencia de los modelos flamencos seiscentistas sobre todo de Rubens." (Maria Teresa Laguna Paúl, "*Influencia de Rubens y los pintores flamencos en la pintura española, Apuntes de Historia del Arte*", Facultad de Historia del Arte, Universidad de Sevilla, https://www.docsity.com/es/influencia-de-rubens-y-los-pintores-flamencos-en-la-pintura-espanola/3015160/)
[22]https://es.wikipedia.org/wiki/Hispano_flamenco
[23]"*Le mouvement naquit au XVe siècle et fut prédominant à l'époque des Rois catholiques (1469-1516), donnant naissance au gothique*

isabélin — première partie du mouvement plateresque (transition entre l'art gothique et la Renaissance). Il continua durant le xvie siècle avec la préférence de Philippe II pour des peintres comme Jérôme Bosch et se poursuivit jusqu'au xviie siècle avec Rubens." (https://fr.wikipedia.org/wiki/Art_hispano-flamand)

[24]"*Después del Asedio de Amberes (1585), y especialmente con la Tregua de los Doce Años (1609), quedó clarificada la división de los Países Bajos en dos zonas muy diferenciadas: un sur católico, controlado por la Monarquía Hispánica (los Países Bajos Españoles, a los que se suele restringir la denominación de «Flandes»); y un norte protestante e independiente (las Provincias Unidas, cuya zona dominante, Holanda, denomina simplificadamente a todo el conjunto).*

Aunque muchos artistas emigraron de sur a norte, abandonando la decadente Amberes para refugiarse en la dinámica Ámsterdam (Edad de Oro holandesa); también pervivió una Escuela de Amberes de gran importancia, destacadamente con Rubens (1577-1640) y sus discípulos: Anton van Dyck (1599-1641), Jacob Jordaens (1593-1678), etc. La historiografía suele denominar a los pintores del sur como flamencos o barroco flamenco; mientras que preferentemente utiliza para los pintores del norte la denominación de escuela holandesa o barroco holandés: Frans Hals (1584-1666), Rembrandt (1607-1669), Vermeer de Delft (1632-1675), Jacob Ruysdael (1628-1682), etc.

Declive
Después de las muertes de los principales artistas como Rubens en 1640 y el final de la Guerra de los Ochenta Años en 1648, el significado cultural de Flandes declinó.
Un renacimiento de la pintura en esta región volvió solo después de la Revolución belga de 1830. Los pintores de este periodo suelen recibir la denominación de belgas y no la de flamencos (véase Categoría:Pintores de Bélgica)." (https://es.wikipedia.org/wiki/Pintura_flamenca#Barroco)

[25]https://es.wikipedia.org/wiki/Pa%C3%ADses_Bajos_Espa%C3%B1oles

[26]Cf. la page de recherche: https://www.google.com/search?rlz=1C1SQJL_esNI809NI809&biw=1094&bih=506&tbm=isch&sa=1&ei=2efmXJOWDJK60PEP3u2zaA&q=%22painter+in+his+studiO%22&oq=%22painter+in+his+studiO%22&gs_l=img.12...0.0..189602...0.0..0.0.0.......0......gws-wiz-img.v72hOpxD1Fs

[27]https://en.wikipedia.org/wiki/The_Artist_in_his_Studio; https://en.wikipedia.org/wiki/File:Rembrandt_The_Artist_in_his_studio.jpg

[28]https://commons.wikimedia.org/wiki/File:Een_schilder_in_zijn_atelier,_een_dame_portretterend._Rijksmuseum_SK-A-1465.jpeg

[29]https://www.dorotheum.com/en/l/552848/

[30]Cf. la page de recherche: https://www.google.com/search?rlz=1C1SQJL_esNI809NI809&biw=1094&bih=506&tbm=isch&sa=1&ei=Ft7mXOH5KcjYsQWE_ZiQDA&q=G%C3%A9rard+Thomas+PEINTRE&oq=G%C3%A9rard+Thomas+PEINTRE&gs_l=img.12...0.0..1483270...0.0..0.0.0.......0......gws-wiz-img.t_N-UheJpIs

[31]https://art.rmngp.fr/fr/library/artworks/gerard-thomas_la-peinture_huile-sur-toile

[32]https://commons.wikimedia.org/wiki/File:David_Teniers_(II)_-_Archduke_Leopold_Wilhelm_in_his_Picture_Gallery_at_Brussels.jpg

[33]En effet, le genre paraît trouver un écho tout particulier entre les l'artistes des Pays-Bas du XVIIème siècle, comme le montre la page de recherche: https://www.google.com/search?rlz=1C1SQJL_esNI809NI809&tbm=isch&sa=1&ei=3tPmXIvlL6W1ggfck5KYDg&q=painter+in+his+studio+nederlands+17th&oq=painter+in+his+studio+nederlands+17th&gs_l

=img.12...0.0..2487...0.0..0.0.0.......0......gws-wiz-img.WUXUPpLbN6Q

[34]http://www.getty.edu/art/collection/objects/254442/pietro-longhi-the-painter-in-his-studio-italian-about-1741-1744/

[35]https://commons.wikimedia.org/wiki/File:La_familia_del_pintor_Juan_Bautista_Mart%C3%ADnez_del_Mazo.jpg

[36]"*Los retratos colectivos habían tenido un gran éxito entre las corporaciones profesionales de Holanda y los Países Bajos, por lo que terminaron imponiéndose como un género propio que aprovecharon familias como ésta para retratarse en conjunto.*" (https://www.artehistoria.com/es/obra/familia-holandesa)

[37]https://en.wikipedia.org/wiki/Family_Group_in_a_Landscape

[38]https://commons.wikimedia.org/wiki/File:Van_den_Kerckhoven_door_Jan_Mijtens.jpg

[39]https://commons.wikimedia.org/wiki/File:Jan_de_Bray_-_The_Governors_of_the_Guild_of_St_Luke,_Haarlem_-_WGA03124.jpg

[40]https://fr.wikipedia.org/wiki/La_Ronde_de_nuit

[41]https://commons.wikimedia.org/wiki/File:Gentlemen_Smoking_and_Playing_Backgammon_in_an_Interior.jpg

[42]https://www.metmuseum.org/art/collection/search/626692

[43]https://www.artehistoria.com/es/obra/familia-holandesa

[44]Cf. par ex. https://commons.wikimedia.org/wiki/File:Pieter_de_Hooch_-_Interior_with_Figures_-_WGA11705.jpg;
https://es.wikipedia.org/wiki/La_madre_(Pieter_de_Hooch);
https://commons.wikimedia.org/wiki/File:Pieter_de_Hooch_-_The_Courtyard_of_a_House_in_Delft_-_WGA11687.jpg;
https://commons.wikimedia.org/wiki/File:Pieter_de_Hooch_-_At_the_Linen_Closet.jpg;
https://uploads2.wikiart.org/images/pieter-de-hooch/interior-of-a-

dutch-house.jpg!PinterestSmall.jpg;
https://uploads3.wikiart.org/images/pieter-de-hooch/a-woman-with-a-baby-in-her-lap-and-a-small-child-1658.jpg!PinterestSmall.jpg;
https://uploads2.wikiart.org/images/pieter-de-hooch/cardplayers-1658.jpg!PinterestSmall.jpg;
https://uploads7.wikiart.org/images/pieter-de-hooch/woman-and-child-in-a-courtyard.jpg!PinterestSmall.jpg;
https://uploads6.wikiart.org/images/pieter-de-hooch/interior-with-a-mother-delousing-her-child-1660.jpg!PinterestSmall.jpg;
https://uploads4.wikiart.org/images/pieter-de-hooch/at-the-linen-closet-1663(1).jpg!PinterestSmall.jpg;
https://uploads6.wikiart.org/images/pieter-de-hooch/portrait-of-a-family-of-musicians-1663.jpg!PinterestSmall.jpg;
https://uploads0.wikiart.org/images/pieter-de-hooch/woman-with-infant-serving-maid-with-child.jpg!PinterestSmall.jpg;
https://uploads3.wikiart.org/images/pieter-de-hooch/company-in-garden.jpg!PinterestSmall.jpg;
https://uploads4.wikiart.org/images/pieter-de-hooch/a-musical-conversation-1674.jpg!PinterestSmall.jpg;
https://uploads0.wikiart.org/images/pieter-de-hooch/card-players-at-a-table.jpg!PinterestSmall.jpg;
https://uploads6.wikiart.org/images/pieter-de-hooch/a-musical-party-1677.jpg!PinterestSmall.jpg;
https://uploads6.wikiart.org/images/pieter-de-hooch/company-making-music.jpg!PinterestSmall.jpg;
https://uploads4.wikiart.org/images/pieter-de-hooch/going-for-the-walk.jpg!PinterestSmall.jpg;
https://uploads3.wikiart.org/images/pieter-de-hooch/interior.jpg!PinterestSmall.jpg;
https://uploads3.wikiart.org/images/pieter-de-hooch/woman-with-a-child-and-a-maid-in-an-interior.jpg!PinterestSmall.jpg;

https://uploads2.wikiart.org/images/pieter-de-hooch/the-card-players.jpg!PinterestSmall.jpg

[45] "*El autor, Hooch, fue el retratista oficial de la vida cotidiana en Holanda, y es el elegido en este caso para dejar constancia de la reunión familiar. El artista distribuye a los personajes en el patio de la casa, uno de sus ámbitos preferidos, entre el lugar público y el privado. Como motivo común en todos sus lienzos tenemos esa puerta abierta al fondo, que lleva a otro jardín privado, y al fondo otra puerta más que lleva... quién sabe a dónde. Y en el tramo intermedio, en el exterior pero de alguna manera relacionado con nuestra casa, el personaje misterioso que aparece siempre en sus cuadros, un caballero de espaldas que contempla esa puerta abierta hacia fuera.*" (https://www.artehistoria.com/es/obra/familia-holandesa)

[46] "*Seemingly every detail alludes to Schouten's aristocratic aspirations,*" a sign explained, "*from the tapestries lining the back wall and the fanciful harpsichord to the presence of a black servant.*" The sign seems to say that the brewer's aspirations were demonstrated by what he owns (at least in this "fantasy"): tapestries, a harpsichord and ... a black servant." (https://www.wbur.org/artery/2016/01/15/black-servants-old-master-art-slavery)

[47] https://commons.wikimedia.org/wiki/File:Andrea_Mantegna_-_Camera_picta,_la_corte_01.jpg

[48] https://fr.wikipedia.org/wiki/La_Chambre_des_%C3%89poux#Description

[49] https://www.historytoday.com/archive/all-king%E2%80%99s-fools

[50] https://fr.wikipedia.org/wiki/La_Famille_de_Philippe_V_(Ranc)

[51] https://es.wikipedia.org/wiki/La_familia_del_infante_don_Luis_de_Borb%C3%B3n

[52] https://es.wikipedia.org/wiki/La_familia_de_Carlos_IV

[53] "*Las meninas tuvo una limitada difusión mediante estampas hasta bien avanzado el siglo XIX, y el primer artista que reprodujo el cuadro en

grabado fue Francisco de Goya y Lucientes, quien se reconoció fuertemente influenciado por la pintura de Velázquez. Cuando entró a trabajar en la corte española, tuvo acceso a las colecciones de pintura de la corte, y en 1778 publicó una serie de aguafuertes en la que reprodujo cuadros de Velázquez. Hacia 1785 hizo un grabado de Las meninas, pero no le dejó satisfecho y optó por no publicarlo con el resto de la serie. La plancha hubo de desecharse (si bien subsisten siete impresiones de ella). El otro grabado de Las meninas anterior a 1800 lo hizo en París Pierre Audouin en 1799, con destino a una serie sobre la Colección Real española que se estaba publicando en Madrid. Pero dicha serie fracasó comercialmente y el grabado de Audouin apenas tuvo difusión hasta décadas después.

La influencia de Velázquez y Las meninas en Goya se mantuvo a lo largo del tiempo. En 1800 Goya realizó el retrato de La familia de Carlos IV donde, en un acto de homenaje al pintor de Las meninas, Goya se autorretrata mirando hacia el espectador a la izquierda de la familia real, se acerca en esta pintura a la instantánea fotográfica, como ya había hecho en el cuadro La familia del infante don Luis del año 1784, en la que también se autorretrata en la parte izquierda como Velázquez." (https://es.wikipedia.org/wiki/Las_meninas#Influencia_de_Las_menin as_de_Vel%C3%A1zquez)

[54]"*En el proceso de aplicación del aguatinta y el bruñidor, la plancha (en paradero desconocido) se estropeó, razón por la que de esta estampa, la de mayor complejidad de toda la serie, existe un escaso número de ejemplares (al menos cuatro pruebas de estado) localizados en la Biblioteca Nacional de Madrid, el Gabinete de Estampas del Museo de Berlín, el Museo Británico de Londres y el Museo de Bellas Artes de Boston, así como uno, estampado por ambas caras en tintas negra y roja, de colección particular madrileña. En una prueba de estado que perteneció a Juan A. Ceán Bermúdez, este escribió: Lucas Jordán, admirado de ver este cuadro dijo a Carlos II que era la teología de la*

pintura y (supe que al mirarlo) Mengs se ponía de mal humor diciendo que él era un collón.

ANÁLISIS ARTÍSTICO

La escena representa sin variaciones la obra de Velázquez y, a pesar de las dificultades que Goya tuvo para diferenciar el techo de las paredes, consigue transmitir la profundidad necesaria y todos los elementos que se muestran difusos en el fondo de la pintura. Quizás la figura menos conseguida fue la de Velázquez, que prácticamente se confunde con el fondo.

El ejemplar (un segundo estado) de la Biblioteca Nacional, procedente del legado testamentario de Valentín Carderera de 1880, aparece retocado con un lápiz negro difuminado."
(https://fundaciongoyaenaragon.es/obra/las-meninas/698)

[55]"*Entre 1777 y 1778 diversos ilustrados manifestaron su preocupación por la falta de grabadores que acometieran el proyecto de reproducir las pinturas que se conservaban en las colecciones españolas, fundamentalmente en los Palacios Reales, como medio para dar a conocer a nacionales y extranjeros la riqueza y el valor de nuestra pintura. Goya se hizo eco de esta idea y comenzó a grabar una serie de láminas en las que copió algunas de las más importantes pinturas de Velázquez conservadas en Palacio. Con ello no solo mostró su espíritu ilustrado, al compartir esta preocupación manifestada por Antonio Ponz entre otros, sino que alcanzó dos objetivos esencialmente artísticos: estudiar la pintura de Velázquez, que estará presente desde entonces en su propia obra, y aprender de forma autónoma el aguafuerte, técnica de grabado que le permitía una enorme libertad frente a la académica y compleja talla dulce, y que constituirá la base sobre la que se asentarán el resto de sus series de estampas: Caprichos, Desastres de la guerra, Tauromaquia y Disparates.*

El 28 de julio de 1778 se anunciaba en la Gaceta de Madrid la venta de: "Nueve estampas dibuxadas y grabadas con agua fuerte por Don Francisco de Goya Pintor; cuyos originales del tamaño del natural pintado por Don Diego Velazquez existen en la Colección del Real Palacio de esta Corte. Representan figuras eqüestres de los reyes Felipe III y Felipe IV, y de las Reynas Doña Margarita de Austria y Doña Isabel de Borbón, y la de Don Gaspar de Guzman Conde Duque de Olivares, las figuras en pie de Menipo y Esopo y de los enanos sentados. Se venden en la librería de Don Antonio Sancha en la Aduana vieja, y en la de Don Manuel Barco, carrera de San Gerónimo. Sus precios son, las figuras eqüestres a 6 reales y las restantes a 3; y se darán juntas y separadas".

El 22 de diciembre de ese mismo año se anunciaron en la Gaceta "dos estampas nuevas que representan, la una al Príncipe D. Baltasar Carlos a caballo, y la otra a un fingido Baco coronando a algunos borrachos".

La libertad de su estilo debió causar alguna complicación a Goya según comunicó ese mismo año a su amigo Zapater: "[...] te embio un juego de las obras de Belazquez que he grabado que ya sabrás que tiene el Rey; no te las he embiado antes por que no se supiera qe aqui he tenido mil enredos con ellas; enfin chiquío estimales que conforme bayan saliendo te las enviaré".

Posteriormente siguió trabajando en la serie, grabando el Infante don Fernando y Barbarroja, de los que se ha conservado la lámina pero que no llegaron a editarse, y El bufón llamado Don Juan de Austria y Las meninas, de los que solo nos han llegado pruebas sueltas. Finalmente se han conservado dibujos realizados con lápiz rojo que no parece que llegaran a grabarse.

Esta serie grabada al aguafuerte, lejos de pretender reproducir la apariencia formal de los cuadros, buscaba por encima de todo captar las cualidades luminosas y la esencia pictórica de Velázquez, aspectos que verdaderamente interesaban a Goya y que tendrán su reflejo en sus propias composiciones."

(https://www.goyaenelprado.es/obras/lista/?tx_gbgonline_pi1%5Bgocollectionids%5D=25&tx_gbgonline_pi1%5Bgosort%5D=d&tx_gbgonline_pi1%5Bpoffset%5D=2)

[56] https://goya.unizar.es/InfoGoya/Obra/VelazquezIcn.html

[57] "*Desde su llegada a Madrid para trabajar en la corte, Goya tuvo acceso a las colecciones de pintura de los reyes, por lo que, en la segunda mitad de la década de 1770, tuvo un especial referente en Diego Velázquez. La pintura de este último había sido elogiada en 1782 en un discurso pronunciado por Jovellanos en la Real Academia de Bellas Artes de San Fernando, en el que alababa la formación italiana del maestro sevillano, merced a la cual se alzaba como «el mejor ornamento de las artes españolas», y en 1789, a propósito de Las meninas, elogiaba su naturalismo, ajeno a la belleza ideal de los antiguos pero dotado de una singular técnica pictórica ilusionista (manchas de pintura formando brillos que el ilustrado gijonés denominó «efectos mágicos») con la que era capaz de pintar «hasta lo que no se ve». Goya pudo hacerse eco de esta corriente de pensamiento y, por encargo de Carlos III, a partir de 1778, publicó una serie de grabados que reproducía cuadros de Velázquez. Las estampas, dieciséis en total, fueron elogiadas por Antonio Ponz, que posiblemente tuviese alguna responsabilidad en la empresa, en el tomo octavo de su Viaje de España, pero denotan una técnica y un conocimiento del oficio aún incipientes, siendo lo más interesante de la serie la utilización, en cinco de las estampas, de técnica distintas del aguafuerte, como la punta seca y la aguatinta.*"
(https://es.wikipedia.org/wiki/Francisco_de_Goya#Retratista_y_acad%C3%A9mico)

[58] "*This print is part of a series published by the Company for the engraving of paintings from the Royal Palaces, although it was only published after that institution was no longer active. The Company for the engraving of the paintings from the Royal Palaces was one of the Spanish Enlightenment's major undertakings during the second half of*

the 18th century. It supervised the reproduction of prints of paintings from the Royal Collections and its early projects were carried out by Francisco de Goya, who reproduced some of Velázquez's paintings in 1778, and by Juan Barcelón and Nicolás Barsanti, who reproduced The Labors of Hercules after the fresco that Luca Giordano had painted between 1777 and 1785.

On November 16, 1789, Charles IV authorized the founding of the Company for the engraving of paintings from the Royal Palaces in order to spread knowledge of the wealth of the Royal Collections in a manner comparable to other European countries. This private enterprise received royal protection and its partners were noblemen from Madrid, including the Duke of Osuna and José Nicolás de Azara, who contacted the French and Italian engravers charged with the task. At first, the artistic direction was handled by Manuel Salvador Carmona and Francisco Bayeu, who respectively supervised engravings and drawings. According to the collection's Subscription Plan, the prints were published in series of six issues, beginning in February 1794. The price for subscribers was 288 reals per issue, while non-subscribers were charged 360 reals. An additional "100 prints without words" were pulled and these were sold at twice the price of the others (Continuación del Memorial Literario, intructivo y curioso de la Corte de Madrid. Vol. I, [August], Imprenta Real, 1793, pp. 257-63).

Flagging sales and increasing costs gradually weakened the Company's economic stability, calling for increased private support. The poor quality of the drawings and their predominantly religious subject matter, as Azara argued, as well as a certain degree of disorganization— an absence of order or classification, as well as unequal formats—made it difficult to bind these prints or to hang them together in cabinets, and all this led the project into bankruptcy in barely ten years. In 1800, it was proposed to the king that Calcografía Nacional defray the project's costs, and in 1812 the plates and other materials were deposited at the

Royal Press. Finally, in 1818, the plates themselves entered Calcografía Nacional (Vega, J., Museo del Prado. Catálogo de estampas, Museo del Prado, 1992, pp. 222-223).

In all, 74 copper plates were engraved from a total of 95 drawings commissioned for the collection. Calcografía Nacional received 50 plates, including the 24 that had already been published by the Company and 26 more. The remaining 24 had actually been engraved, but the engravers had never delivered them to the Company (Carrete, J., El grabado calcográfico en la España Ilustrada, 1978, pp. 28-31)." (https://www.museodelprado.es/en/the-collection/art-work/las-meninas/d26b243b-8064-4bd0-957e-8fbf1237cc48)

[59] https://fr.wikipedia.org/wiki/Peintre_de_cour; https://en.wikipedia.org/wiki/Court_painter

[60] Cf. par ex. la page de recherche: https://www.google.com/search?rlz=1C1SQJL_esNI809NI809&tbm=isch&sa=1&ei=5OLmXJy-KsGIsQXh1JuABg&q=DUTCH+PAINTING+COURT+FAMILY&oq=DUTCH+PAINTING+COURT+FAMILY&gs_l=img.12...0.0..62315 50...0.0..0.0.0.......0......gws-wiz-img.di0VC4AIdiI

[61] https://es.wikipedia.org/wiki/Sir_Endymion_Porter_y_Anton_van_Dyck

[62] https://es.wikipedia.org/wiki/Archivo:Francois_I_recoit_les_derniers_soupirs_de_Leonard_de_Vinci_by_Ingres.jpg

[63] Schama, *Civilisations*, série de la BBC, No 5 *The Triumph of Art*, https://www.dailymotion.com/video/x6vrtcq, 30'06"

[64] https://quod.lib.umich.edu/a/ars/13441566.0047.005?view=text;rgn=main

[65] "*Seizer of the World*

When Akbar, the third Emperor of the Mughal dynasty, had no living heir at age 28, he consulted with a Sufi (an Islamic mystic), Shaikh Salim, who assured him a son would come. Soon after, when a male child was born, he was named Salim. Upon his ascent to the throne in 1605, Prince Salim decided to give himself the honorific title of Nur ud-Din ("Light of Faith") and the name Jahangir ("Seizer of the World").

In this miniature painting, Jahangir Preferring a Sufi Shaikh to Kings, flames of gold radiate from the Emperor's head against a background of a larger, darker gold disc. A slim crescent moon hugs most of the disc's border, creating a harmonious fusion between the sun and the moon (thus, day and night), and symbolizing the ruler's emperorship and divine truth.

Jahangir is shown seated on an elevated, stone-studded platform whose circular form mimics the disc above. The Emperor is the biggest of the five human figures painted, and the disc with his halo—a visual manifestation of his title of honor—is the largest object in this painting.

Jahangir favors a holy man over kings

Jahangir faces four bearded men of varying ethnicity, who stand in a receiving-line format on a blue carpet embellished with arabesque flower designs and fanciful beast motifs. Almost on par with the Emperor's level stands the Sufi Shaikh, who accepts the gifted book, a hint of a smile brightening his face. By engaging directly only with the Shaikh, Jahangir is making a statement about his spiritual leanings. Inscriptions in the cartouches on the top and bottom margins of the folio reiterate the fact that the Emperor favors visitation with a holy man over an audience with kings.

Below the Shaikh, and thus, second in the hierarchical order of importance, stands an Ottoman Sultan. The unidentified leader, dressed in gold-embroidered green clothing and a turban tied in a style that distinguishes him as a foreigner, looks in the direction of the throne, his hands joined in respectful supplication.

The third standing figure awaiting a reception with the Emperor has been identified as King James I of England. By his European attire—

plumed hat worn at a tilt; pink cloak; fitted shirt with lace ruff; and elaborate jewelry—he appears distinctive. His uniquely frontal posture and direct gaze also make him appear indecorous and perhaps even uneasy.

Last in line is Bichitr, the artist responsible for this miniature, shown wearing an understated yellow jama (robe) tied on his left, which indicates that he is a Hindu in service at the Mughal court—a reminder that artists who created Islamic art were not always Muslim.

This miniature folio was once a part of a muraqqa', or album, which would typically have had alternating folios containing calligraphic text and painting. In all, six such albums are attributed to the rule of Jahangir and his heir, Shah Jahan. But the folios, which vary greatly in subject matter, have now been widely dispersed over collections across three continents.

During Mughal rule artists were singled out for their special talents— some for their detailed work in botanical paintings; others for naturalistic treatment of fauna; while some artists were lauded for their calligraphic skills. In recent scholarship, Bichitr's reputation is strong in formal portraiture, and within this category, his superior rendering of hands.

Clear to the observer is the stark contrast between Jahangir's gem-studded wrist bracelets and finger rings and the Shaikh's bare hands, the distinction between rich and poor, and the pursuit of material and spiritual endeavors. Less clear is the implied deference to the Emperor by the elderly Shaikh's decision to accept the imperial gift not directly in his hands, but in his shawl (thereby avoiding physical contact with a royal personage, a cultural taboo). A similar principle is at work in the action of the Sultan who presses his palms together in a respectful gesture. By agreeing to adopt the manner of greeting of the foreign country in which he is a guest, the Ottoman leader exhibits both respect and humility.

King James
King James' depiction is slightly more complex: Bichtir based his image of the English monarch on a portrait by John de Crtiz, which is believed to have been given to Jahangir by Sir Thomas Roe, the first English Ambassador to the Mughal court (this was a way to cement diplomatic relations and gifted items went both ways, east and west). In Bichitr's miniature, only one of King James's hands can be seen, and it is worth noting that it has been positioned close to—but not touching—the hilt of his weapon. Typically, at this time, portraits of European Kings depicted one hand of the monarch resting on his hip, and the other on his sword. Thus, we can speculate that Bichitr deliberately altered the positioning of the king's hand to avoid an interpretation of a threat to his Emperor.

A self-portrait
Finally, the artist paints himself holding a red-bordered miniature painting as though it were a prized treasure. In this tiny painting-within-a-painting, Bichtir replicates his yellow jama (a man's robe)—perhaps to clarify his identity—and places himself alongside two horses and an elephant, which may have been imperial gifts. He shows himself bowing in the direction of his Emperor in humble gratitude. To underscore his humility, Bichitr puts his signature on the stool over which the Emperor's feet would have to step in order to take his seat.
Beneath Jahangir's seat, crouching angels write (in Persian), "O Shah, May the Span of Your Life be a Thousand Years," at the base of a mighty hourglass that makes up the pedestal of Jahangir's throne. This reading is a clear allusion to the passage of time, but the putti figures (borrowed from European iconography) suspended in mid-air toward the top of the painting provide few clues as to their purpose or meaning.

Facing away from the Emperor, the putto on the left holds a bow with a broken string and a bent arrow, while the one on the right covers his face with his hands. Does he shield his eyes from the Emperor's radiance, as some scholars believe? Or as others suggest, is he crying because time is running out for the Emperor (as represented in the slipping sand in the hourglass)?

Also cryptic is the many-headed kneeling figure that forms the base of Jahangir's footstool. Questions remain as to who these auxiliary figures are and what they or their actions represent.

Allegorical portraits were a popular painting genre among Jahangir's court painters from 1615. To flatter their Emperor, Jahangir's artists portrayed him in imagined victories over rivals and enemies or painted events reflecting imperial desire. Regardless of whether Jahangir actually met the Shaikh or was visited by a real Ottoman Sultan (King James I certainly did not visit the Mughal court), Bichitr has dutifully indulged his patron's desire to be seen as powerful ruler (in a position of superiority to other kings), but with a spiritual bent. While doing so, the artist has also cleverly taken the opportunity to immortalize himself." (Roshna Kapadia, "*Bichitr, Jahangir Preferring a Sufi Shaikh to Kings*", https://www.khanacademy.org/humanities/ap-art-history/south-east-se-asia/india-art/a/bichtir-jahangir-preferring-a-sufi-shaikh-to-kings)

[66] Qui, dans le *Retrato de Antonio Palomino de Castro y Velasco* par Juan Bautista Simó, semble être la Vérité aux seins nus, entre le Temps avec sa faux, qui en est le protecteur traditionnel, et le Vice, que, tout aussi classiquement, elle a vaincu (cf., pour ces deux motifs et leur association, notre ouvrage, dans la présente Collection, sur Andrea Mantegna).

[67] https://en.wikipedia.org/wiki/File:Portrait_of_Antonio_Palomino.jpeg

⁶⁸https://en.wikipedia.org/wiki/Saint_Luke_painting_the_Virgin_(Heemskerck)

⁶⁹https://de.wikipedia.org/wiki/Datei:Gelder_Selbstbildnis_m_h%C3%A4sslicher_Frau@St%C3%A4del_Museum_Frankfurt20170818.jpg

⁷⁰https://es.wikipedia.org/wiki/Archivo:Gelder_Selbstbildnis_m_h%C3%A4sslicher_Frau@St%C3%A4del_Museum_Frankfurt20170818.jpg

⁷¹Cf. https://fr.wikipedia.org/wiki/Autoportraits_de_Rembrandt

⁷²https://commons.wikimedia.org/wiki/File:Rembrandt_laughing.jpg

⁷³https://commons.wikimedia.org/wiki/File:Rembrandt_van_Rijn_142_version_02.jpg?uselang=fr

⁷⁴https://commons.wikimedia.org/wiki/File:Self_Portrait_by_Rembrandt_van_Rijn_1630.jpg?uselang=fr

⁷⁵Cf., dans la présente Collection, notre ouvrage sur *Le Cri* d'Edvard Munch.

⁷⁶https://commons.wikimedia.org/wiki/File:B013_Rembrandt.jpg?uselang=fr

⁷⁷https://fr.wikipedia.org/wiki/Rembrandt_aux_yeux_hagards

⁷⁸https://fr.wikipedia.org/wiki/Bethsab%C3%A9e_au_bain_tenant_la_lettre_de_David

⁷⁹https://en.wikipedia.org/wiki/Presentation_miniature

⁸⁰https://en.wikipedia.org/wiki/Presentation_miniature#Early_medieval

⁸¹https://fr.wikipedia.org/wiki/Les_Tr%C3%A8s_Riches_Heures_du_duc_de_Berry#Le_calendrier

⁸²"*In the late sixteenth century, the liefhebber was defined alternatively as a 'lover, favorer, maintainer, patron, or amateur' of art.9 He was not usually involved in the trade of pictures – though he could be – so much as one who displayed a keen interest in art and its collecting.*" (Lara Yeager-Crasselt, "*Knowledge and practice pictured in the artist's studio. The 'art lover' in the seventeenth-century Netherlands*", *Zeventiende Eeuw* 32(2):185, Décembre 2016, p. 189)

[83] "In tracing the evolution of Flemish paintings of collector's cabinets, Alexander Marr notes the shift from the representation of the cabinet to the artist's studio, which occurred increasingly in the second half of the seventeenth century. The depiction of artists in the collector's cabinet, however, represents another aspect of this genre. See, for example, an artist painting the allegorical figure of Fortuna in Frans Francken II's The Painter's Cabinet (c. 1623, oil on panel, 54×69 cm, private collection, Getxo, Spain). For a discussion of what Filipczak terms these 'hybrid' images, see Filipczak, Picturing art in Antwerp, p. 152–156; A. Marr, 'The Flemish 'pictures of collections' genre. An overview', in: Intellectual History Review 20.1 (2010), p. 6–7, n. 10; Rosenthal, 'Art lovers, pictura and masculine virtue in the konstkamer', p. 6, fig. 7." (Ibid., note 6 pp. 188-189)

[84] "The 'lover of art', or liefhebber, was a well-recognized figure in the artistic culture of the seventeenth-century Netherlands, functioning as a patron, collector, connoisseur, and an amateur practitioner of the arts. The liefhebber's representation in the artist's studio developed from the Flemish pictorial tradition of the art lover in the konstkamer, or collector's cabinet, where his elite social status, intellectual values, and knowledge of art were put on display. In the privileged space of the studio, however, artists shifted the focus and meaning of the liefhebber's interests to the making of art. In these works, knowledge passed between the artist and the art lover, gained through the direct familiarity with the artist's working methods and practice, and through the contents of the studio itself. The subject reflected the value placed in artistic practice, but as this article argues, it also intersected with developments in the liefhebber's own practice of art, which became increasingly relevant and attainable in the middle decades of the seventeenth century. The rise of drawing academies, pedagogical drawing manuals, and art theoretical treatises allowed liefhebbers to acquire firsthand knowledge of artistic practice that expanded their role

in and outside of the artist's space. This article examines how painters 'pictured' the relationship between artists and art lovers, and in doing so confronted a larger cultural discourse of connoisseurship, amateurship, and artistic practice in the early modern Netherlands." (*Ibid.*, pp. 186-187)

[85]"*The nature of this relationship derived meaning from images of the collector's cabinet. Flemish paintings of the konstkamer amassed knowledge of the world through the display of objects, including naturalia and artificilia, and above all, paintings and sculpture. The emergence of the genre in Antwerp at the turn of the seventeenth century reflected the city's economic and cultural wealth, embodied in its burgeoning mercantile classes and collecting habits. Works such as Hieronymus Francken II and Jan Brueghel the Elder's* The Archdukes Albert and Isabella Visiting the Collection of Pierre Roose *show the artistic and scientific variety of objects germane to these scenes and the expansion of that tradition into Brussels (fig. 1). The artists depict the Archdukes Albert and Isabella seated prominently in the foreground of an expansive room surrounded by a near encyclopedic array of objects, natural and manmade, as well as elegantly dressed art lovers who converse and admire the luxuries before them. The figures' interaction with the objects depicted – and each other – elevated the social status and virtue of the art collector himself, in turn creating an environment of intellectualism and inspiring conversation among virtuosi. (For ideas of virtue and value in the konstkamer, see the important discussions in Filipczak,* Picturing art in Antwerp, *p. 71–72, 116–117; Honig, 'The beholder as a work of art'; Rosenthal, 'Art lovers, pictura and masculine virtue in the konstkamer'. Danielle Maufort has recently identified the collector in this painting as Pierre Roose (1585 or 1568–1673), an important figure at the Brussels court. Her article on Roose is in press for the Journal of The Walters Art Museum. For a discussion of the painting and its larger context, see J. Spicer, 'The archdukes Albert and*

Isabella visiting the collection of Pierre Roose', in: www.thewalters.org/chamberofwonders/ (2016).)" (*Ibid.*, p. 187 et note 4 de la même page)

[86] *Ibid.*, Fig. 1 p. 188, 2 p. 190 et 13 p. 207.

[87]" *Such 'liefhebbers der schilderijen' converse in the foreground of Cognoscenti in a Room hung with Pictures executed in Antwerp around 1620 (fig. 2). Iconographically consistent with the work by Hieronymus Francken II and Jan Brueghel the Elder, the artist of this painting depicted a palatial room decorated from floor to ceiling with paintings, and tables covered with sculpture, prints, scientific instruments, and a globe. As the men discuss an Allegory of the Elements perched on the chair before them, they show their connoisseurial skills and high social rank through gesture, gaze, and elegant dress. The image evokes idealized forms of universal knowledge as well as Antwerp's local artistic culture, elements that would have been recognizable to contemporary viewers. As Elizabeth Honig has expressed, the relationship between viewer and viewed is mutual: 'the eye not only judges value [in these works], but it brings valuable status to the one who has the "eye".*" (*Ibid.*, pp. 190-191)

[88]" *Pieter Codde's Art Lovers in a Painter's Studio reflects another stage in an art lover's engagement with the artist and his studio (fig. 4). Inside Codde's modest space, three liefhebbers carefully examine the painter's finished works, including one still stretched on the easel. The men are absorbed in the act of looking and judging the painter's works, and through gaze and gesture they exhibit different degrees of discernment. The painter stands in the middle of the room holding his palette and brushes with an expression of concern. Although the art lovers have come to the studio to see the artist 'at work', their presence produces the opposite effect: the artist has stopped painting in order to accommodate his visitors. The studio has become a site of*

connoisseurship, but one mediated by the materiality of painting(s) and the role of the artist himself in that process.

Similarly to Codde, Frans van Mieris represented a studio scene defined by the silent exchange between artist and visitor (fig. 5). In a cavernous interior, illuminated only by light from arched windows, a painter leans against the easel with his palette, brushes, and mahlstick in hand. His practice, too, has been interrupted. A visitor, whose identity as an art lover is signaled by his fine dress and hat perched atop his knee, sits before a nearly finished painting of a Resting Traveler. Yet rather than looking at the canvas, he gazes toward a table arranged with various objects. The large musical instrument, sculpture of Hercules Wrestling with a Serpent, as well as the globe tucked into the lower left corner of the room, inform the liefhebber of the nobility of the artist and his art.

In a work attributed to Job Adriaensz. Berckheyde (1630–1693) from 1659, the artist closely followed this iconographic model (fig. 6). Two visitors are present in this studio, with one man seated before the easel examining the painting as his companion and the artist look out at the viewer. Their direct engagement with us, as well as the illusionistic curtain pulled to the side, emphasizes the immediacy of the moment, but this carefully constructed scene is a fictive reality. Like Van Mieris' painting, the display of objects on the table to the right reinforces the painter's learned status, visually joining the iconographic traditions of the konstkamer and the studio to create a site of intellectual and manual practice.

As these paintings demonstrate, the visit to the studio allowed the artist to exhibit his work in more than one way (through the painting in the painting), and it served as a display of his artistic values. In portraying the exchange between artists and art lovers, however, Codde, Van Mieris, and Berckheyde also emphasized the important role of the studio for the making of art and for the judgment of the art lover. While related to earlier modes of connoisseurship, the dynamic pictured between artist and liefhebber conveyed the value of the finished object and the artist's process. In the mid-seventeenth century, this judgment gained added meaning as the art lover became increasingly interested and involved in artistic practice himself." (*Ibid.*, pp. 194-195 et Fig. 4-6 pp. 194-197)

[89] *Ibid.*, Fig. 9 p. 202.

[90] "Sweerts' visitors have no clear reason to be in this working studio, yet their presence fundamentally changes its dynamic. Unlike the art lovers in Codde or Van Mieris' images, the men in *A Painter's Studio* do not readily observe finished works or contemplate a potential purchase of a work of art. Even if they have come to see Sweerts' Roman Wrestlers, which hangs on the back wall of the studio, their interest lays in the artistic practice taking place around them. Sweerts' figures look intensely and gesture directly, following the patterns of informed and sophisticated discourse depicted in the collector's cabinet. The focus of their attention, however, has shifted from object to practice. They demonstrate that they are capable of discussing art and its production in the immediate and tangible space of the studio, and in the presence of the artist. Sweerts' representation gives value to this new relationship, and at the same time reflects – in its emphasis on the progressive training in the artist's studio – an awareness of the drawing method presented in De Passe's manual.

Sweerts' *Artist's Studio with a Woman Sewing* heightens the prominence of the liefhebber in this context (fig. 9). Gathered near the artist at his easel are a group of well-dressed men, each absorbed in the activities of the studio or those of their music-making companions. Another painter and visitor are visible through a doorway in the background, where a liefhebber closely watches the artist at work. Paintings line the back wall and plaster casts of antique sculpture lie in a carefully constructed pile between the artist and model, recalling the display of objects in works by Sweerts' Dutch and Flemish predecessors.

Most interestingly in our context, however, is the man in the yellow jacket in the foreground. He conspicuously lacks the painter's cap that identifies a working artist, yet he holds a pen in his left hand and leans over to pick up a piece of paper resting near his feet. No longer just a 'lover of painting', he is about to draw, and in this way becomes a participant in the artist's studio. He gains – and shows – his knowledge through eye and hand.

These ideas coalesce in Sweerts' painting of TheDrawing School, which he produced following his return to Brussels in the mid-1650s (fig. 10). During this decade, Sweerts established an academy for life drawing, which was the first of its kind in the Southern Netherlands and intended to serve young artists, tapestry designers, and likely amateurs. The Drawing School is related to Sweerts' academic endeavors in Brussels, as well as one informed by his close associations with the academy in Rome. More broadly, the painting demonstrates the value that Sweerts placed in the fundamental practice of life drawing. Here, the young men have gathered to draw from a nude male model, so deep in concentration that they are unaware of the arrival of a visitor. Only the young boy in the foreground, who conspicuously points toward him, has noticed his presence – and is keen to point him out to his fellow artists. The master of the academy turns to welcome the gentleman and echoes the gesture of the boy by pointing to the model. The man, dressed in a white blouse and a black doublet and cloak, has entered the academy through the doorway in the back corner. As he removes his glove, he pauses to observe the model. The directness of gazes and gestures in this scene creates a dynamic performance around life drawing. The academy has replaced the studio, and by depicting the art lover in this space, Sweerts indicates the significance of drawing, learning, and working from life, which deserve equal admiration alongside the artist and his finished work.

But has this art lover come to join the drawing session instead? Such a possibility would reflect the art lover's increasing interest in drawing in this period, and in turn, the artist's interest in its representation. The scope and nature of Sweerts' academic activities may make this scenario even more likely. In 1656 Sweerts published a series of didactic prints entitled Diversae facies in vsvm iuvenvm et aliorvm delineatae (Diverse faces for the use of the young and others), which consists of twelve etchings of half-length figures in various forms of dress and expression (fig. 11). While Sweerts must have intended the etchings to be used by the students who attended his academy, especially as they offered young artists exercises in the handling of light and shadow, the prints possess an accessibility in format, subject, and style that made them equally suitable for a broader audience. Knowledgeable art lovers could benefit from the practice of copying the prints as well as enjoy collecting them." (*Ibid.*, pp. 201-205)

[91] *Ibid.*, Fig. 10 p. 203.

[92]"*By the early decades of the seventeenth century, contemporaries used the term in a more specialized way, designating themselves as 'liefhebbers der schilderijen' (lovers of painting). The phrase signified the ability to make judgments about pictures as a connoisseur, to discern among artists' hands, and to engage in intellectual exchange among peers. The 'lover of painting', as Zirka Filipczak has pointed out, could be considered a worshipper of Minerva, the goddess of wisdom and the arts.*" (*Ibid.*, pp. 189-190)

[93] *Ibid.*, note 11 p. 190.

[94]"*Less than a decade later, the liefhebber's role in the academy was institutionalized in the Southern Netherlands. In 1663 liefhebbers were admitted as members of the recently founded Antwerp Academy of Art, the first state-sponsored academy to exist in the Netherlands. Their inclusion may be seen as a further formalization of the process that had begun in the guild earlier in the century. In place of the relative*

informality of Sweerts' Brussels school, the institutionalized nature of the Antwerp academy (though slow to implement its comprehensive aims of instruction) marked a significant shift in how the liefhebber's pastime of drawing found new expression in a defined pedagogical context. Life drawing was the only course offered in the academy's first thirty years of existence, which must have been desirable for the city's art lovers. Records in the Guild of St. Luke, conceived as an extension of the academy, indicate that liefhebbers did register for drawing lessons. In the last few decades of the century, a Jacobus Engels Vercouter registered to 'leert teeckenen' in 1674, as did a Jacobus Martens in 1695 (under the guidance of Abraham Genoels II), and Fransus-Xaverius Cras, Jan-Carel van Bugem, and Jan-Frans Herreberti in 1697.

By the late seventeenth and early eighteenth centuries, the amateur art lover increasingly attended drawing schools to showcase his cultivation and refined education and manners, including in those recently established academies in The Hague and Amsterdam. Treatises published in this period, such as Willem Goeree's drawing book of 1678, Inleydinge tot de Al-ghemeene Teycken-Konst, as well as Gerard de Lairesse's Grondlegginge ter Teekenkonst (1701), paralleled these developments, as they, too, were directed toward an audience of artists and liefhebbers within a classically oriented artistic culture. As Goeree explained in the second printing of his manual, his rules were not only for beginners, but also for 'alle die lust hebben' to be proficient in drawing and painting." (Ibid., pp. 208-209)

[95]*" The value bestowed upon a gentleman's knowledge of drawing had been addressed by authors and theorists since the Renaissance. Codified in Castiglione's Book of the Courtier in the sixteenth century, seventeenth-century authors continued to rehearse the benefits of drawing for the elite, as well as its usefulness for judging pictures. In his Het Schilder-boeck of 1604, which was dedicated to artists and art*

lovers alike, Karel van Mander expressed the usefulness of drawing for all, especially when speaking about art. The English author Henry Peacham devoted a chapter of his popular treatise from 1622, The Compleat Gentleman, to drawing, describing it as 'a quality most commendable, so many ways useful to a Gentleman.' And Constantijn Huygens, secretary to the Prince of Orange, recounted in his diaries from around 1630 that he had learned how to draw as a boy because his father viewed it as an essential part of his education.

By the middle decades of the seventeenth century, pedagogical drawing manuals and informal academies for drawing naer het leven in the Northern and Southern Netherlands shifted the landscape of artistic practice and learning by making options for drawing available in different and readily accessible forms. While many of these efforts were naturally devoted to artists, both young and experienced, they similarly allowed the art lover to learn and develop the skill of draftsmanship alongside the artist himself. One of the earliest examples of this phenomenon in the Netherlands appeared in Amsterdam in 1636. The little-known Cornelis Pietersz. Biens published a small treatise intended for beginners and liefhebbers as a practical guide to drawing, De Teecken-Const: ofte Een korte ende klaere aen-leydinghe tot die lofelijcke Const van Teeckenen tot Dienst ende behulp van de eerstbeghinnende Jeucht ende liefhebbers, in Elf Capittelen vervat. Much of the treatise described well-known advice based on Biens' familiarity with Karel van Mander's HetSchilder-boeck, but Biens' modest manual suggested a broader audience interested in the learning and making of art.

Less than a decade later, Crispijn van de Passe published his substantial drawing book, 't Light der teken en schilder konst, in Amsterdam in 1643 (fig. 7). The manual included studies of anatomy, proportion and perspective, academic studies of male and female nudes, and the works of established masters. Artists were expected to copy these models in a *gradual process and learn from the ideal example. Van de Passe did not specify his intended audience, but the comprehensive and accessible nature of the manual indicates that it was intended for young artists and amateurs alike. With this progressive and detailed course of study, the liefhebber intersected with the world of the artist. The drawing book codified artistic knowledge for the amateur, while allowing him to join that knowledge with the practice and refinement of connoisseurship."* (*Ibid.*, pp. 195-199)

[96]Cf. notre travail sur *L'Atelier du peintre* (1855) de Gustave Courbet.

[97]"*As the site where paintings are slathered and sculptures are wrought, the artist's studio is a locus of widespread fascination. It's also a very complicated place. As artists have evolved over the 20th century to embrace installation art, performance, relational aesthetics, and other site-specific approaches that necessarily occur outside of the studio— ushering in what has been called a "post-studio condition"—this onetime site of solitary creativity and material exploration has become a meeting place, where a visit with a curator or critic can turn into a professional negotiation, planning, and development. At the same time, art enthusiasts have an obsessive fascination with the mythology of the artist's studio, which is documented online and in programs like PBS's Art21 series with a relish that falls somewhere in between the reverent preservationism of a nature documentary and the romantic escapism of a spread in Vogue.*

An extreme example of this reverential treatment: painter Francis Bacon's studio has been preserved at Dublin's Hugh Lane Gallery since 1998, a huge project that entailed the work of a team of archeologists, conservators, and curators who carefully mapped, transported, and recreated every detail down to the dust that had collected since the artist's death in 1992. Elsewhere, this fascination has crept into temporary exhibitions: Urs Fischer showed his entire studio as a readymade sculpture in Venice's Palazzo Grassi for his "Madame

Fisher" show there in 2012. Who knows—maybe a century from now, collectors will be snatching up the fractured remains of Ai Weiwei's Beijing atelier at auction.

But where does the model of the artist's studio, and our fascination with it, come from? Like art itself, the artist's studio is always a reflection the spirit of the times. Below is our history of the evolution of the artist's studio in Western art, from the Renaissance to today.

15th CENTURY: THE BOTTEGA AND THE STUDIOLO

Our contemporary studio model can be traced back to the Renaissance, when private patrons supplanted the centralized infrastructure of the Church that had dominated the production of art in the Middle Ages, when artists worked within monasteries or similar religious institutions. In this new era, artists began developing close and long-lasting relationship with individual patrons, for whom they would create commissioned work for many years, painting altarpieces, murals, portraits of their patrons' household, and other commissioned projects. The artist's very livelihood became dependent on their patron's beneficence, and the reputation of one was tightly intertwined with the relationship of the other. The artist's work was carried out in the bottega—the workroom—as opposed to the studiolo, a word that has the sense of a study, a room for contemplation, which would be a separate space. Both were often housed in the same building. Artists entered as apprentices, doing menial tasks until they proved themselves talented enough to learn the art of their masters.

17th CENTURY: STILL LIFES IN SLOW-DRYING PAINT

Later, and further North in Europe, painters' attention shifted from the visages of their wealthy patrons to still lifes and self-portraits (though commissioned portraiture remained a staple of the artist's paycheck). Figures like the Flemish master Jan van Eyck made important developments in oil painting techniques, which allowed for the careful and hyper-realistic depiction of everyday objects—often inflected with allegorical meaning—over a slow, drawn-out process of mixing, layering, and drying.

The studio became a reflexive space, a combination of the workroom and the study where the act of contemplation was incorporated into the process of painting itself. This is especially true in the famous case of Rembrandt's series of more than 50 self-portraits produced over the course of his lifetime, despite the fact that the term "self-portrait" didn't actually exist in the artist's lexicon until a century later.

19th CENTURY: THE ATELIER AND THE ACADEMY

Despite changes in artistic attitudes and predilections, the basic format of the artist's studio stayed largely the same from the Middle Ages through the 1800s. Ateliers consisted of one artist and a group of dedicated students who graduated from apprentice to journeyman to master, at which point they started their own workshops. The only competition to the atelier model came in the French Academy system, beginning with the founding of the École nationale supérieure des beaux-arts in Paris in 1816, which organized own exhibitions (known as salons) to support, critique, and analyze artistic developments. The Academic salons were the major European art events of the century, and formed the foundation against which avant-garde artists like Edouard Manet would react in the early 1900s.

1870s: EN PLEIN AIR

In the 19th century, the beginnings of industrial production had huge ramifications for artists. Whereas artists of the past centuries had had to produce their own paints, laboriously mixing ingredients—often evident in the mixing bowls visible in the background of Rembrandt's aforementioned studio self-portraits—now paint was readily available in aluminum tubes which could be purchased at a store, meaning the same quality and quantity of ingredients was available across the continent; paint became newly available in tubes for the first time, as did lightweight portable easels. Industrial manufacturing also meant that materials like brushes and easels, in addition to benefitting from improvements in design, could be produced quickly and efficiently.

This environment produced an entirely new way of painting, which came to be known as en plein air—literally "in open air." Across Europe, painters packed up their foldable easels and boxed sets of factory-made paints and brushes and trekked out into the continent's pastoral landscapes to paint nature in all its glory. Artists no longer had to wait for wealthy patrons to commission portraits before they could get to work; they could enjoy painting as an activity of edification and leisure—l'art pour l'art, or "art for art's sake"—on their own. This milieu directly influenced the development of artists like Claude Monet and John Singer Sargent in the mid 1800s. In the 1870s, Monet, in fact, equipped a house boat to act as a floating studio, from which he painted landscapes and portraits of friend Manet and his wife, Suzanne.

1960s: "THE FACTORY"

In 1960s New York, Andy Warhol innovated the artist's studio model by combining artistic production with Henry Ford-indebted mechanization in his studio-slash-party space the Factory, as it was known. Warhol was the king of the silkscreen, a way of quickly printing images that could be repeated over and over. The main innovation of Warhol's studio was the fact that it was known equally for its amphetamine-fueled parties and rotating cast of personalities as it was for the art it produced. This was the advent of the artist as a brand—an idea that Warhol shrewdly engaged in a meta-critical take on popular modern American culture. Of course, the '60s also saw artists like Donald Judd engaging with actual factories as well, shopping out the *fabrication of minimal, industrially-inspired sculptures to professional fabricators and manufacturers.*

1980s—TODAY: THE ACTUAL FACTORY
Compared to Warhol's Factory, Jeff Koons's New York studio looks like an Apple plant. OK, that might be an exaggeration, but the professional polish on Koons's Cheslea art factory is unprecedented. The artist, who will enjoy his first major museum retrospective at the Whitney Museum of American Art starting on June 27th, employs literally hundreds of assistants who are specialists in painting, casting, finishing, computer graphics, and so on; each the master of one very refined, and very specific, skill. Many are struggling artists themsleves, some of whom go on to have their own successful careers. In a field ruled by ambition, of course, the turnover rate can be high: Koons's team is regularly posting ads on job listing sites looking for more employees to. If you're a recent grad of a top MFA program, your chances are good! Although these days, you're more likely than not to end up as an unpaid intern. Which really isn't bad: just think of it as the conetmporary parallel of an apprenticeship in a Renaissance bottega." (Ian Wallace, "*The Evolution of the Artist's Studio, From Renaissance Bottega to Assembly Line*", https://www.artspace.com/magazine/art_101/art_market/the-evolution-of-the-artists-studio-52374)

[98]Mariët Westermann, *The Art of the Dutch Republic, 1585-1718*, Londres, Laurence King Publishing, 2004, pp. 31-32.

[99]"*When considering the relationship between the family and the artist's studio, it is necessary to bring in the notion of space, which we've seen is important in a variety of other contexts. The question to be posed is this: in what ways did family and artistic space overlap in the history of the studio? To help us focus on this problem, we can look at an unusual painting by the 17th century artist Gerard van Honthorst: Margereta de Roodere and Her Parents (1652, Centraal Museum,*

Utrecht). In this image, one parent is shown on the canvas, and the other outside in the physical studio in which the painter, Margareta, sits. Note how the easel acts here as a way of breaking down the barriers between the artist's studio and family life. At the same time we should be aware that this barrier between the studio and the space that the family of the painter occupies is a perceived bar, not one that definitely exists. Honthorst's painting is also compelling because it suggests the link between artistic production and the family. Margareta significantly points with her finger at her father as if indicating that he is the most important figure, which in a sense he is. Without him the daughter would not exist; in a sense he has created a masterpiece, albeit in human form rather than on canvas. Note also that the artistic implements, brushes, palette, maulstick stand idly by while the woman designates. This is not a serious painter, but a member of a prosperous Dutch household who is taught painting as part of an elegant education, not as a trade or a profession. In the words of one scholar, this is "a well to do amateur who painted for pleasure." For a woman to achieve the status of a master painter was a very rare feat, although there was a wonderful exception to the rule, Judith Leyster, though her success should not be attributed to a craving for genius, but other factors. In the words of Germaine Greer:

"It would be crass to suppose that female relatives who copied, imitated, etched and engraved the works of their better-known menfolk were all much better artists prevented by naked tyranny from making their own designs or accepting their own commissions. Their participation in the graphic arts was probably a filial and submissive response to the family environment and family pressure. Such motivation springs from a desire to conform and please others, and has little to do with the self-generated determination to produce great art."

Another interesting example of the family appearing on a canvas in the studio is this Self-Portrait (Rijksmuseum, 1699) by another Dutch *painter, Adriaen van der Werff, in which he proudly displays a painted image of his wife and child to the viewer; this also underscores the link between a painted creation and one made biologically. What's also interesting here is that his wife is dressed in an antique costume; she could function as an allegory, maybe Pittura, the personification of the art of painting, as well as being a spouse of the painter in real life."* (https://artintheblood.typepad.com/artistcert2012/2013/05/the-artists-studio-week-6-studio-space-and-sociability.html)

[100]https://fr.wikipedia.org/wiki/Tintoret_peignant_sa_fille_morte

[101]https://commons.wikimedia.org/wiki/File:Tintoretto_Painting_His_Dead_Daughter.jpg?uselang=fr

[102]Gail-Nina Anderson, "*Artlore: An Introduction to Recurring Motifs Generated by the Study of Fine Art*", *Folklore*, 125:2, 2014, pp. 145-160, https://tandfonline.com/action/showCitFormats?doi=10.1080%2F0015587X.2014.921411

[103]"*A number of scholars of 17th century Dutch art have used the phrase "virtual reality" to describe the startling realism of many of the paintings of the period; the art seems to possess a kind of "reality effect" making it seem more than painted materials applied to a surface. A painting like Van Hoogstraten's Interior of 1662 encourages such comparisons: with the aid of computer magnification you can take a "virtual" walk around this spacious interior, loosing yourself in the strange angles and through-views as you navigate Dutch pictorial space. In her book, The Virtual Window: From Alberti to Microsoft, Anne Friedberg discusses the term "virtuality" and its development in the seventeenth-century:*

"In seventeenth and eighteenth- century optics, "virtual" was used to describe an image that was seen by looking through a lens or that appeared in a mirror. The term "virtual" first appears in English in the writings of Sir David Brewster about the properties of refraction in his

Treatise on Optics (1831). Best known for his 1816 invention of the kaleidoscope (an optical device that demonstrated the principles of reflective symmetry), Brewster described the differing properties of an image seen by the eye and an image seen through the mediation of a lens. A "real image" is formed by the convergence of rays of light and is visible to the eye, but will also appear on a surface that is placed in a plane with the image. A "virtual image"- perceived in the brain- is visible to the eye but will not appear on a surface placed in its plane. Hence a "virtual image" in Brewster's optics is not recuperable to representation. This meaning of "virtual" suggests an intangible, uncapturable, ineffable appearance- more imago than pictura."

Following on from this, Friedman concludes that the virtual image "has no material existence (appears in the brain, or on the retina) and the virtual image that is formed in representation signifies a subtle shift in its materiality." It is interesting to think of the artist's studio in relation to this distinction between imago and pictura, specifically Vermeer's studio as it appears- or doesn't!- within his masterpiece The Art of Painting. Other painters in Vermeer's hometown- Delft- used scientific methods in the construction of compositions. Carel Fabritius who came to Delft from Rembrandt's studio, in the 1650s, employed a lens in his view of Delft; Samuel van Hoogstraten is his wonderful perspective box in the London National Gallery (1655-60) devises a series of virtual worlds that are only visible through the peephole of the camera obscura.

The Virtual Studio and the Art of Painting.

In an essay on the "imagined studio" of Vermeer, H. Perry Chapman ponders whether we are actually looking at Vermeer himself or the idea of the painter in The Art of Painting (1665-7). In this celebrated work Vermeer shows an artist from the back which Chapman believes could indicate Vermeer's wish to efface himself from the painting, to negate his persona and artistic identity. As Chapman says, the anonymity of the painter makes him the ideal painter, not a specific one. Vermeer was known as "the Sphinx of Delft" since his biographers do not really reveal him, probably because there wasn't much textual data on him. Attempts to give Vermeer and his studio an identity, like in the movie The Girl with the Pearl Earring, really are romanticizing an enigma. The film shows Vermeer in his studio, but he never shows himself, except maybe in the Procuress (1656) and there he is clothed in the kind of period garments that the painter wears in the Art of Painting, which doesn't help to place him in a specific social situation. Even when the curtain to the painter's refuge is drawn back in the Vienna painting, the artist's rear view seems to act as a barrier to entry to the studio, an idea that crops up in many artists' studios examined in this series. If we need proof that Vermeer's strategy is completely different we need only compare the allegory with another complex meditation on self-representation. As shown a few weeks ago, another 17th century painter Johannes Gumpp turns his back on the viewer, but he shows his own features through a complex system of representation involving canvas and mirror, not self-effacement at all. Vermeer's artist does no such thing and that rejection of the viewer could support Chapman's theory that this figure is an idea of painting, not Vermeer himself, or even a physical artist in a studio.

Chapman's reading is persuasive and might help to explain why Clio- the muse of history- is present instead of some allegorical figure representing Pittura or painting itself, as this work is supposed to demonstrate the art of painting. An example of this in 17th century Dutch art is a woman painted by another artist, Frans van Mieris the Elder, Pictura (1661) an un-idealized female dressed in eye-catching garments, holding a sculpture- a reference either to the paragone, or the triumph of painting over sculpture. Yet if the painter sitting in the Art of Painting is a masculine version of Pittura, and the female muse is History, where is the painter himself? Could it be that he is an invisible *presence revealing the studio to the spectator, and that the seated artist is a simulacrum of the painter, a virtual Vermeer? A similar idea appears in another famous representation of a 17th century studio: Velasquez's Las Meninas. In that complex painting, a figure framed in a doorway suggests an echo of Velasquez, maybe another simulacrum. The figure is actually a Velasquez: Jose Nieto Velasquez, steward of the palace. "Velasquez 2" seems to be entering the studio and seeing what we can't see- Las Meninas being painted. See here for more discussion of this. It's true that in the Art of Painting, we're allowed to see into the studio but we don't really see what is being painted since it's partly occluded by another Vermeer, whom I'm tempted to call "Vermeer 2." Instead, we see an imago, which means something that cannot be seen or measured, as opposed to the pictura, which is something that can be focused on walls and surfaces, and thus measured with an instrument like a camera obscura- see below. The pictura belongs more to the process of representing and picturing, while the imago suggests the mystery at the heart of the artist's studio, which we are never allowed to penetrate.*

In her ground breaking The Art of Describing, Svetlana Alpers cites Kenneth Clark's comment about Vermeer's The Art of Painting being the "nearest painting has ever come to a coloured photograph." Indeed, some modern artists have tried to capture the "look" of a Vermeer in photographs and coloured prints. The idea of Vermeer's paintings resembling photographs goes back to the nineteenth-century when connoisseurs employed photographs, or reproductive media such as etchings, lithographs, when identifying and presenting a painter's oeuvre. As Ivan Gaskell shows, photographic pioneers like Fox-Talbot turned to the conventions of Dutch art: his photograph Open Door seems to reference Vermeer's The Little Street. This interest in Vermeer's photographic realism has centred on the device known as the camera obscura, although it is not known whether Vermeer used optics to help him create his pictures. His paintings with their sharp clarity suggest optical precision, although there is no documentation to back up these claims. Unperturbed by the lack of textual evidence, Philip Steadman, an architect and professor of Urban Studies, has written a book called Vermeer's Camera. Steadman has meticulously reconstructed Vermeer's studio using models of the paintings to plot out the angles that Vermeer may have used to create his "virtual" worlds. The camera obscura (Latin dark chamber) is an optical device used, for example, in drawing or for entertainment. It is one of the inventions leading to photography. The principle can be demonstrated with a box with a hole in one side (the box may be room-sized, or hangar sized). Light from a scene passes through the hole and strikes a surface where it is reproduced, in colour, and upside-down. The image's perspective is accurate. The image can be projected onto paper, which when traced can produce a highly accurate representation. Using mirrors, as in the 18th century overhead version, it is possible to project a right-side-up image. Another more portable type is a box with an angled mirror projecting onto tracing paper placed on the glass top, the image upright as viewed from the back. As a pinhole is made smaller, the image gets sharper, but the projected image becomes dimmer. With too small a pinhole the sharpness again becomes worse due to diffraction. Some practical camera obscuras use a lens rather than a pinhole because it allows a larger aperture, giving a usable brightness while maintaining focus. In the movie The Girl with the Pearl Earring, we see Vermeer allow the serving maid Griet to look inside the magic box where she thinks the artificial model that the painter uses is located. Here we have another reconstruction of Vermeer's studio, but this time in the cinema. The interiors are cleverly devised, but again, we have no idea if the movie is recapturing the reality of seventeenth- century Delft, or whether it is simply another virtual Vermeer created by imagination

and trickery. The coordinates of Vermeer's studio remain uncertain and his art an eternal mystery."
(https://artintheblood.typepad.com/arthistcert2012/2013/06/module-3-in-the-artists-studio-week-7-the-virtual-studio.html)

[104]http://www.essentialvermeer.com/catalogue/art_of_painting.html#.XRjmh1UzZ0w

[105]"*The painting depicts an artist painting a woman dressed in blue posing as a model in his studio. The subject is standing by a window and a large map of the Low Countries hangs on the wall behind. It is signed to the right of the girl "I [Oannes] Ver. Meer", but not dated. Most experts assume it was executed sometime between 1665/1668, but some suggest the work could have been created as late as 1670–1675.*

In 1663 Vermeer had been visited by Balthasar de Monconys, but had no painting to show, so it was possibly done "in order to have an outstanding specimen of his art in his studio." Vermeer obviously liked the painting; he never sold it during his lifetime. According to Alpers "it stands as a kind of summary and assessment of what has been done."

Elements

The painting has only two figures, the painter and his subject, a woman with downcast eyes. The painter was thought to be a self-portrait of the artist; Jean-Louis Vaudoyer suggested the young woman could be his daughter. The painter sits in front of the painting on the easel, where you can see the sketch of the crown. He is dressed in an elegant black garment with cuts on the sleeves and on the back that offers a glimpse of the shirt underneath. He has short puffy breeches and orange stockings, an expensive and fashionable garment that is also found in other works of the time, as in a well-known self-portrait by Rubens.

The tapestry and the chair, both repoussoirs, lead the viewer into the painting. As in The Allegory of Faith the ceiling can be seen.

Experts attribute symbols to various aspects of the painting. A number of the items, a plaster mask, perhaps representing the debate on paragone, the presence of a piece of cloth, a folio, and some leather on the table have been linked to the symbols of Liberal Arts. The representation of the marble tiled floor and the splendid golden chandelier are examples of Vermeer's craftsmanship and show his knowledge of perspective. Each object reflects or absorbs light differently, getting the most accurate rendering of material effects.

The map, remarkable is the representation of light on it, shows the Seventeen Provinces of the Netherlands, flanked by 20 views of prominent Dutch cities. It was published by Claes Janszoon Visscher in 1636. This map, but without the city views on the left and right can be seen on paintings by Jacob Ochtervelt and Nicolaes Maes. Similar maps were found in the Bibliothèque Nationale in Paris and in the Swedish Skokloster. In the top left of the map two women can be seen; one bearing a cross-staff and compasses, while the other has a palette, brush, and a city view in the hand.

Symbolism and allegory

Vermeer had a theoretical interest for painting. The subject is presumed to be Fama, Pictura, or Clio, the Muse of History, evidenced by her wearing a laurel wreath, holding a trumpet, possibly carrying a book by Herodotus or Thucydides, which matches the description in Cesare Ripa's 16th century book on emblems and personifications entitled Iconologia. However, according to Ripa History should look back and not down as in this painting. Following Vermeer's contemporary Gerard de Lairesse, interested in French Classicism and Ripa, there is another explanation; he mentions history and poetry as the main resources of a painter. The woman in blue could be representing poetry, pointing to Plutarch who observed that "Simonides calls painting silent poetry and poetry painting that speaks", later paraphrased by the Latin poet Horace as ut pictura poesis. If so, the map is representing history.

The double-headed eagle, symbol of the Habsburg Holy Roman Empire, which possibly adorns the central golden chandelier, may represent the former rulers of the Low Countries. The large map on the back wall has a prominent crease that divides the Seventeen Provinces into the north and south. (West is at the top of the map.) The crease may symbolize the division between the Dutch Republic to the north and southern provinces under Habsburg rule. The map shows the earlier political division between the Union of Utrecht to the north, and the loyal provinces to the south. This interpretation might have appealed to Hitler who owned the painting during the war. According to Liedtke a political interpretation of the map and the Habsburg eagle is unconvincing; they overlook other motives. The map could suggest though that painting has brought fame to the Netherlands; ships sailing over the folds suggest that."

(https://en.wikipedia.org/wiki/The_Art_of_Painting#Description)

"*Les experts attribuent une signification symbolique aux différents aspects de l'œuvre.*

Le sujet peint par l'artiste est la muse de l'Histoire, Clio: elle est coiffée d'une couronne de laurier, tient une trompette (représentant la gloire), et porte La guerre du Péloponnèse de Thucydide, conformément aux préconisations du traité de Cesare Ripa écrit au xvie siècle à propos des emblèmes et des personnifications, intitulé Iconologia.

La double tête d'aigle, symbole de la dynastie autrichienne des Habsbourg et des anciens dirigeants de la Hollande, dont les armes ornent le chandelier d'or, ont probablement représenté la foi catholique. Vermeer était l'un des rares peintres catholique, dans la prédominance protestante des artistes hollandais. L'absence de bougies dans le chandelier est par ailleurs censé représenter la suppression de la foi catholique.

Le masque couché sur la table à côté de l'artiste est considéré comme un masque de mort, montrant l'inefficacité de la monarchie des Habsbourg. Salvador Dalí se réfère à L'Art de la peinture dans sa propre vision surréaliste Le Spectre de Vermeer de Delft, pouvant être utilisé comme table en 1934. Sur la peinture de Dalí, nous pouvons voir l'image de Vermeer vue de son dos, dessiné comme une étrange table."
(https://fr.wikipedia.org/wiki/L%27Art_de_la_peinture#Symbolisme_et_all%C3%A9gorie)

[106] https://commons.wikimedia.org/wiki/File:Peter_Paul_Rubens_048.jpg?uselang=fr

[107] Esperança Camara, "*Rubens, The Presentation of the Portrait of Marie de' Medici*", https://www.khanacademy.org/humanities/ap-art-history/early-europe-and-colonial-americas/reformation-counter-reformation/a/rubens-the-presentation-of-the-portrait-of-marie-de-medici

[108] https://en.wikipedia.org/wiki/File:Presentation_of_the_portrait_of_Maria_Antonia_of_Austria_(Marie_Antoinette)_to_Louis_Auguste,_Dauphin_of_France_in_front_of_Louis_XV_and_the_court_at_Versailles.jpg

[109] *Exposition d'œuvres d'art du XVIIIe siècle à la Bibliothèque Nationale - Catalogue Miniatures - Gouaches Estampes en Couleurs Françaises et Anglaises 1750- 1815 Médailles et Pierres Gravées 1700-1800 Biscuits de Sèvres*, Paris, Librairie Centrale des Beaux-Arts, Emile Lévy, Éditeur, 1906, No 572, p. 103.

[110] "*And then there are the images that don't seem to have context. Why is Jan Van Eyck's signature on the wall above the mirror? Why does it look more like, say, a signature on a piece of paper than a signed piece of artwork? And who are the figures reflected in the mirror? Is one the artist himself? Are they witnesses? And, if so, are they witnessing an actual marriage? Look at how Giovanni is holding his wife's hand–it looks a bit like when a couple takes each other's hands while pledging*

their vows. So maybe Van Eyck's signature is actually witnessing a marriage signatory... but, if this is what's being portrayed, how does that line up with who we think is represented in the painting? Giovanni and Costanza were married in 1426; why wait eight years to have a portrait of your marriage depicted? We also know that Costanza died–possibly during childbirth–by 1433. So is the painting just a portrait? A depiction of a marriage? Or a remembrance of a wife who has passed?" (https://www.artstor.org/2017/06/06/the-many-questions-surrounding-jan-van-eycks-arnolfini-portrait/)

[111] https://en.wikipedia.org/wiki/Arnolfini_Portrait#Mirror

[112] https://es.wikipedia.org/wiki/Archivo%3AThe_Arnolfini_Portrait%2C_d%C3%A9tail_%282%29.jpg

[113] Déjà, de fait, l'inventaire de 1700 le considérait ainsi: "*Il figure dans l'inventaire, en 1700, de la collection royale espagnole:*

«*Une peinture sur bois avec deux portes qui se ferment, un cadre en bois doré et des vers d'Ovide inscrits sur le cadre de la peinture, qu montre une femme allemande enceinte, vêtue de vert, serrant la main d'un jeune homme; ils semblent se marier de nuit, et les vers déclarent qu'ils se trompent l'un l'autre et les portes sont peintes en faux marbre: prix, seize doublons.»*"
(https://fr.wikipedia.org/wiki/Les_%C3%89poux_Arnolfini#Histoire)

"*Le tableau représenterait Giovanni Arnolfini, riche marchand toscan établi à Bruges (portant un pourpoint noir et une huque de velours violet doublée de fourrure), et son épouse Giovanna Cenami (portant une robe bleue, une huve blanche, un surcot vert bordé de fourrure grise), un petit chien aux pieds, car le sujet exact du tableau est un sujet de discussion pour les historiens de l'art. Selon Erwin Panofsky, il s'agirait du mariage des deux personnages, célébré en privé, et dont Van Eyck serait le témoin (l'autre témoin étant l'homme dans le miroir) et le peintre. La main gauche de la femme, posée sur un ventre rebondi, annoncerait qu'elle est déjà enceinte (hypothèse spéculative car la taille*

de sa robe correspond à la mode de l'époque), ce qui expliquerait le mariage en secret. Le tableau serait un document juridique attestant de ce mariage, d'où la signature grandiloquente au-dessus du miroir (calligraphiée en mauvais latin, il est écrit «Johannes de Eyck fuit hic 1434»). Cependant, cette théorie est aujourd'hui assez controversée. Il n'en reste pas moins que cette peinture est considérée comme une des œuvres majeures de l'artiste. Il s'agit de l'un des plus anciens portraits non hagiographiques conservés. En outre, par son réalisme, la peinture livre de nombreux détails sur les conditions de vie matérielle de l'époque. Le tableau représente le couple en pied dans la chambre, l'homme tenant la main de la femme. La pose est hiératique et solennelle, ce qui se comprenait lorsque l'hypothèse du mariage avait cours; certaines critiques y ont plutôt vu une marque d'ironie de la part du peintre."
(https://fr.wikipedia.org/wiki/Les_%C3%89poux_Arnolfini#Sujet)
"Une autre hypothèse est que le commanditaire est Giovanni di Nicolao Arnolfini, le cousin de Giovanni di Nicolao Arnolfini. Homme endeuillé, il aurait fait réaliser le tableau en titre posthume à sa femme, ce qui expliquerait les couleurs du deuil en noir et violet: grand chapeau noir, pourpoint noir, huque de velours violet bordée et doublée de martre zibeline, chausses noires, fines bottines noires, anneau d'or serti d'une pierre noire au second doigt. Selon l'historienne de l'art, de nombreux détails suggèrent que le tableau est bien un hommage funèbre de Giovanni di Nicolao Arnolfini à feu son épouse Costanza Trenta morte en couches: les dix médaillons autour du miroir représentant les scènes de la Passion, ceux illustrant la mort de Jésus étant tournés vers la femme; l'unique chandelle, symbole de la vie, curieusement allumée en plein jour, alors que du côté de la femme, de fines coulures de cire figées sur le fût d'une des branches du chandelier attestent qu'une chandelle fut là; la patenôtre aux 29 perles translucides, accrochée au mur, évoquant la récitation du chapelet par le mari priant pour le salut de

l'âme de son épouse; sur un montant du lit, le portrait de sainte Marguerite, patronne des femmes enceintes.

Par ailleurs, la pièce, les bougies, le lit et la fenêtre pourraient évoquer l'ambiance chaleureuse annonçant une future grossesse, cadre fréquent des scènes religieuses d'Annonciation."
(https://fr.wikipedia.org/wiki/Les_%C3%89poux_Arnolfini#Le_comm anditaire)

[114]https://www.abroadintheyard.com/16th-century-selfies-matthaeus-schwarz/

[115]*"En parcourant l'immense littérature consacrée au tableau, on constate que de nombreux exégètes avaient pensé à un autoportrait de Van Eyck. Jusqu'à la célèbre inscription en latin particulièrement complexe à traduire: «Johannes de eyck fuit hic. 1434», qui peut s'interpréter comme signifiant: «Van Eyck fut celui-ci», ce qui ferait du tableau un autoportrait. Par ailleurs, un autre portrait de Van Eyck conservé au musée de Berlin ressemble trait pour trait à l'homme du tableau qui nous intéresse. Ce tableau est sup-posé être un portrait d'Arnolfini, mais on s'aperçoit que ce titre a été donné à cause du tableau dit des Époux Arnolfini. Si l'on partait du principe qu'il s'agissait d'un autoportrait pour le tableau de Londres, il faudrait aussi changer le titre du tableau de Berlin. Où l'on s'aperçoit que les données sont souvent interchangeables...*

Dans son analyse, Pierre-Michel Bertrand adopte une démarche apparentée à une enquête policière et conduit son récit comme un épisode holmesien. Le dernier argument dévoilé éclaire tout le ta-bleau: Bertrand nous explique que la femme est enceinte, qu'elle attend un enfant qui est le fils de van Eyck, né vraisemblablement au printemps 1434, la signature étant en réalité un rébus signifiant: «Jan van Eyck, mon fils, était ici, dans le ventre de sa mère en 1434». On ne connaît pas le prénom du fils de van Eyck, mais les probabilités sont très grandes pour qu'il se soit appelé Jan. Pour attester cette interprétation,

Bertrand met en parallèle une gravure du xvie siècle réalisée par un certain Matheus Schwartz en 1520 où l'on voit le couple de ses parents, la mère étant enceinte, avec l'inscription suivante «Ich war verborgen im 1496», *ce qu'on peut traduire par: «J'étais caché là en 1496». Si l'on met les deux images en rapport, la signification du tableau de van Eyck change radicalement, devenant en quelque sorte le portrait de l'enfant à naître, caché dans le ventre de sa mère, tous les éléments du tableau pouvant se lire comme des symboles déguisés de l'enfant à naître. Mais la gravure de Matheus Schwartz est apparemment un unicum, ce qui, aux yeux de certains, rend difficile la mise en pa-rallèle avec le tableau de van Eyck. En plus, cette gravure est là encore dis-tante de près d'un siècle du tableau."* (Catherine Jordy, "*Le respect de l'interprétation.*", *Le Portique*, 11 | 2003, https://journals.openedition.org/leportique/554, §§ 11-12)

[116] http://classes.bnf.fr/ema/grands/150.htm

[117] *Ibid.*

[118] Il faudrait mettre cela en parallèle avec l'assomption de la bourgeoisie marchande au XVIème-XVIIème siècle, dont on voit, similairement, les traces dans le théâtre de l'époque, autour des questions d'argent et d'héritage, du *Volpone* (1606) de Ben Jonson aux pièces de Molière, cf. nos travaux sur les origines européennes des motifs dans *Le Güegüence.*

[119] "*The visit to the artist's studio by an art lover or patron was a well-established topos in the seventeenth century. It had a venerable antique precedent in Alexander the Great's visit to the studio of his court painter, Apelles, and studio visits occurred with regularity in the Netherlands in the sixteenth and seventeenth centuries. Notable examples include Otto Speerling's visit to Peter Paul Rubens' studio in 1621 and Constantijn Huygens' visit to Rembrandt van Rijn and Jan Lievens' studio in Leiden in 1628. In his Essay des merveilles de nature, et des plus nobles artifices written in 1621, the French author Etienne Binet explained the importance of visiting the studio for the gentleman:*

When you speak of painting [...], one of the most noble arts of the world [...] [to do so] you must have visited the studio and disputed with the masters, have seen the magic marks of the pencil, and the unerring judgment with which the details are worked out.

While the studio visit thus had a real-life counterpart, its representation reflected the ideal values associated with paintings of collector's cabinets by displaying the knowledge, interests, and taste of the liefhebber. And while indicative of the art lover's intellectual and discerning character, these images partook in a different kind of performance: the artist at work. The liefhebber became privy to the process of making, and ultimately, the artist's finished product. Moreover, once inside the painter's studio, the liefhebber affirmed the esteemed status of the artist himself.

The representation of the art lover in the artist's studio has been typically associated with the Northern Netherlands, yet a previously unpublished anonymous Flemish drawing from a private collection, dated to around 1600, suggests that this theme also originated in Antwerp (fig. 3). The finely executed drawing depicts a working studio: the artist paints at his easel, while an assistant grinds pigments at a table in the background. Plaster fragments of heads, arms, and feet hang on the wall near an open window. A monkey behind the painter examines his reflection in a mirror, an action paralleled by the woman and child across the room who gaze into a mirror held by a young man. He peers over the woman's shoulder, his leg placed atop a chest and his hand confidently on his thigh. His belted robe bears some similarities to the painter's dress, but his fanciful hat, ornamented and topped by a long feather, suggests that he is instead a visitor to the studio. His presence and participation in the activities here give added value to the artist's practice – the studio is worthy of his visit – but they also demonstrate the visitor's interest in the act of art's making and the value of looking (sight)." (Yeager-Crasselt, pp. 192-194)

[120] *Ibid.*, Fig. 3 p. 193.
[121] Cf. la page de recherche: https://www.google.com/search?rlz=1C1SQJL_esNI809NI809&tbm=isch&sa=1&ei=yT3nXMTvOcOKggeNsoDYAQ&q=RENAISSANCE+ARTIST+IN+HIS+STUDIO&oq=RENAISSANCE+ARTIST+IN+HIS+STUDIO&gs_l=img.12...0.0..13954...0.0..0.0.0.......0......gws-wiz-img.BHB8ankrYto
[122] http://musiconis.blogspot.com/2016/03/musique-dans-latelier-du-peintre.html
[123] https://en.wikipedia.org/wiki/File:Bashkirtseff_-_In_the_Studio.jpg
[124] https://en.wikipedia.org/wiki/Atelier
[125] https://en.wikipedia.org/wiki/File:Bouguereau%27s_Atelier_at_the_Acad%C3%A9mie_Julian,_Paris_-_Jefferson_David_Chalfant_-_Google_Cultural_Institute.jpg
[126] https://en.wikipedia.org/wiki/File:%C3%89cole_des_beaux-arts_(from_the_live).jpg
[127] https://it.wikipedia.org/wiki/File:Fantin-Latour_Homage_to_Delacroix.jpg
[128] https://commons.wikimedia.org/wiki/File:Henri_Fantin-Latour_-_By_the_Table_-_Google_Art_Project.jpg
[129] https://es.wikipedia.org/wiki/Los_poetas_contempor%C3%A1neos._Una_lectura_de_Zorrilla_en_el_estudio_del_pintor#Historia; https://www.museodelprado.es/coleccion/obra-de-arte/los-poetas-contemporaneos-una-lectura-de-zorrilla/3a2f6b1a-9d87-4f5b-855b-3c84981a98e6
[130] "*Imitando el esquema de gabinete del barroco flamenco, la minuciosa descripción de los personajes convocados queda centrada doblemente por el poeta y dramaturgo José Zorrilla, que lee unas cuartillas, y por el propio pintor que se autorretrata ante el caballete, provisto de paleta y pincel. Una cartela que acompaña al cuadro, permite identificar a sus protagonistas:3*

Los nueve personajes sentados son, de izquierda a derecha, Juan Nicasio Gallego, Antonio Gil y Zárate, Bretón de los Herreros, Antonio Ros de Olano, Francisco Javier de Burgos, Francisco Martínez de la Rosa, Ramón de Mesonero Romanos, el duque de Frías y Agustín Durán.

También de izquierda a derecha, parados en pie, posan: Ferrer del Río, Hartzenbusch, Rodríguez Rubí, Gil y Baus, Rosell, Flores, Bretón de los Herreros, González Elipe, Escosura, el conde de Toreno Pacheco, Roca de Togores, Pezuela, el duque de Rivas, Tejado, Amador de los Ríos, Carlos Doncel, el mencionado José Zorrilla leyendo, Güel y Renté, Fernández de la Vega, Ventura de la Vega, Luis de Olona, el propio pintor, el actor Julián Romea, Manuel José Quintana, José María Díaz, Campoamor, Manuel Cañete, Pedro de Madrazo y Kuntz, Fernández Guerra, Cándido Nocedal, Romero Larrañaga, Asquerino y Manuel Juan Diana."

(https://es.wikipedia.org/wiki/Los_poetas_contempor%C3%A1neos._Una_lectura_de_Zorrilla_en_el_estudio_del_pintor#Personajes_representados)

[131]"*En su composición se aúna la complejidad del retrato colectivo junto al esquema de gabinete del barroco flamenco, al detenerse en cada detalle del taller del pintor, pudiéndose identificar y analizar las obras y gustos del artista.*" (https://www.museodelprado.es/coleccion/obra-de-arte/los-poetas-contemporaneos-una-lectura-de-zorrilla/3a2f6b1a-9d87-4f5b-855b-3c84981a98e6)

[132]"*Although certain differences arise between Dutch and Flemish depictions of this subject from their respective iconographic traditions – images of the collector's cabinet, for instance, simply did not thrive outside of Antwerp – this article investigates the representation of the liefhebber from the konstkamer to the studio, and ultimately, the academy, as part of a larger and inclusive Netherlandish context.*" (Yeager-Crasselt, p. 188)

[133] Cf. par ex. https://fr.wikipedia.org/wiki/Les_Ambassadeurs
[134] https://www.abc.es/hemeroteca/historico-25-08-2001/abc/Cultura/mazo-se-autorretrato-pintando-el-cuadro-de-la-infanta-margarita-de-austria_42273.html
[135] https://es.wikipedia.org/wiki/La_infanta_do%C3%B1a_Margarita_de_Austria_(pintura)
[136] "*Doña Margarita mereció una compensación que no le proporcionó disfrute: la de que Velázquez la retratase siete veces. La primera en el lienzo del Palacio de Liria, que se pintaría en 1654 y que, probablemente, es el ejemplar hecho del natural, repetido con mayor soltura, ensanchado el fondo y completado con un florero en el del Museo de Viena; viste la Infantita saya de las llamadas «de alcuza», el pelo es corto y con una sola onda y en la diestra el abanico. El tercer retrato es el del Museo del Louvre, más de media figura, arrimada a una silla, peinase ya con un lacito y en la mano derecha empuña los guantes; será de 1655. A continuación se pintarían Las Meninas, en donde aparece con guardainfante y cabellera larga y lacia. El quinto retrato es el de Viena, vestida de traje rosa y el pelo largo y muy rizado, que ya Allende-Salazar fechaba en 1656-1657. Siguió a éste, dos años después, el del mismo Museo con vestido verde oliva, ya prometida del Rey de Hungría Leopoldo, después Emperador; sus galas son casi de novia, con exagerado guardainfante y enorme manguito de piel. Detrás de todos se pintó el del Prado (número 1.192), seguramente la última tela sobre la cual puso Velázquez su pincel y en la que dejaría sin terminar cuello, manos y parte de la cortina; pero, a la vez, donde extremó su maestría única en el vestido, en la cabellera, en el pañuelo, en las florecillas... En el lienzo de La familia de Mazo del Museo de Viena se figura a Don Diego pintando este retrato.*" (Francisco Javier Sánchez Cantón, *Velázquez Las Meninas y sus personajes*, Barcelone, Juventud S.A., 1943, p. 25)
[137] https://twitter.com/KurtBravo/status/962693611669409792
[138] https://es.wikipedia.org/wiki/La_infanta_Margarita

[139]https://es.wikipedia.org/wiki/La_infanta_Margarita_en_blanco_y_pl ata
[140]https://es.wikipedia.org/wiki/La_infanta_Margarita_en_azul
[141]https://es.wikipedia.org/wiki/Felipe_IV_(Velázquez)
[142]https://es.wikipedia.org/wiki/Felipe_IV_(Vel%C3%A1zquez)#%C3%9Altimo_retrato_de_Felipe_IV
[143]https://twitter.com/KurtBravo/status/962693611669409792
[144]https://commons.wikimedia.org/wiki/File:Philip_IV_of_Spain.jpg
[145]https://commons.wikimedia.org/wiki/File:Margarita_Teresa_of_Spain_Mourningdress.jpg?uselang=fr
[146]https://fr.wikipedia.org/wiki/Les_M%C3%A9nines#G%C3%A9n%C3%A9alogie_royale
[147]https://commons.wikimedia.org/wiki/File:Lecci%C3%B3n_de_equitaci%C3%B3n_del_pr%C3%ADncipe_Baltasar_Carlos,_by_Diego_Vel%C3%A1zquez.jpg
[148]https://commons.wikimedia.org/wiki/File:Velazquez-PicadorWallace.jpg

"*En esta obra, realizada posiblemente por el taller de Velázquez, se reproduce la Lección de equitación del príncipe Baltasar Carlos, aunque han sido suprimidos algunas figuras como el conde-duque de Olivares y don Alonso Martínez de Espinar, personajes fundamentales al ser los maestros de equitación y caza del príncipe. Pudieron ser borrados con motivo de la caída de Olivares del gobierno en 1643.*

En los libros aparece como perteneciente al duque de Westminster pero en la exposición no aparece nada sobre el duque, solo dice colección privada.

Mide 144cm. de alto. Según Palomino este cuadro es uno donde "...enseñaba a montar el Conde Duque al Príncipe...en la casa del marqués de Eliche", este marqués lo regaló al nuncio Gonzaga entre 1736 y 1739...

El cuadro se haría para el Conde Duque por ser el caballerizo mayor y el que daba las lecciones al niño, pero se supone del Conde Duque también porque años después de su realización estaba en casa de su sobrino.

Al fondo tenemos parte del Buen Retiro, no se hace para el Buen Retiro pero como se reproduce pues lo llevaron a la exposición. Tal vez sea el Jardín de la Reina o Jardín del Caballo desde que se colocó la estatua de Felipe IV realizada por Tacca y colocada allí en 1642 como defienden Levey y E. Harris basándose en una de las vistas de Meunier que muestra este jardín.

El príncipe aparece a caballo, el Conde Duque recibe de Alonso Martínez de Espinar una lanza (este era ayudante de cámara del príncipe y escribió sobre el Arte de ballestería y montería), también está Juan Mateos (montero mayor que escribió Origen y dignidad de la caza y que también fue retratado por Velázquez) y por último en la parte de abajo vemos a la izquierda un bufón enano."
(http://artehistoriaestudios.blogspot.com/2017/12/capitulo-6-obras-puente-entre-el-buen.html)

[149]"*Estamos ante un retrato de corte en el que aprovechando una clase de equitación al príncipe Baltasar Carlos, Velázquez aprovecha para realizar un retrato colectivo de varios personajes de la corte.*

A la izquierda, montado sobre un caballo en posición de corveta, aparece el príncipe y, trás el, un enano identificado como Francisco Lezcano, el Niño de Vallecas. A la derecha, en un segundo plano, aparece el Conde Duque de Olivares recibiendo una lanza de manos del ayudante del príncipe, Alonso Martínez de Espinar. Tras ellos aparece el montero mayor Juan Mateos.

El fondo está ocupado por la fachada del Palacio del Buen Retiro, con un balcón en el que aparecen los padres del príncipe, Felipe IV e Isabel de Borbón junto con otros personajes no identificados.

Existe otra versión de este cuadro en la Colección Wallace de Londres con menos personajes ya que no aparecen ni los reyes ni el Conde Duque de Olivares entre otros." (https://es.wikipedia.org/wiki/El_pr%C3%ADncipe_Baltasar_Carlos_en_el_picadero)

[150]"*Si dans cette configuration d'objets inanimés, l'instrument n'est pas joué, il reste néanmoins le symbole de l'art musical. En contrepoint avec d'autres arts libéraux, le détail des qualités plastiques et matérielles de l'instrument vont démontrer la virtuosité de l'artiste.*" (http://musiconis.blogspot.com/2016/03/musique-dans-latelier-du-peintre.html)

[151] *Ibid.*

[152] Comme le note déjà Jonathan Brown, *Imágenes e ideas en la pintura española del siglo XVII*, Madrid, Alianza Forma, 1995, p. 123.

[153]"*The visit to the artist's studio by an art lover or patron was a well-established topos in the seventeenth century. It had a venerable antique precedent in Alexander the Great's visit to the studio of his court painter, Apelles, and studio visits occurred with regularity in the Netherlands in the sixteenth and seventeenth centuries.*" (Yeager-Crasselt, p. 192)

[154]"*A boyish artist gazes longingly at the regal woman whose portrait he is painting. The young artist is Alexander the Great's court painter, Apelles, whom ancient writers considered the greatest artist of their time. According to Pliny's Natural History of 77 A.D., Alexander commissioned Apelles to paint a portrait of his favorite concubine, Campaspe. The story illustrates art's transformative powers: Apelles fell in love with his sitter as he captured her beauty on canvas. Alexander so esteemed his painter that he presented Campaspe to Apelles as a reward for the portrait.*

The tale of Alexander and Apelles, a favorite of Renaissance and Baroque painters, celebrates the power and nobility of painting.

Giovanni Battista Tiepolo painted this episode at least three times. For this, the third rendering, he adopted a classicizing style in which antique architectural elements and relief sculptures evoke a sumptuous palace setting. The background provides a focal area for the gaze of Alexander the Great, who appears handsome and self-confident, yet unaware of the charged glances shared by Apelles and Campaspe."
(http://www.getty.edu/art/collection/objects/128454/giovanni-battista-tiepolo-alexander-the-great-and-campaspe-in-the-studio-of-apelles-italian-about-1740/)

[155]https://www.sartle.com/artwork/alexander-the-great-and-campaspe-in-the-studio-of-apelles-giovanni-battista-tiepolo

[156]"*Only one complete original print of this map has survived. It was discovered in the double bottom of a chest that had been locked for years, in a house built by the Swedish admiral Wrangler, near Uppsala in Sweden. Vermeer's map includes a title band on the top, a series of town views along the sides, which frame the central part of the map. The central part was printed with nine separately engraved sheets. 17th-century catalogues advertised maps which could be purchased "with or without their ornamentation." A single map could be composed in several ways making it a made-to-order-work-of art and some makers offered custom hand coloring Very few wall maps of this kind have survived even though catalogues, inventories, interior paintings and other documents tell us that they must have been printed in great numbers. All the maps in Vermeer's painting were printed in Amsterdam which was then one of the principal centers of map-making in the world.*

Other painters, including Jacob Ochtervelt and Nicolas Maes, appear to have used the same map six times in their paintings. Only in Vermeer's painting do we find it attached with the vertical series of town views."
(http://www.essentialvermeer.com/catalogue/art_of_painting.html#.XRlin1UzZ0x)

[157] *Le Pegme de Pierre Covstav, auec les Narrations Philosophiqves, Mis de Latin en Françoys par Lanteavme de Romieu Gentilhome d'Arles*, Lyon, Par Barthelemy Molin, 1560, p. 401.

[158] *Ibid.*, p. 254.

[159] *Les Emblemes dv Signevr Iehan Sambvcvs. Traduits de Latin en François*, Anvers, De l'Imprimerie de Chriftophle Plantin, 1567, p. 37.

[160] "*El necio, ni se meta en ciencia agena,*
Sino quiere la pena, que dio Apelles
A aquel que sus pinceles condenaua
Sin arte, quando estaua, a ser juzgada,
La tabla mas mirada, aunque estos malos
Merecen, no palabras, sino palos."
(http://emblems.let.uu.nl/va1612070.html)

[161] Coustau, p. 257.

[162] Daniel Sudermann, *Centuria Similitudinum Omni Doctrinarum Genere Plenarum, Sub Externarum Imaginum Aeri Incisis Umbris, Deo Devotis mentibus, pulcherrimas res spirituales cótemplandas proponétium*, Strasbourg, Jacobs Von der Heyden, 1624, p. 88.

[163] http://emblems.let.uu.nl/ad1628029.html

[164] http://emblems.let.uu.nl/ad1629_2_015.html

[165] http://emblems.let.uu.nl/v1608097_compare_frame.html?position=left

[166] http://emblems.let.uu.nl/he1616005.html

[167] "*Vermeer's easel was identical to those represented in countless Dutch paintings of artists; studios, such as the one pictured in an early self-portrait by Rembrandt (see image left). The crossbar on which the painting is poised could be lowered and raised by a very simple system of pegs and holes. Some critics have noted that the left-hand leg of the easel seems to have not erroneously omitted as it approaches the tiled floor. However, if one carefully projects the upper contours it can be*

seen that in reality it fits snugly, unseen, behind the two left legs of the stool on which the painter is seated." (*Ibid.*)

[168] *Ibid.*

[169] http://emblems.let.uu.nl/f1691186.html

[170] Confirmant notre rapprochement, mais sans lui donner aucun poids symbolique ou référentiel, culturel ou idéologique, réel, Jan Ameling Emmens, "*Las Meninas de Velázquez: espejo de príncipes para Felipe IV*", *Otras Meninas*, Barcelone, Siruela, 1995, p. 53 cite cet emblème "*Ad Omnia*" de Saavedra Fajardo comme source possible de la présence prédominante de la toile coupant l'espace représenté dans *Las Meninas*.

[171] Cf., dans la présente Collection, la Première Partie de notre ouvrage sur Mantegna.

[172] https://en.wikipedia.org/wiki/Shakespearean_history

[173] https://en.wikipedia.org/wiki/Shakespearean_tragedy

[174] "*Como autor dramático es un continuador de la comedia nueva de Félix Lope de Vega, muchos de cuyos temas utilizó. Como él, insertó romances populares y canciones de la lírica popular en sus piezas y adaptó temas heroicos de la historia nacional. En ambos aspectos destacó, pero se le recuerda sobre todo por sus magníficas comedias de tema histórico: Atila, azote de Dios, Tamerlán de Persia, Juliano Apóstata y El príncipe esclavo y hazañas de Escandenberg escenifican temas de historia extranjera, si bien su obra maestra en esta temática es Reinar después de morir, donde adapta con gran finura y altura poética los trágicos amores de Inés de Castro que tanto sugestionaron a los autores dramáticos europeos y peninsulares, entre los que habría que citar a Jerónimo Bermúdez con sus Nises, a Lope de Vega con su Siempre ayuda la verdad o a Luis de Camoens en el canto III de su Os Lusiadas.*

En historia nacional, sin embargo, alcanza más cumbres poéticas: Más pesa el rey que la sangre dramatiza la leyenda de Guzmán el Bueno; La restauración de España recuerda la de Pelayo y Covadonga; El diablo está en Cantillana reseña la leyenda en la que un hombre se disfraza de fantasma para evitar que el rey Pedro I el Cruel mancille su honra; La luna de la sierra se desarrolla en tiempo de los Reyes Católicos en torno a la figura del malogrado príncipe don Juan; en El águila del agua dramatiza la figura de Don Juan de Austria y la batalla de Lepanto. A lo que obliga el ser rey combina elementos de la comedia de honor y de la comedia de privanza, llegando a un desenlace «burocrático» en que el malhechor no paga por su malevosía con la sangre, sino fijando carteles ordenados por el Rey, en los cuales pregona su culpa." (https://es.wikipedia.org/wiki/Luis_V%C3%A9lez_de_Guevara#Obra)

[175] https://es.wikipedia.org/wiki/Tirso_de_Molina#Comedias_de_capa_y_espada_y_palatinas

[176] https://es.wikipedia.org/wiki/Tirso_de_Molina#Comedias_hist%C3%B3ricas

[177] "*Au cours des années 1950, dans la même mouvance que les (re)décou-vreurs, Henry Green et Mario Praz, le comparatiste Robert J. Clements soulignait, lui aussi, le rôle de l'emblème dans l'éducation du Prince et, par voie de conséquence, l'effet des traités emblématiques dans la vie politique. Certes, il ne prenait que quelques exemples dans le domaine hispanique, mais les noms des emblémistes espagnols importants comme Juan de Horozco, Sebastian de Covarrubias, Hemando de Soto, Juan de Borja, Juan de Solorzano Pereira et Diego de Saavedra Fajardo étaient retenus.*" (Christian Bouzy, "*Emblème et propagande théologico-politique en Espagne Au Siècle d'or: le symbolisme de la couronne*", Littérature, No 145, 2007, p. 93)

[178] https://es.wikipedia.org/wiki/El_conde_Lucanor

[179] Cf., dans la présente Collection, notre ouvrage, précédemment cité, sur Mantegna.

[180] https://fr.wikipedia.org/wiki/All%C3%A9gorie_et_effets_du_Bon_et_du_Mauvais_Gouvernement

[181] Diego de Saavedra Fajardo, *Idea de un principe politico christiano Rapresentada en cien empresas*, Monaco, 1640, et Milan, 1642, sans nom d'éditeur, pp. 8-9.

[182] Nous utilisons ici la retranscription du site http://www.cervantesvirtual.com/obra-visor/idea-de-un-principe-politico-cristiano--0/html/feeb3dea-82b1-11df-acc7-002185ce6064_2.html#I_5_

[183] https://fr.wikipedia.org/wiki/Les_M%C3%A9nines#Description_et_interpr%C3%A9tation

[184] http://lartte.sns.it/ripa/Iconologia_db/dettagli.php?idrecord=./ripa_img/1643/b/II,86(II).gif

[185] *Iconologie, Ov, Explication novvelle de Plvsievrs Images, Emblemes, et avtres Figvres Hyerogliphiques des Vertus, des Vices, des Arts, des Sciences, des Causes naturelles, des Humeurs differentee, & des Passions humaines. OEvvre avgmentée d'vne Seconde Partie; necessaire a tovte sorte d'esprits, et particvlierement a cevx qvi aspirent a estre, ov qvi sont en effet Oratevrs, Poetes, Sculpteurs, Peintres, Ingenieurs, Autheurs de Medailles, de Deuises, de Ballets, & de Poëmes Dramatiques. Tirée des recherches & des figures de Cesar Ripa, moralise'es par I. Bavdoin*, Chez Mathiev Gvillemot, 1644, "*Seconde Partie*", "*Diuerſes Vies*", p. 87.

[186] *Ibid.*, p. 89.

[187] *Iconologie ou Nouvelle Explication de Plusieurs Images, Emblemes et autres Figures Hyerogliphiques des Vertus, des Vices, des Arts, des Sciences, des Cauſes Naturelles, des Humeurs differentes, des Paſſions humaines, &c. Divise'e en Deux Parties. Tirée des Recherches & des Figures de Cesar Ripa, Moralisees par J. Baudouin, de l'Academie Françoise*, Paris, Chez Louis Billaine, 1677, I. Partie, p. 166.

[188] *Ibid.*, II. Partie, p. 153.

[189] *Ibid.*, p. 176.

[190] *Ibid.*, p. 142.

[191] *Ibid.*, "*Préface sur le sujet de ce livre*", p. ij.

[192]"*Nicolasito*, el enanillo que al borde del cuadro inquieta al mastín, indiferente, nos dará con rasgos de su vida, como Mari-Bárbola, elementos preciosos para adentrarnos en la Corte de Felipe IV. Apellidábase Pertusato — nombre de un cabo de Córcega — y nació en Alessandría de la Palla en el Milanesado. Comenzó a servir en Palacio en 1650; catorce años después se anteponía el Don, motivo para que se haya sospechado que Nicolasito Pertusato y Don Nicolás Portosato eran dos personas distintas. Reforzaba la sospecha el ver a Don Nicolás con la llave de Ayuda de Cámara. Los conocedores de la vida de Velázquez tienen presente el dicho de Pacheco: cuando el Rey se la dió a su yerno escribía ufano: «cosa que desean muchos Caballeros de Hábito»; calidad, en tal caso, a todas luces excesiva para «un hombre de placer» y «sabandija de Palacio». Mas si, por una parte, esta clase — que hoy compadecemos — tenía en aquel tiempo mayor porte, por otra el oficio de Ayuda de Cámara, en realidad, sólo en un grado era superior al de Mozo de retrete y sus funciones no pasaban de subalternas. Pacheco hubo de ver con cristales de aumento, desde Sevilla, la honra hecha a Velázquez en 1642 o, como hombre muy leído, recordaría una frase que Gil González Dávila pone en boca del Príncipe Don Juan, hijo de los Reyes Católicos: «Si Dios... le hiciera un hidalgo particular, no procurara tener . otro oficio sino el de Ayuda de Cámara del Príncipe de Castilla, por ser los que más asisten cerca de su persona». Murió Nicolás Pertusato en 1710; a 20 de junio se abrió su testamento, que databa de 1703; heredóle una Doña Paula de Esquivias, «moza mayor de veinticinco años».

Sin que sea ésta ocasión para detenido estudio del papel que en la Corte desempeñaban los bufones y los locos, a dar un toque vigoroso en el boceto de su ambiente viene lo que cuenta Barrionuevo en 14 de octubre de 1656 — cuando, poco más o menos, se pintaba el cuadro de *Las Meninas* —: «Dícese que gusta la Reina de acabar de comer con confites, *y que habiéndole faltado dos o tres días, salió la dama que tiene cuidado desto, y dijo que cómo no los llevaban... Respondiéronle que el confitero no los quería dar porque le debían mucho... Quitóse entonces una sortija del dedo y dijo: "¡ Vayan volando por ellos con esta prenda a cualquier parte!" Hallóse Manuelillo de Gante, el bufón, presente, y dijo: "Torne V. M. a envainar en el dedo su prenda", y sacó un real de a cuatro y diólo, diciendo: "Traigan luego los confites aprisa, para que esta buena Señora acabe con ellos de comer".» Revela la minucia aspectos extraños de aquella Corte deslumbradora y mal administrada; dueña de medio mundo, mientras la Reina carecía de crédito para adquirir confites y... se los pagaba un bufón."* (Sánchez Cantón, "*Importancia de locos y bufones*", pp. 18-19)

[193]"*Otra pareja de servidores, efectivos éstos, figura en segundo término.*

Doña Marcela de Ulloa tenía el oficio de ((Guardadamas mujer de las damas de la Reina»; sus tocas y monjil de viuda — éralo de un Don Diego de Peralta — aumentábanle la autoridad de que, en ocasiones, habría menester. Después de haber servido a la Condesa de Olivares, entró en Palacio como guarda menor de damas el 22 de noviembre de 1643 y murió el 13 de enero de 1669. La vida de las guardadamas, nombre a la sazón mejor sonante que el de dueñas, transcurría plácida, sin que careciesen de diversiones, ya que el oficio forzábalas a aliviar su viudez con la asistencia a fiestas: dos aparecen sobre el tabladillo en el cuadro de la Cacería de este título pintado por Mazo (n.° 2.571 del Prado).

Del guardadamas, a quien habla Doña Marcela, no da el nombre Palomino, y es cargo palaciego sin literatura, al parecer." (*Ibid.*, p. 19)

"*À la droite se tiennent deux nains, les hombres de placer («hommes de plaisir» souvent peints dans les portraits de cour, leur difformité servant à mieux mettre en valeur le physique des personnages principaux): l'Allemande achondroplasique Maribarbola (4) (de son vrai nom Maria Barbola), et l'Italien, Nicolas Pertusato (5), qui s'amuse à essayer de*

réveiller un mâtin espagnol avec son pied. Derrière eux, se tiennent doña Marcela de Ulloa (6), la chaperonne de la princesse, habillée en deuil et discutant avec un garde du corps non identifié (7). Il semblerait que ce personnage non identifié soit Diego Ruiz de Azcona, écuyer des dames de la Cour (Pascal Bonafoux, Les Peintres et l'autoportrait, A. Skira, 1984)."
(https://fr.wikipedia.org/wiki/Les_M%C3%A9nines#Description_et_in terpr%C3%A9tation)

[194]Fernando Marías, "*El généro de Las Meninas: los servicios de la familia*", Otras Meninas, p. 248.

[195]"*Da, en cambio, el tratadista el del Aposentador que, al subir la escalera del fondo, se ha vuelto a contemplar la escena al correr la cortina. Llamábase Don José Nieto Velázquez — y se ha pensado si sería pariente del pintor; desde 1631 tuvo puestos en Palacio; fué jefe de la Tapicería de la Reina, en 1652 guardadamas y en el mismo año logró un voto para el cargo de Aposentador que obtuvo Velázquez; no sé si como compensación le hicieron Aposentador de la Reina, oficio eventual. Murió en 1684.*" (Sánchez Cantón, p. 19)

[196]"*A contemporary or near contemporary of the artist, Nieto was probably an early acquaintance at court since his wife or future wife, Isabel del Castillo, was engaged with Velazquez on the valuation of the possessions of the artist's first Madrid patron, Juan de Fonseca, the King's Curtain Drawer, on his death in 1627. She valued the linen, Velazquez the paintings, including his own Water-Seller. Nieto held various offices at court and in 1652 as "Guardadamas" and "Aposentador" to the Queen he was one of the applicants for the appointment of "Aposentador" or Chamberlain to the King, which was awarded to Velitzquez.21 It is as the Queen's Chamberlain that he appears in 1656 in the doorway in the Meninas and that in 1660, like Velazquez, he accompanied the court on the journey to the French*

frontier for the marriage of the Infanta Maria Teresa to Louis XIV - Nieto to arrange lodgings for the Infanta, Velazquez to prepare the way for Philip IV. Four years later, and four years after Velazquez's death, Nieto was still receiving his salary as Chamberlain; he died in 1684.

If Nieto, as seems likely, was born in the first decade of the seventeenth century, he would have been in his late forties or early fifties when the Meninas was painted (1656). The Apsley House portrait, evidently of a younger man, would have been painted several years earlier. On stylistic grounds the portrait has been variously dated between the early 1630's and the late 1640's, an illustration of the difficulty of dating Velazquez's paintings on style alone. A date in the mid-1640's, some years after the portrait of the Duke of Modena (1638) and before that of Innocent X (1650), would fit the style and also the approximate age of the sitter: Joseph Nieto, some dozen years younger than when he appears, his hair now receding, as the Queen's Chamberlain in the doorway of the Meninas." (Enriqueta Harris, *Estudios Completos sobre Velázquez - Complete Studies on Velázquez*, Madrid, Centro de Estudios Europa Hispánica CEEH, 2006, p. 153)

[197] https://fr.wikipedia.org/wiki/Les_M%C3%A9nines#cite_note-42

[198] http://historiartesevilla.blogspot.com/2013/04/velazquez-su-vida-y-obra-33.html

[199] José María Bullón de Diego, "*Las Meninas: una indumentaria familiar*", *Cafés del Encuentro entorno a una Obra Maestra: Las Meninas*, Museo Nacional del Prado - Departamento de Educación, https://content.cdnprado.net/imagenes/proyectos/personalizacion/7317a29a-d846-4c54-9034-6a114c3658fe/cms/pdf/Jose_M._Bullon._UNA_INDUMENTARIA_FAMILIAR.pdf

[200] Emmens, p. 60.

[201]"*Dans son atelier, un sculpteur reçoit trois visiteurs, deux femmes et un homme, élégamment vêtus. Une des femmes s'extasie devant une grande statue en marbre de Vénus et l'Amour dressée à droite sur un socle. Sur le socle sont posés un maillet et un ciseau, contre lui un compas, et à terre des fermoirs (sortes de gouges) et une brosse. La statue n'est pas sans évoquer l'ouvre du sculpteur Jacques Sarazin (1592-1660), notamment les groupes réalisés pour le château de Wideville, auquel l'architecte Thomas Francini avait également collaboré. Le sculpteur, qui tient un ciseau à la main droite, présente de la gauche le modèle en réduction qui lui a servi de guide pour réaliser, ainsi que la légende le précise, sa statue de marbre. À gauche, sur une sellette, se voit une tête d'homme; sur une table derrière, plusieurs modèles en cire, et de la cire sur un papier, et un ébauchoir; derrière encore, sur une petite table, deux modèles en cire, dont l'un, en cours de travail, est recouvert d'un linge humide pour éviter qu'il se dessèche trop vite. Sur des étagères au fond de l'atelier, ainsi qu'au sol, différents exemples des productions de notre sculpteur, où l'on remarque, à gauche, une statue de la Force, et à droite un groupe avec un dieu fleuve; entre les deux, un cartouche sculpté aux armes du cardinal de Richelieu. Derrière les visiteurs, on distingue partiellement une sculpture funéraire.*
Dans un cartel au bas de la planche: Voicy la representation d'un Sculpteur dans son Attelier/ Les Choses dont il forme ses ouurages sont diuerses, de diferente nature, et il y procede en diferentes façons, les dures Com(m)e la pierre et le bois il les faconne/ en ostant de la matiere auec le cizeau le maillet et au(tr)es outilz, et les molles Comme la Cire et largile, il les faconne en mettant de la matiere auec le poulce et lesbauchoir, souuent il se fait un modelle de sa pensée com(m)e il en tient a la main et quapres il Coppie en vne au(tr)e grandeur/ fait a leau forte par ABosse, a Paris en Lisle du palais, lan 1642. auec Priuilege."
(http://expositions.bnf.fr/bosse/grand/199.htm)

[202]"*La scène représente l'atelier d'un peintre à succès. Vêtu avec élégance, assis négligemment devant son chevalet, sur lequel est posé un portrait de Louis XIII qu'il est en train de peindre, il est interrompu dans son travail par son laquais. Celui-ci lui présente une estampe que, à en croire le geste du garçon, on vient d'apporter, le visiteur importun étant peut-être encore dans l'antichambre: on peut imaginer un confrère malheureux venu solliciter l'artiste en vogue. L'estampe en question est une des nombreuses versions gravées d'après une composition du peintre néerlandais Andries Both représentant un peintre misérable dans un intérieur qui ne l'est pas moins, injurié par sa femme qui broie ses couleurs, tandis que ses deux enfants, en guenilles, se lamentent. De passage en France au début des années 1630, Both aurait séjourné à Rouen en 1633, ce qui mérite d'être noté. Et c'est à peu près vers cette date que l'on peut placer l'activité, mal connue, du graveur parisien Nicolas Viennot, auteur d'une très bonne copie d'après le Loth et ses filles de Claude Mellan (dont l'original date de 1629), d'un portrait de Richelieu publié chez Jean Vallet (mort à la fin de 1636) et de quelques pièces d'après Rubens. Il n'est pas impossible que Bosse ait joué sur la relative homophonie entre son nom et celui de Both, et sur l'identité de leurs initiales, dans cet exercice subtil d'opposition entre deux extrêmes de la peinture; il n'est d'ailleurs pas sûr qu'il se moque du pauvre plus que du "noble" peintre.*

Derrière le peintre, un visiteur élégant, tourné vers le spectateur, semble déclamer à l'intention du public d'un théâtre les vers gravés au bas de la planche. Sur le mur du fond de l'atelier sont accrochés des tableaux de tout genre: paysages, marines, portraits, allégories. On distingue un tableau représentant peut-être Apelle peignant Campaspe sous les yeux d'Alexandre, si l'on admet qu'Alexandre soit un vieillard chenu et que Campaspe porte un sceptre, qui paraît dans la manière de Vignon (mais il n'y a aucun sujet semblable dans le catalogue de ce dernier) ou dans celle de Frans II Francken, deux peintres figurant à plusieurs reprises dans la collection de l'éditeur de Bosse, Jean Leblond. Sur un autre tableau, qui fait encore penser à Vignon, figure une allégorie: pape, empereur, princes et prélats rendent hommage à Minerve, qui trône au-dessus d'un trophée d'instruments des arts, une épée à la main droite, tenant de l'autre son bouclier à tête de Méduse. Au pied du mur, on peut reconnaître dans deux autres tableaux le cardinal de Richelieu et une Anne d'Autriche quelque peu flattée. Tout à fait à droite, sur le rebord d'une fenêtre, un buste de femme en ronde-bosse, exposée au soleil sur son piédouche, rappelle l'expérience de la raquette dont on parle ailleurs.

Dans l'image, en bas, vers la gauche: le Noble Peintre, vers le centre: ABosse in et fe, et vers la droite: le Blond excud auec Priuilege du Roy. Au bas, sur une draperie feinte, 30 vers sur 5 colonnes: Que le Graueur jngenieux/ Faict bien icy voir à nos yeux/ L'excellence de la peinture !/ Et que c'et Art me semble beau,/ Quand il jmite la Nature,/ Par les merueilles du pinceau !// Celuy dont la noble maniere/ Joint les ombres à la lumiere/ En mille tableaux differans;/ N'est pas de ces Peintres vulgaires,/ Qui passent pour des ignorans/ Dans leurs Ouurages ordinaires// Jl execute, & met au jour/ Tout ce que la Guerre et l'Amour/ Ont de memorable et d'estrange;/ Et semble à qui voit ses dessains,/ Que c'est Apelle ou Michel l'Ange/ Qui guide son Art et ses mains.// Soit qu'il represente Bellone,/ Ou Pallas aue [sic] sa Gorgonne,/ Ou Cupidon armé de traits;/ Jl se met si fort en estime/ Par ses admirables portraits,/ Que châcun dit qu'il les anime.// Mais quand il nous peint les lauriers/ De Louys, honneur des guerriers,/ Et vray portrait de la Victoire/ Jl fait vn chef-doeuure sans prix/ Pour ce grand Roy, qui dans l'histoire/ Est l'objet des meilleurs Esprits.

Dans une bordure, sur trois côtés, ornée de fleurs de lis répondant à l'écusson, au centre de la bordure supérieure, aux armes de l'Académie de Saint-Luc (trois écus d'argent sur fond d'azur, avec fleur de lis d'or en abîme), qui sont d'ailleurs les mêmes que celles de l'Académie royale

de   peinture   et   sculpture."
(http://expositions.bnf.fr/bosse/grand/200.htm) Ce dernier détail renvoie aux éléments distinctifs, concrètement aux clefs d'aposentador et l'Ordre de Santiago, dans *Las Meninas*, leur donnant un sens beaucoup plus général et vague que celui que se plaît à y voir Brown, nous y reviendrons.

[203]"*The 'lover of art', or liefhebber, was a well-recognized figure in the artistic culture of the seventeenth-century Netherlands, functioning as a patron, collector, connoisseur, and an amateur practitioner of the arts.*" (Yeager-Crassel, p. 186)

"*The nature of this relationship derived meaning from images of the collector's cabinet. Flemish paintings of the konstkamer amassed knowledge of the world through the display of objects, including naturalia and artificilia, and above all, paintings and sculpture. The emergence of the genre in Antwerp at the turn of the seventeenth century reflected the city's economic and cultural wealth, embodied in its burgeoning mercantile classes and collecting habits.*" (*Ibid.*, p. 187)

[204]D'une manière similaire à celle que nous notons pour Jules Michelet en ce qui concerne *Le Cuirassier blessé, quittant le feu*, dans l'ouvrage que nous dédions, dans la présente Collection, à cette oeuvre de Théodore Géricault. Ce qui, pour l'Histoire de l'Art, confirme la pertinence d'un système d'analyse fondé en partie sur l'approche de l'oeuvre peinte à partir de sa réception littéraire (et intellectuelle en général), méthode qu'a employé notre Professeur Éric Darragon dans sa thèse sur *Manet*, Paris, Fayard, 1989, bien qu'elle y soit encore mal établie par lui.

[205]D'où l'idée, généralement admise, que *Las Meninas* adopte le point de vue du couple royal, mis en position de spectateurs de la situation que le peintre offre devant nous, cf. Joel Snyder, "*Las Meninas y el espejo del príncipe*", *Otras Meninas*, p. 139.

[206] Cf, à ce sujet, dans la présente Collection, notre ouvrage sur cet artiste.

[207] Cf. Beulé.

[208] "*La fecha que da (Palomino) para su terminación, 1656, es probablemente correcta. La princesa debía tener entonces 5 años y su aspecto coincide con esto, como podemos deducir de otros retratos suyos hechos por Velázquez.*" (Harris, *Velázquez*, Madrid, Akal, 2003, p. 170)

[209] "*La muerte del príncipe Baltasar Carlos en el año 1646 convirtió a la joven infanta María Teresa en la única heredera directa de Felipe IV, por lo que su matrimonio se convirtió en una cuestión fundamental dentro la política europea durante las décadas centrales del siglo XVII. Su matrimonio con el heredero del emperador Fernando III fue la opción elegida por Felipe IV como la más conveniente mientras no tuviera heredero varón, pero las negociaciones para hacer realidad este enlace distaron mucho de ser sencillas. En el siguiente artículo, se examinarán las negociaciones mantenidas entre Madrid y Viena durante los años 1654 y 1657 a través de la correspondencia intercambiada por Felipe IV y sus embajadores en la corte imperial, para fijar el matrimonio entre la infanta María Teresa y el que sería el emperador Leopoldo I, prestando especial atención a las relaciones políticas que se forjaron entre el Imperio y la Monarquía Hispánica en torno al matrimonio de la posible heredera de la que todavía era la Corona más extensa de Europa.*" (Rocío Martínez López, "«*La infanta se ha de casar con quien facilite la paz o disponga los medios para la guerra». Las negociaciones para la realización del matrimonio entre la infanta María Teresa y Leopoldo I (1654-1657)*", Revista de Historia Moderna. Anales de la Universidad de Alicante, No 33, 2015, pp. 79-99, nous citons ci-dessus le résumé de l'article)

"*El problema de la sucesión de la Monarquía Hispánica ha sido un tema que ha despertado la atención de incontables historiadores a lo largo de las centurias. Sin embargo, no se ha dedicado la misma atención al estudio de las dos hermanas supervivientes del último rey de la dinastía Habsburgo en España, las infantas María Teresa y Margarita, y a la importancia dinástica y política que ambas tuvieron en relación a este conflicto, pese a que sus matrimonios están intrínsecamente unidos a la problemática sucesoria, aunque es bien cierto que en los últimos años han surgido publicaciones de gran calidad que han mejorado nuestro conocimiento de la vida de ambas infantas."* (*Ibid.*, p. 79)

[210]"*Doña Margarita María, de Austria por los cuatro costados, nació La infanta de en Madrid el 12 de julio de 1651; fué bautizada el día de Santiago Apóstol por el nuncio Rospigliosi, que había de ser el Papa Clemente IX, asistido de dos obispos, uno de los cuales subió a los altares, el Venerable Palafox, cuyos auspicios le valieron de poco en este mundo. Su infancia no fué alegre: con una mediohermana mayor que ella en trece años y con hermanos que apenas llegaban a andar, sus juegos serían con nuestros conocidos Nicolasito, Mari-Bárbola, Manuelillo de Gante y otros tales, pues las meninas de su madre, si en el cuadro de Velázquez la acompañan y atienden, dada la diferencia de edad, poco la divertirían. Desde niña hubo de percibir que era pieza valiosa en el tablero político y, de seguro, llegaría a sus oídos, por los meses en que se la retrataba rodeada de servidores, que la iban a jurar heredera, juntamente con su hermana de padre — rumor absurdo, del que se hacen eco los diaristas coetáneos —, o que el Rey de Francia Luis XIV se casaría con ella, para lo cual la llevarían a educar a Francia. En diciembre de 1656 se enteraría del proyecto de enlazar a María Teresa con el Rey de Hungría Leopoldo, que un año después se frustraba para ofrecerla al de Francia en prenda de paz. En agosto de 1659 escribía la Reina Doña Mariana a la monja de Agreda pidiese a Dios «que, puesto parece se trata que la Infanta [María Teresa] case con el Rey de Francia, se disponga que mi hija [Margarita] sea para Alemania» y que «ponga en el corazón de mi hermano la espere hasta que tenga bastante edad». ¡Acababa de cumplir los ocho años! Sin embargo, ya en carta de 12 de*

enero de 1660 el Emperador daba su aceptación al proyecto, y el 6 de abril de 1663 se publicaron los esponsales. Después de las acostumbradas dilaciones españolas, la boda se celebró por poderes el 25 de abril de 1666, y tres días después emprendió el lento viaje. El 20 de julio desembarcó en Finale, donde un enviado de su esposo la describe así: «Blanca y con bastante color, con los ojos vivos, la cara un poco larga, el pelo rubio y todo el aire del Emperador. . pero de menudísimos miembros... de pequeña estatura y con un hombro un poco más alto que el otro». Como su madre, hizo concebir esperanzas de fecundidad que asegurase la sucesión; a los dieciséis años tuvo el primer hijo y moría seis después embarazada por séptima vez; el primogénito, que vivió un trimestre, aventajó a todos sus hermanos, excepto a la Archiduquesa María Antonia, que casó con el Duque de Baviera y no murió hasta 1692. La infantita de Las Meninas, la Emperatriz amada por su marido — tío y primo en una pieza —, mas no por el pueblo, que le reprochaba no haber conseguido aprender la lengua alemana, moría agotada el 12 de marzo de 1673." (Sánchez Cantón, "*La Infanta de Las Meninas*", pp. 23-24)

[211] Marías, *Velázquez*, Hondarribia (Guipúzcoa), Nerea, 1999, p. 224.

[212] "*Con los personajes y personillas que reseñados quedan compuso Velázquez una de las obras capitales de la historia de la pintura; hora es de que entremos en su estudio directo, no sin antes señalar una ausencia extraña entre aquéllos: la de la Infanta Doña María Teresa.*" (Sánchez Cantón, p. 25)

[213] Concept également défendu par Emmens, dans le titre de l'article, reproduit dans *Otras Meninas*, mais originellement paru en français, comme "*Les Menines De Velasquez Miroir Des Princes Pour Philippe IV*", dans *Netherlands Yearbook for History of Art/Nederlands Kunsthistorisch Jaarboek (NKJ)*, Vol. 12, No 1, 1961, pp. 51-79.

[214] Contrairement à l'opinion de Marías, *Velázquez*, p. 214: "*Es difícil pensar en Las meninas como en un cuadro que intentara mostrarse como*

"espejo de príncipes" o en este caso, "de princesas". No sólo porque no existió este genero sino porque desgraciadamente tampoco se preocuparon demasiado los reyes por la educación -no digamos política- de sus hijas, ni siquiera en los momentos en los que una de ellas era la heredera. En 1654, a la muerte del maestro de la princesa María Teresa que contaba entonces quince años, Felipe IV se limitó a señalar que su hija sabía leer y escribir lo que hasta pero con todo se exercitaba en lo uno y lo otro".". Il rappelle, cependant, que Manuela Mena Marqués, "*La restauración de Las Meninas de Velázquez*", Boletín del Museo del Prado, Vol. 5, No 14, 1984, défend cette opinion, à partir des radiographies de *Las Meninas, ibid.,* pp. 214-215, cf. note suivante et texte correspondant.

[215] *Ibid.*, p. 87. On parlerait plutôt, donc, de 1657, année de naissance de Felipe Próspero (cf. Laura Oliván Santaliestra, "*El fin de los Habsburgo: crisis dinástica y conflicto sucesorio en la Monarquía Hispánica (1615-1700)*", Gobernar en tiempos de crisis: las quiebras dinásticas en el ámbito hispánico, 1250-1808, Madrid, Silex, 2008, p. 47): "*Nada sabemos de las razones de su encargo y realización, ni siquiera el año exacto en que el cuadro fue pintado, que se sitúa hacia 1656 ó 1657 por la edad de 5 ó 6 años que aparenta la Infanta Margarita, nacida en 1651. Ningún documento, ningún pago a Velázquez ha sido aún descubierto en los archivos y la primera mención a la obra aparece, varios años después de la muerte del pintor, en el Inventario de la Colección Real de 1666, en el que el lienzo se describe como «Retrato de la Señora Emperatriz con sus damas y una enana», ya que la Infanta, prometida al Emperador de Alemania, Leopoldo I, en 1666 era ya su esposa. En otras referencias posteriores el cuadro aparece citado como Retrato de la familia de Felipe IV o de la Familia sencillamente, hasta que en 1843, en el Catálogo del Museo del Prado de D. Pedro de Madrazo se dice, «cuadro llamado de Las Meninas», breve título que parece definitivamente consagrado.*" (Mena Marqués, p. 87) "*Desde niña hubo*

de percibir que era pieza valiosa en el tablero político y, de seguro, llegaría a sus oídos, por los meses en que se la retrataba rodeada de servidores, que la iban a jurar heredera, juntamente con su hermana de padre — rumor absurdo, del que se hacen eco los diaristas coetáneos —, o que el Rey de Francia Luis XIV se casaría con ella, para lo cual la llevarían a educar a Francia." (Sánchez Cantón, p. 23)

[216] Marías, "*Las Meninas de Velázquez, del despacho de Felipe IV...*", *Velázquez y Calderón: dos genios de Europa: IV Centenario, 1599-1600, 1999-2000*, Real Academia de la Historia, 2000 p. 164.

[217] Cf. Marías, *Otras Meninas*, pp. 248-249 (texte repris postérieurement par l'auteur dans *Velázquez*, pp. 214-215) contre Mena Marqués.

[218] Déjà abondamment abordé par Sánchez Cantón, pp. 12-13: "*No se ha aducido hasta ahora documento que la determine y sigue vigente la afirmación de Palomino: «acabóla el año de 1656»; por lo menos, no puede modificarse.*

Fuera del texto del pintor biógrafo, el único dato interno que suministra el lienzo es ocasionado a dudas, pues consiste en la edad representada por la Infanta Doña Margarita, que, nacida en julio de 1651, tanto aparenta cuatro como cinco años, o uno más.

Cruzada Villaamil intentó retrasar hasta 1657 la ejecución del cuadro, basándose: en el retrato de la Infanta, vestida de color de rosa, del Museo de Viena; en que en el mes de mayo concedió Felipe IV una merced a Mazo, el yerno de Velázquez; y en que, en octubre, el gran pintor cobró una suma elevada del tesoro real.

No son convincentes los indicios alegados, y el hallazgo o, mejor, la valoración de la importancia, en 1923, del retrato del mismo Museo, en que la Infanta viste traje verde oliva, y que se data en 1659, necesariamente separado, al menos por tres años, de Las Meninas, obliga a volver a lo que afirma Palomino.

Al señalar Salazar y Castro 1656 como fecha de la boda de una de las Meninas, parecía forzoso adelantar la del cuadro a 1655 y aceptar en sus propios términos la frase del tratadista que fija en el siguiente sólo la terminación; pero, al tratar de establecer el límite de la soltería de Doña María Agustina Sarmiento, ha podido rectificarse el dato del genealogista y no existe inconveniente para que Las MeNinas siga colocándose en 1656 dentro de la serie cronológica de las obras de Velázquez.

La Reina Doña Mariana dió a luz, en 7 de diciembre de 1655, una infanta, que murió antes de las dos semanas. En los meses primeros del año siguiente su salud fué poco firme; la primavera la pasó la Corte en Aranjuez y en el Buen Retiro; el cuadro no se pintaría hasta el final del verano; si no hay que pensar en que, comenzado un año antes, se acabó por entonces. El texto de Palomino quedaría de este modo explicado.

De 1655 no supone Allende-Salazar, y con dudas, más cuadros de Velázquez que los bustos de Felipe IV del Prado y de la National Gallery de Londres; contemporáneo será el de la Reina del Castillo de Rohoncz — descubierto después de publicar su monografía —, y los tres, en realidad, están en íntima relación con las medias figuras que .se ven en el espejo de Las Meninas."

[219]Marías, *Otras Meninas*, pp. 252, 253 et 254; "*Desde nuestro punto de vista Las meninas habría constituido un probable "capricho" que Velázquez dirigiera personal y privadamente al rey, quien conservó este enorme lienzo (3,21 x 2,81 m, el más alto de los que jamás pintara y el segundo en superficie total) en su privadísimo y recóndito despacho de verano del Alcázar.*" (Marías, *Velázquez*, p. 215)

[220]Martínez López, note 12 p. 83.

[221]"*La muerte del príncipe dejó a la Monarquía sin un heredero varón directo lo que ocasionó una grave crisis dinástica (la única posible heredera que quedaba con vida era la infanta María Teresa) y sumió al*

rey en una profunda desazón como se observa en una carta escrita a su consejera espiritual, sor María de Ágreda:
"Las oraciones no movieron el ánimo de Nuestro Señor por la salud de mi hijo que goza de su gloria. No le debió de convenir a él ni a nosotros otra cosa. Yo quedo en el estado que podéis juzgar, pues he perdido un solo hijo que tenía, tal que vos le visteis, que verdaderamente me alentaba mucho el verle en medio de todos mis cuidados [...] he ofrecido a Dios este golpe, que os confieso me tiene traspasado el corazón y en este estado que no sé si es sueño o verdad lo que pasa por mí."
De esta carta se desprende el dolor y la desesperación de Felipe IV que, en apenas cinco años, había perdido a su hermano menor, el cardenal-infante don Fernando; a su mujer, Isabel de Borbón; y a su único hijo varón y heredero universal, el príncipe Baltasar Carlos.
Tras la muerte de Baltasar Carlos, Felipe IV estaba obligado a casarse de nuevo para dar continuidad a la dinastía. La elegida fue la prometida del fallecido príncipe y sobrina suya, en cuanto hija de su hermana María Ana, la archiduquesa Mariana de Austria.
Los discursos sobre la conveniencia de una u otra esposa para Felipe IV comenzaron desde la misma muerte de Baltasar Carlos, dada la urgencia que presentaba la cuestión sucesoria. Razones políticas y de Estado, así como físicas o naturales, y que podrían resumirse en el "capital dinástico" y en la madurez sexual, determinaron que la nueva esposa del rey debía ser la joven archiduquesa, que por esas fechas contaba tan solo doce años de edad.
En enero de 1647 Felipe IV emitió un decreto con la resolución de casarse con la archiduquesa Mariana de Austria. El matrimonio se celebró el 7 de octubre de 1649 en Navalcarnero, contando el novio cuarenta y cuatro años y la novia quince. De este matrimonio nacerían varios vástagos, de los que solo sobrevivirían la infanta Margarita Teresa, casada con el emperador Leopoldo I, y el futuro Carlos II."

(https://es.wikipedia.org/wiki/Baltasar_Carlos_de_Austria#Consecuencias_de_la_muerte_de_Baltasar_Carlos)

[222] Cf. Martínez López, passim.

[223] *Ibid.*, pp. 81-82 et note 11 p. 81.

[224] https://es.wikipedia.org/wiki/Mariana_de_Austria#Matrimonio_y_descendencia

[225] "*En primer lugar, Felipe IV decidió jurar como heredera y sucesora legítima desus territorios a la infanta María Teresa, algo que, según sus propias palabras, había dejado de hacer durante mucho tiempo por no disgustar a la reina, demostrando de estamanera al mundo que ya no confiaba en que pudiera darle hijos varones (Así se lo indica al emperador en su carta de 13 de junio de 1654 (AHN, Estado, libro 133, s/f.). Esta partedel contenido es prácticamente idéntico al que aparece en una carta fechada en el mismo mes que escribióFelipe IV a Fernando III y que se conserva en la RAH, colección Salazar y Castro, A-92, fols. 1v.-2v.), algo quesolo interrumpiría el anuncio de algún nuevo embarazo (Esta será precisamente la razón de que nunca se llegara a realizar esta jura, pues el anuncio de tres nuevosembarazos de la reina en 1653, 1655 y 1657 la paralizaron, hasta que el nacimiento del príncipe FelipePróspero acabó con este proyecto de forma definitiva.). Asimismo, también anuncióFelipe IV a su primo que se disponía a pedir al papa una dispensa matrimonial parapoder casar a su hija con quien deseara en cualquier circunstancia, ya que, indepen-dientemente del novio que eligiera, este debía ser pariente de su hija en algún grado («Por una parte, considero que no ha servido nuestro señor de darme hasta ahora hijo varón, que la reinatarda en hacerse preñada, que somos mortales y que tengo dos hijas y la maior en edad competente parapoder casarse, aunque no tanta que no sufra algún año de dilación. Por otra parte considero ser continentey natural que Dios nos dé hijos varones y debiéndose de considerar sinceramente el casamiento de lainfante mi hija en casso que se repute por heredera y en el casso de tener hermanos*

varones, e resueltosuspender por ahora la colocación de mi hija teniendo algún tiempo más para esperar lo que Dios seráservido de disponer acerca de mi successión, [y] gobernarme conforme a ello en la elección de la personacon quién la é de casar, mas no pudiendo elegir alguno que no sea pariente que necesite de dispensación ydesseando yo estar prevenido y resguardado para poder en qualquier accidente declarar sin impedimentomi voluntad y efectuar el casamiento de mi hija [...], por los escándalos y turbación que podrían resultardespués della sobre el cassamiento». Carta de Felipe IV al papa Alejandro VII. Minuta de don Luis deHaro. *RAH, Salazar y Castro, A-91, fols. 191r.-194r.* También afirma lo mismo en la carta que envía aFernando III mencionada en la nota anterior. *AHN, Estado, libro 133, s/f.)."* (Martínez López, pp. 88-89 et notes 31 à 33 p. 89)

[226]http://bdh.bne.es/bnesearch/biblioteca/Histoire%20de%20France,%20sous%20le%20regne%20de%20Louis%20XIV...%20%20%20%20%20/qls/Larrey,%20Isaac%20de/qls/bdh0000065013;jsessionid=E61D1486495C27579AD7C3579FA9C629

[227] *Histoire de France sous le Regne de Louis XIV. Par Mr. De Larrey, Conseiller de la Cour et des Ambassades de sa Magesté le Roi de Prusse*, Rotterdam, Chez Michel Bohm et Compagnie, 1718, T. I, pp. 347-349.

[228]" *Dès la premiére Conférence le Marquis de Lionne déclara, Qu'il étoit venu demander en mariage l'Infante pour le Roi fon Maître, comme l'unique moien de faciliter & d'affurer la Paix: & le Comte de Pégnéranda lui répondit, Que fon voiage n'auroit pas le fuccès qu'il efperoit: que le Roi Catholique ne pouvoit fe résoudre d'accepter un Parti fi avantageux d'un côté, & fi dangereux de l'autre: & la Négociation fut auſſitôt rompuë. On ajoûte aux raifons que j'ai dites, qu'avoit la Cour de Madrid pour refuſer les offres de celle de France, qu'elle craignit que le Roi Très-Chrétien, ou plutôt que le Cardinal n'agit pas fincérement, & qu'il n'eût point d'autre deffein que de donner du soupçon au Prince de Condé, & de tenir l'Empereur en fufpens, afin*

de retarder les fecours du dernier, & de rallentir les fervices de l'autre." (*Ibid.*, p. 349)

[229]Contrairement à ce que soutiennent Marías, "*La re/presentación del heredero: la imagen del Príncipe de Asturias*", *Ceremoniales, ritos y representación del poder*, Castellón de la Plana, Universitat Jaume I, 2004, note p. 112; et Pilar García Louapre, *María Teresa de Austria, hija de Felipe IV y esposa de Luis XIV de Francia*, Madrid, Visión Libros, 2007, p. 19.

[230]*Histoire de France sous le Regne de Louis XIV. Par Mr. De Larrey*, pp. 375-376.

[231]*Ibid.*, p. XII.

[232]De fait: "*En la España del siglo de oro, la educación infantil y primaria era muy deficiente. Puede decirse que hasta los 5 ó 6 años, los niños vivían en la edad de oro de su infancia, generalmente bien tratados y alimentados, hasta que tomaban la primera comunión, momento en que entraban en la llamada "edad de discreción" (uso de razón) y comenzaba a exigírseles una mayor disciplina, a modelarse su futuro, y al mismo tiempo a prepararse para sus futuras responsabilidades de adultos. Esta etapa acababa con la llegada de la pubertad, que los españoles del siglo XVII celebraban oficialmente en el doceavo cumpleaños del joven si era mujer, o en el catorceavo si era hombre. A partir de esas edades el adolescente podía salir de la casa paterna y ser confiado al cuidado de otras personas. Entre los seis y los doce a catorce años, el niño aprendía a leer y a escribir en su lengua materna, a hacer operaciones matemáticas simples y a memorizar el catecismo católico.*" (https://www.monografias.com/trabajos88/escuela-y-sistema-educativo-espana-siglos-xvi-al-xviii/escuela-y-sistema-educativo-espana-siglos-xvi-al-xviii.shtml)

[233]Similaire au jeu de perspective créé pour le vidéoclip de "*Can't Get You Out Of My Head*" (2001), étant Kylie Minogue plus petite que les

danseurs, afin d'éviter ce contraste visuel, la chanteuse se trouve présentée au premier plan, très au-devant des autres.

[234]"*En primer plano se nos presenta la figura de Baltasar Carlos, montado en un pequeño caballo adecuado a su estatura ya que el príncipe tenía unos 8 años cuando fue pintada la escena. Viste banda carmesí y bastón de mando de general , sujetando las riendas de su montura en un inequívoco símbolo de autoridad.*" (https://www.artehistoria.com/es/obra/el-pr%C3%ADncipe-baltasar-carlos-en-el-picadero)

[235]https://es.wikipedia.org/wiki/El_pr%C3%ADncipe_Baltasar_Carlos_en_el_picadero

[236]https://www.artehistoria.com/es/obra/el-pr%C3%ADncipe-baltasar-carlos-en-el-picadero

[237]Cf., par ex., à ce propos, notre ouvrage, dans la présente Collection, sur Heinrich Vogtherr.

[238]https://es.wikipedia.org/wiki/Valido

[239]"*Parmi les réformes intérieures on peut souligner une campagne contre la corruption et la vénalité du règne précédent, qui chassa de la cour les membres des factions de Lerma et Uceda, et condamna avec des peines exemplaires les abus du règne antérieur durant lequel, pour renforcer son pouvoir, on plaçait aux postes clés ses parents, amis et clients et on accumulait les titres, les rentes et les propriétés. Le système de gouvernement traditionnel des Consejos (Conseils) fut également remplacé par un ensemble de Juntas, conseils qui embrassaient les différentes branches de l'administration publique (armada, sel et mines, travaux et forêts, propreté et population) ou occupaient d'autres fonctions comme la Junta de Reformación (Conseil de Réforme) qui veillait sur la moralité de la cour ou la Junta de Ejecución (Conseil d'Exécution) qui était un organe exécutif pour l'adoption rapide de décisions. Il essaya également de mettre en place une série de mesures économiques mercantilistes, comme des aides aux fabriques de laines et*

de soie, la promotion du commerce, et des mesures protectionnistes, mesures qui ne parvinrent pas à produire des effets par manque de vigueur et de constance." (https://fr.wikipedia.org/wiki/Gaspar_de_Guzm%C3%A1n#Ministre_t out-puissant)

[240]"*Enfin arrivé à son but, il déploya une activité débordante. À l'intérieur du royaume, il entreprit un programme ambitieux de réformes ; dans les affaires étrangères, il mit un terme à la politique de compromis en réactivant la guerre contre les Provinces-Unies, il appuya la Maison d'Autriche en butte aux conflits de la guerre de Trente Ans et s'opposa à la politique de la France dirigée par le cardinal de Richelieu."* (*Ibid.*)

[241]Cf., dans la présente Collection, notre ouvrage sur *Le Cuirassier blessé, quittant le feu.*

[242]https://es.wikipedia.org/wiki/El_pr%C3%ADncipe_Baltasar_Carlos_a_caballo

[243]https://es.wikipedia.org/wiki/Gaspar_de_Guzm%C3%A1n,_conde-duque_de_Olivares,_a_caballo

[244]Sur ces comparaisons, cf. http://artehistoriaestudios.blogspot.com/2017/12/capitulo-6-obras-puente-entre-el-buen.html

[245]"*La Chute d'Icare de Bruegel l'Ancien: une allégorie du Péché originel?*", *Bulletin de l'Association des Danses Macabres d'Europe*, I parte: No 16, octobre 1999, pp. 4-11; II et dernière partie: No 17, mars 2000, pp. 4-10.

[246]"*Le parcours de l'humanité dans l'oeuvre de Jérôme Bosch; de l'eschatologie au péché originel: l'exemple du Chariot de foin*", *Bulletin de l'Association des Danses Macabres d'Europe*, No 18, décembre 2000, pp. 7-10.

[247]Le rapprochement, sur une question d'utilisation terminologique du concept de "*chrétien*" s'ajoutant et modifiant celui de "*politique*" sous

les règnes de Felipe III et IV est faite par Carmen Peraita, *Quevedo y el joven Felipe IV: el príncipe cristiano y el arte del consejo*, Cassel, Reichenberger, 1997, note 9 pp. 109-110.

[248] *Le Prince Chrestien et Politique. Traduit de l'Efpagnol de Dom Diegue Savedra Faxardo, et dedie a Mr. Le Dauphin, Par I. Rou, Avocat au Parlement*, Paris, Par la Compagnie des Libraires du Palais, 1668, T. I, pp. 11-12.

[249] *Emblemas morales de Don Sebastian de Couarrubias Orozco, Capellan del Rey N.S. Maeftrefcuela, y Canonigo de Cuenca, Confultor del Santo Oficio*, Madrid, Por Luis Sanchez, p. 118.

[250]" *Otros dos emblemas de Covarrubias advierten de los peligros de rodear a los niños de ocio y lujo. El primero muestra a una mona abrazando a su cría tan fuertemente que la ahoga, como anuncia el lema* Sic amat ut perdat *(Ama de forma que destruye). Tanto el epigrama como el comentario en prosa señalan que los padres que miman y consienten a sus hijos en la creencia errónea de que ello es signo de amor en realidad les dañan:*

Difícil cosa sería persuadir a un padre imprudente y sin discurso que el regalo con que cría a su hijo y la licencia que le da para que, entanto que es niño, se salga con quanto le diere gusto y quisiere haz.er, le es perjudicial (Cent. 2, Emb. 87).

El segundo emblema representa unas altas montañas con sus cumbres ocultas bajo espesas nubes y el lema Abeunt in nubila montes *(Las montañas desaparecen entre las nubes). La subscriptio compara la altura de los picos, cuya esterilidad queda disimulada por las nubes, con los envanecidos y mal educados caballeros que encubren su ignorancia exigiendo veneración por su grandeza. Maxime Chevalier recogió varios testimonios de la jactancia poderosa de incultura, pero el ambiente general tampoco era muy estimulante. Así, Covarrubias deplora la hipocresía ostentosa, consecuencia de la mala educación:*

Temo ay gran descuydo en la criança de los hijos de los Señores, por no les dar maestros y ayos que les enseñen religión, criança, letras y virtud, teniendo por cosa baxa y de gente plebeya el saber [...]. Los que no están criados en esta disciplina, sienten la falta quando no la pueden remediar, y encubren su ignorancia con la nuve y velo de su grandeza (Cent. 2, Emb. 18).

Una tercera categoría de emblemas españoles sobre la juventud y la educación

parten de la idea de que el niño es particularmente sensible al aprendizaje, representándolo como una especie de tabula rasa o materia todavía moldeable.

Saavedra Fajardo, por ejemplo, incluye una empresa en que aparece una mano con paleta y pinceles frente al lienzo en blanco. En el índice, el título de la empresa es «y puede el arte pintar como en tabla rasa sus imágenes», y el lema Ad omnia (Para todo).

Es una argumentación sobre la vieja polémica de arte vs. naturaleza. La relación entre el lema, el grabado y el tema de la educación se nos da en el desarrollo:

Por eso nació desnudo el hombre, sin idioma particular, rasas las tablas del entendimiento, de la memoria y la fantasía, para que en ellas pintase la dotrina las imagines de las artes y sciencias, y escribiese la educación sus documentos (Empresa 2, 23).

Covarrubias era autor de un emblema similar. Nos dibuja a un niño desnudo leyendo en su cartilla. A un lado, vemos abejas y sus colmenas bajo un lema, como en tantas ocasiones, tomado de Ovidio: Formas fingetur in ontnes (Es capaz de mostrarse en todas las formas). El epigrama, o subscriptio, clarifica el enigma creado por la yuxtaposición de un lema (inscriptio) ambiguo y los motivos del grabado (pictura); así, continúa Covarrubias: «El niño tierno es como la cera,/ Que le podréis formar a vuestro modo/ Y domeñar su voluntad sincera/ Quando se rinde, y obedece en todo./ Mas si el castigo, y la enseñanca espera/ A la madura edad, daráos del codo./ Siendo vara, podréis endereçalle;/ Si es árbol, corréis riesgo de quebralla» (Cent. 2, Emb. 91). Esta idea se completa, en otro emblema del mismo autor, con la de la permanencia de la educación bien administrada durante la edad primera en los comportamientos del adulto. La pictura consiste en un muchacho que tira de una planta joven. A su izquierda hay un árbol bien desarrollado. El lema, que de nuevo proviene de Ovidio, es *Virga fuit (Fue un retoño)*, y el comentario en prosa habla de nuestros temas:

Críanse desde la niñez en las escuelas unos muchachos con otros indistintamente; pero al cabo, quando vienen a ser hombres, unos han echado por las letras y otros por las armas, y muchos han quedado tan inábiles y apocados que se han contentado con oficios mecánicos... La niñez está representada en una postura nueva y tierna planta, y la edad varonil en essa mesma, quando se ha hecho árbol gruesso y robusto (Cent. 3, Emb. 52).

Las empresas de Francisco Núñez de Cepeda dedicadas a la educación del prelado también presentan al niño como materia dúctil y maleable. El grabado, basado en una antigua tradición, muestra a una osa lamiendo al osezno recién parido para formar así sus miembros, de los que carecía al ser alumbrado. El lema es *Doñee formetur (Hasta que se forme)*. Después de preguntarse «*¿Qué otra cossa es la niñez de el hombre, que una rudeça inculta, en que apenas se ven señalados los sentidos de los afectos?*», extiende la lección hacia los deberes del prelado que, «*con la lengua de la enseñanca divina*» ha de formar a los fieles a imagen de Cristo (Emp. 18, 293-94).

El niño pocas veces es artífice que sepa cincelarse a sí mismo sin intervención de maestro. La siguiente categoría de emblemas que examinaremos presenta los peligros del mal maestro, y un comentario es fundamental: hay que enseñar con el ejemplo. Las *Empresas morales* de Juan de Borja suelen ser visualmente muy simples. Así, hay un grabado que nos muestra sólo un cedazo (fig. 3), con el lema *Faceré et docere*

(Hacer y enseñar). Y la prosa nos aclara la relación entre ambos constituyentes:

Gran lástima se deve tener al hombre de buen entendimiento, que entiende bien las cosas, y las habln y enseña bien, y, dando buena doctrina, él no se aprovecha della, no poniendo por obra lo que enseña; deste tal se dize que es, como el cedaço, que cierne y aparta la arina del salvado; pero al cabo escoge mal, porque hecha de sí la arina, y quédase con el salvado (Segunda parte, 348-49)." (Antonio Bernât Vistarini et John T. Culi, "*Las edades del hombre en los libros de emblemas españoles*", *Críticón*, 71, 1997, pp. 11-13)

[251] Équivalent de l'actuelle formule "*haut-dessus, c'est le soleil*", popularisée par le comique Dieudonné dans ses sketchs des années 2000 (cf. par ex. https://www.youtube.com/watch?v=b3knsYh2rOs).

[252] Cité par Bernât Vistarini et Culi, p. 13.

[253] *Emblemas morales de Don Sebastian de Couarrubias Orozco*, p. 252.

[254] http://artehistoriaestudios.blogspot.com/2017/12/capitulo-6-obras-puente-entre-el-buen.html

[255] Ramiro de Moya, "*El trazado regulador y la perspectiva en las Meninas*", *Arquitectura - Revista del Colegio Oficial de Arquitectos de Madrid (COAM)*, No 25, 1961, pp. 3-12.

[256] Emmens, p. 52.

[257] Cf. la page de recherche: https://www.google.com/search?q=retratos+dobles+de+Mariana+de+Austria+y+Carlos+II&rlz=1C1CHBD_esNI853NI853&source=lnms&tbm=isch&sa=X&ved=0ahUKEwjM8sKsl5rjAhVJpFkKHQWIAJ0Q_AUIECgB&biw=1094&bih=506

[258] http://reinadodecarlosii.blogspot.com/2015/05/los-retratos-dobles-de-mariana-de_18.html

[259] Emmens, p. 52.

[260] Bo Vahlne, "*Las Meninas de Velázquez: observaciones sobre la escenificación de un retrato real*", *Otras Meninas*, p. 165.

[261]"*Es difícil imaginar una sala del Alcázar madrileño menos ostentosa. Desnudo el suelo, sin verse muebles; en las paredes, cuadros con marcos negros; en el techo, de cielo raso, dos colgaderos para lámparas que faltan.*
Por fortuna, al ser identificable una de las pinturas en la penumbra del fondo, puede localizarse la escena. Desarróllase en la pieza principal del «Cuarto bajo llamado del Príncipe, que cae a la plazuela de Palacio». Adornaban esta sala cuarenta lienzos, todos de mano de Juan Bautista del Mazo, yerno de Velázquez; treinta y cinco de ellos copiaban originales de Rubens y de su escuela; los otros cinco eran cacerías. El reconocible encima de la puerta se conserva en el Prado (n.º 1.718) —como también su original, el n.º 1.551, pintado por Jacob Jordaens; estaba entonces en la Torre de la Parada, en el Pardo —, y representa a Apolo vencedor de Marsias. El lienzo que a su lado cuelga, y cuya composición apenas se adivina, era la Fábula de Palas y Aragne cuando tejía la historia del rapto de Europa, hoy perdido, y los seis cuadritos de a media vara de ancho y dos tercias de alto, en las entreventanas, con las Fuerzas de Hércules, copiaban obras de Rubens. Todo a la letra consta en el Inventario de 1686.
Velázquez tenía su obrador en estas habitaciones, que habían sido morada del malogrado Príncipe Don Baltasar Carlos y quedaran para estudio de los Pintores de Cámara. La sobriedad en el atuendo de la pieza no se debía a su destino; era la nota dominante en las salas palatinas; su adorno, hasta en las piezas ricas, reducíase a pinturas sobre los muros enlucidos y, por excepción, techos pintados; espejos venecianos con marcos de bronce en forma de águilas daban nombre a la más suntuosa del Alcázar; en las demás, alfombras de dimensiones cortas, escritorios, contadores y bufetes, amén de algunas sillas poco muelles.
Comodidad y lujo, fuera del pregonado por las pinturas, estaban ausentes del Palacio principal del Rey más poderoso." (Sánchez Cantón, pp. 13-14)

[262]Yeager-Crasselt, pp. 188 et 190.
[263]https://fr.wikipedia.org/wiki/Hommage_%C3%A0_Delacroix
[264]https://fr.wikipedia.org/wiki/Un_coin_de_table
[265]https://es.wikipedia.org/wiki/Los_poetas_contempor%C3%A1neos._Una_lectura_de_Zorrilla_en_el_estudio_del_pintor
[266]Bernât Vistarini et Culi, pp. 15-16.
[267]" *Yo, señora, soy de Segovia. Mi padre se llamó Clemente Pablo, natural del mismo pueblo; Dios le tenga en el cielo. Fue, tal como todos dicen, de oficio barbero, aunque eran tan altos sus pensamientos que se corría de que le llamasen así, diciendo que él era tundidor de mejillas y sastre de barbas. Dicen que era de muy buena cepa, y según él bebía es cosa para creer. Estuvo casado con Aldonza de San Pedro, hija de Diego de San Juan y nieta de Andrés de San Cristóbal. Sospechábase en el pueblo que no era cristiana vieja, aun viéndola con canas y rota, aunque ella, por los nombres y sobrenombres de sus pasados, quiso esforzar que era descendiente de la gloria. Tuvo muy buen parecer para letrado; mujer de amigas y cuadrilla, y de pocos enemigos, porque hasta los tres del alma no los tuvo por tales; persona de valor y conocida por quien era. Padeció grandes trabajos recién casada, y aun después, porque malas lenguas daban en decir que mi padre metía el dos de bastos para sacar el as de oros. Probósele que a todos los que hacía la barba a navaja, mientras les daba con el agua levantándoles la cara para el lavatorio, un mi hermanico de siete años les sacaba muy a su salvo los tuétanos de las faldriqueras. Murió el angelico de unos azotes que le dieron en la cárcel. Sintiólo mucho mi madre, por ser tal que robaba a todos las voluntades. Por estas y otras niñerías estuvo preso, y rigores de justicia, de que hombre no se puede defender, le sacaron por las calles. En lo que toca de medio abajo tratáronle aquellos señores regaladamente. Iba a la brida en bestia segura y de buen paso, con mesura y buen día. Mas de medio arriba, etcétera, que no hay más que decir para quien sabe lo que hace un pintor de suela en unas costillas. Diéronle doscientos escogidos, que*

de allí a seis años se le contaban por encima de la ropilla. Más se movía el que se los daba que él, cosa que pareció muy bien; divirtióse algo con las alabanzas que iba oyendo de sus buenas carnes, que le estaba de perlas lo colorado."

[268]"*-Otras más altas he hecho yo -dijo- por una mujer a quien amo. Y vea aquí novecientos y un sonetos y doce redondillas (que parecía que contaba escudos por maravedís) hechos a las piernas de mi dama."* (Lib. II Cap. II)

[269]De fait, lorsque celle-ci attaque, après le cas des poètes astrologiques, et avant celui des mythologiques, ceux de l'amour: "*»Ítem, habiendo considerado que esta secta infernal de hombres condenados a perpetuo concepto, despedazadores del vocablo y volteadores de razones, han pegado el dicho achaque de poesía a las mujeres, declaramos que nos tenemos por desquitados con este mal que las hemos hecho del que nos hicieron en la manzana. Y por cuanto el siglo está pobre y necesitado, mandamos quemar las coplas de los poetas, como franjas viejas, para sacar el oro, plata y perlas, pues en los más versos hacen sus damas de todos metales, como estatuas de Nabuco».*

Aquí no lo pudo sufrir el sacristán y levantándose en pie, dijo:

-¡Mas no, sino quitarnos las haciendas! No pase V. Md. adelante, que sobre eso pienso ir al Papa y gastar lo que tengo. Bueno es que yo, que soy eclesiástico, había de padecer ese agravio. Yo probaré que las coplas del poeta clérigo no están sujetas a tal premática y luego quiero irlo a averiguar ante la justicia." (Lib. II Cap. III)

[270]Sur ce modèle dans la Commedia dell'Arte, cf. par ex. https://www.recensito.net/teatro/recensione,-il-soldato-spaccone-,spettacolo,vincenzo-zingaro,teatro-arcobaleno.html

[271]Sur celui-ci, cf. Lib. II Cap. II sur l'absence de "*hombre de discurso*": "*-Maldiga Dios -dijo él- tan mala gente como hay en ese pueblo, pues falta entre todos un hombre de discurso.*

Preguntéle que cómo o por qué se podía decir tal de lugar donde asistían tantos doctos varones."

[272]Cf. à ce propos les réflexions du *Buscón* sur "*las muchas dificultades que tenía para profesar honra y virtud*' lorsqu'ils se séparent (au tout début du Lib. II Cap. II): "*Por vida de V. Md., que no diga nada de todos los altísimos secretos que le he comunicado en materia de destreza, y guárdelo para sí, pues tiene buen entendimiento.*

Yo le prometí de hacerlo, tornóse a partir de mí, y yo empecé a reírme del secreto tan gracioso.

Con esto caminé más de una legua que no topé persona. Iba yo entre mí pensando en las muchas dificultades que tenía para profesar honra y virtud, pues había menester tapar primero la poca de mis padres, y luego tener tanta que me desconociesen por ella."

[273]"*Ante todo, busca lograr un intenso efecto de comicidad. No pretende Quevedo destacar que ciertas acciones son éticamente condenables y que traen como consecuencia el castigo sino, en primer lugar, reír y hacer reír con ellas. Aparecen muchas malas acciones que quedan sin castigo. No hay digresiones moralizadoras, salvo la moraleja final: «nunca mejora su estado quien muda solamente de lugar y no de vida y costumbres». Así, principalmente, pretende demostrar la imposibilidad de ascenso social por la parte de los que no dejan de tener una moralidad defectuosa. Pablos quiere subir socialmente, "pica más alto", y así se lo dice a don Diego: "más alto pico, y más autoridad me importa tener". Quiere borrar sus orígenes y apartarse del ignominio de sus parientes. En carta a su tío, el verdugo, le advierte: "No pregunte por mí, ni me nombre, porque me importa negar la sangre que tenemos".*" (https://es.wikipedia.org/wiki/La_vida_del_Busc%C3%B3n#Intenci%C3%B3n_de_la_obra)

[274]*Ibid.*

[275]Comme le fait, par exemple, Marías, *Otras Meninas*, pp. 250-251, à propos de la décoration picturale du Taller de Verano. Sur une analyse

de la correspondance parfaite de la toile avec les tableaux conservés dans la salle principale du "*cuarto del príncipe*", cf. Brown, cap. 4 "*Sobre el significado de Las Meninas*", où l'auteur soutient que, conformément à l'inventaire de 1686, *Las Meninas* reproduit à l'identique la salle, et les tableaux qui l'ornent, jusques dans leurs exactes dimensions et position dans la pièce, pp. 130-133, en déduisant, au vu également des clefs ("*El 16 de febrero de 1652 es nombrado Aposentador de Palacio; el oficio prueba la importancia creciente del artista en la Corte. Sus funciones quizá ocasionaron el que no pintase algunos cuadros./ Los últimos años fueron de madurez: estudios, viajes, lecturas, toda la compleja asimilación lograda por el genio a lo largo de la vida, produce los retratos de Doña Mariana, de María Teresa, de Margarita, de Felipe IV viejo... los cuadros de Mercurio y Argos, de la Venus del espejo, de Las Hilanderas, de Las Meninas./ Murió a las dos de la tarde del sábado 7 de agosto de 1660./ Por concesión divina había desarrollado su programa. No se malogró Velázquez; la suma de dificultades y problemas que fué encontrando y planteándose sin descanso tuvo holgura y medios para vencerlas y resolverlos. Cabría sostener que se murió cuando nada le quedaba pendiente.*", Sánchez Cantón, p. 9), détail sur lequel il insiste, en expliquant les exigences mais en contrepartie bénéfices financiers que représentaient la charge d'aposentador, Brown, pp. 125-126, qu'il faut peut-être voir dans cette exactitude absolu, reproduisant même les copies de Rubens par Mazo, le désir du peintre d'obtenir les mêmes honneurs et charge que ceux donnés, dès 1631, par Felipe III à Rubens, qui devint ami de Velázquez lors de son séjour à la Cour en 1628, pp. 136-138, ce que juxtapose Brown à la candidature de Velázquez à l'Ordre de Santiago, posée par Felipe IV en 1658, pp. 139-141.

[276] Emmens, p. 48.

[277] *Achillis Bocchii Bonon. Symbolicarum quaestionum, de vniuerso genere, quas serio ludebat, libri quinque*, Bologne, Apud Societatem Typographiæ Bononiensis, 1574, p. LII.
[278] *Ibid.*, p. LIII.
[279]"*Mais peut-être est-il temps de nommer enfin cette image qui apparaît au fond du miroir, et que le peintre contemple en avant du tableau. Peut-être vaut-il mieux fixer une bonne fois l'identité des personnages présents ou indiqués, pour ne pas nous embrouiller à l'infini dans ces désignations flottantes, un peu abstraites, toujours susceptibles d'équivoques et de dédoublements: «le peintre», «les personnages», «les modèles», «les spectateurs», «les images». Au lieu de poursuivre sans terme un langage fatalement inadéquat au visible, il suffirait de dire que Vélasquez a composé un tableau; qu'en ce tableau il s'est représenté lui-même, dans son atelier, ou dans un salon de l'Escurial, en train de peindre deux personnages que l'infante Marguerite vient contempler, entourée de duègnes, de sui-vantes, de courtisans et de nains; qu'à ce groupe on peut très précisément attribuer des noms: la tradition reconnaît ici dona Maria Agustina Sarmiente, là-bas Niéto, au premier plan Nico-laso Pertusato, bouffon italien. Il suffirait d'ajouter que les deux personnages qui servent de modèles au peintre ne sont pas visibles, au moins directement; mais qu'on peut les apercevoir dans une glace; qu'il s'agit à n'en pas douter du roi Philippe IV et de son épouse Marianna.*
Ces noms propres formeraient d'utiles repères, éviteraient des désignations ambiguës; ils nous diraient en tout cas ce que regarde le peintre, et avec lui la plupart des personnages du tableau. Mais le rapport du langage à la peinture est un rap-port infini. Non pas que la parole soit imparfaite, et en face du visible dans un déficit qu'elle s'efforcerait en vain de rattra-per. Ils sont irréductibles l'un à l'autre: on a beau dire ce qu'on voit, ce qu'on voit ne loge jamais dans ce qu'on dit, et on a beau faire voir, par des images, des métaphores, des

com-paraisons, ce qu'on est en train de dire, le lieu où elles res-plendissent n'est pas celui que déploient les yeux, mais celui que définissent les successions de la syntaxe. Or le nom propre, dans ce jeu, n'est qu'un artifice: il permet de montrer du doigt, c'est-à-dire de faire passer subrepticement de l'espace où l'on parle à l'espace où l'on regarde, c'est-à-dire de les refermer commodément l'un sur l'autre comme s'ils étaient adéquats. Mais si on veut maintenir ouvert le rapport du langage et du visible, si on veut parler non pas à l'encontre mais à partir de leur incompatibilité, de manière à rester au plus proche de l'un et de l'autre, alors il faut effacer les noms propres et se main-tenir dans l'infini de la tâche. C'est peut-être par l'intermédiaire de ce langage gris, anonyme, toujours méticuleux et répétitif parce que trop large, que la peinture, petit à petit, allumera ses clartés.

Il faut donc feindre de ne pas savoir qui se reflétera au fond de la glace, et interroger ce reflet au ras de son existence.

D'abord il est l'envers de la grande toile représentée à gauche. L'envers ou plutôt l'endroit, puisqu'il montre de face ce qu'elle cache par sa position. De plus, il s'oppose à la fenêtre et la renforce. Comme elle, il est un lieu commun au tableau et à ce qui lui est extérieur. Mais la fenêtre opère par le mouvement continu d'une effusion qui, de droite à gauche, réunit aux per-sonnages attentifs, au peintre, au tableau, le spectacle qu'ils contemplent; le miroir, lui, par un mouvement violent, ins-tantané, et de pure surprise, va chercher en avant du tableau ce qui est regardé, mais non visible, pour le rendre, au bout de la profondeur fictive, visible mais indifférent à tous les regards. Le pointillé impérieux qui est tracé entre le reflet et ce qu'il reflète coupe à la perpendiculaire le flux latéral de la lumière. Enfin— et c'est la troisième fonction de ce miroir— il jouxte une porte qui s'ouvre comme lui dans le mur du fond. Elle découpe elle aussi un rectangle clair dont la lumière mate ne rayonne pas dans la pièce, Ce ne serait qu'un aplat doré, s'il n'était creusé vers l'extérieur, par un battant sculpté, la courbe d'un rideau et l'ombre de plusieurs marches Là commence un corridor; mais au lieu de se perdre parmi l'obscurité, il se dissipe dans un éclatement jaune où la lumière, sans entrer, tourbillonne sur elle-même et repose Sur ce fond, à la fois proche et sans limite, un homme détache sa haute silhouette; il est vu de profil; d'une main, il retient le poids d'une tenture; ses pieds sont posés sur deux marches différentes; il a le genou fléchi Peut-être va-t-il entrer dans la pièce; peut-être se borne--t-il à épier ce qui se passe à l'intérieur, content de surprendre sans être observé. Comme le miroir, il fixe l'envers de la scène: pas plus qu'au miroir, on ne prête attention à lui. On ne sait d'où il vient; on peut supposer qu'en suivant d'incertains corridors, il a contourné la pièce où les personnages sont réunis et où travaille le peintre; peut-être était-il lui aussi, tout à l'heure, sur le devant de la scène dans la région invisible que contemplent tous les yeux du tableau. Comme les images qu'on aperçoit au fond du miroir, il se peut qu'il soit un émissaire de cet espace évident et caché Il y a cependant une différence: il est là en chair et en os; il surgit du dehors, au seuil de l'aire représentée; il est indubitable— non pas reflet probable mais irruption. Le miroir, en faisant voir, au-delà même des murs de l'atelier, ce qui se passe en avant du tableau, fait osciller, dans sa dimension sagittale, l'intérieur et l'extérieur. Un pied sur la marche, et le corps entièrement de profil, le visiteur ambigu entre et sort à la fois, dans un balancement immobile. Il répète sur place, mais dans la réalité sombre de son corps, le mouve-ment instantané des images qui traversent la pièce, pénètrent le miroir, s'y réfléchissent et en rejaillissent comme des espèces visibles, nouvelles et identiques. Pâles, minuscules, ces silhouettes dans la glace sont récusées par la haute et solide sta-ture de l'homme qui surgit dans l'embrasure de la porte.

Mais il faut redescendre du fond du tableau vers le devant de la scène; il faut quitter ce pourtour dont on vient de parcourir la volute. En partant du regard du peintre, qui, à gauche, constitue comme un centre décalé, on aperçoit d'abord l'envers de la toile, puis les tableaux exposés, avec au centre le miroir, puis la porte ouverte, de nouveaux tableaux, mais dont une perspective très aiguë ne laisse à voir que les cadres dans leur épaisseur, enfin à l'extrême droite la fenêtre, ou plutôt l'échan-crure par où se déverse la lumière. Cette coquille en hélice offre tout le cycle de la représentation: le regard, la palette et le pinceau, la toile innocente de signes (ce sont les instru-ments matériels de la représentation), les tableaux, les reflets, l'homme réel (la représentation achevée, mais comme affranchie de ses contenus illusoires ou véritables qui lui sont juxtaposés); puis la représentation se dénoue: on n'en voit plus que les cadres, et cette lumière qui baigne de l'extérieur les tableaux, mais que ceux-ci en retour doivent reconstituer en leur espèce propre tout comme si elle venait d'ailleurs, traversant leurs cadres de bois sombre. Et cette lumière, on la voit en effet sur le tableau qui semble sourdre dans l'interstice du cadre; et de là elle rejoint le front, les pommettes, les yeux, le regard du peintre qui tient d'une main la palette, de l'autre le fin pinceau... Ainsi se ferme la volute, ou plutôt, par cette lumière, elle s'ouvre.

Cette ouverture, ce n'est plus comme dans le fond, une porte qu'on a tirée; c'est la largeur même du tableau, et les regards qui y passent ne sont pas d'un visiteur lointain. La frise qui occupe le premier et le second plan du tableau représente, —si on y comprend le peintre— huit personnages. Cinq d'entre eux, la tête plus ou moins inclinée, tournée ou penchée, regardent à la perpendiculaire du tableau. Le centre du groupe est occupé par la petite infante, avec son ample robe grise et rose. La prin-cesse tourne la tête vers la droite du tableau, alors que son buste et les grands volants de la robe fuient légèrement vers la gauche; mais le regard se dirige bien d'aplomb dans la direction du spectateur qui se trouve en face du tableau. Une ligne médiane partageant la toile en deux volets égaux passerait entre les deux yeux de l'enfant. Son visage est au tiers de la hauteur totale du tableau. Si bien que là, à n'en pas douter, *réside le thème principal de la composition; là, l'objet même de cette peinture. Comme pour le prouver et le souligner mieux encore, l'auteur a eu recours à une figure traditionnelle: à côté du personnage central, il en a placé un autre, agenouillé et qui le regarde. Comme le donateur en prière, comme l'Ange saluant la Vierge, une gouvernante à genoux tend les mains vers la princesse. Son visage se découpe selon un profil parfait. Il est à la hauteur de celui de l'enfant. La duègne regarde la princesse et ne regarde qu'elle. Un peu plus sur la droite, une autre suivante, tournée elle aussi vers l'infante, légèrement inclinée au-dessus d'elle, mais les yeux clairement dirigés vers l'avant, là où regardent déjà le peintre et la princesse. Enfin deux groupes de deux personnages: l'un est en retrait, l'autre composé de nains, est au tout premier plan. Dans chaque couple, un personnage regarde en face, l'autre à droite ou à gauche. Par leur position et par leur taille, ces deux groupes se répondent et forment doublet: derrière, les courtisans (la femme, à gauche, regarde vers la droite); devant, les nains (le garçon qui est à l'extrême droite regarde à l'intérieur du tableau). Cet ensemble de personnages, ainsi disposés, peut constituer, selon l'attention qu'on porte au tableau ou le centre de référence que l'on choisit, deux figures. L'une serait un grand X; au point supérieur gauche, il y aurait le regard du peintre, et à droite celui du courtisan; à la pointe inférieure, du côté gauche, il y a le coin de la toile représentée à l'envers (plus exactement le pied du chevalet); du côté droit, le nain (sa chaussure posée sur le dos du chien). Au croisement de ces deux lignes, au centre de l'X, le regard de l'infante. L'autre figure serait plutôt celle d'une vaste courbe; ses deux bornes seraient déterminées par le peintre à gauche et le courtisan de droite — extrémités hautes et reculées; le creux, ,beaucoup plus rapproché, coïnciderait avec le visage de la princesse, et avec le regard que la duègne dirige vers lui. Cette ligne souple dessine une vasque, qui tout à la fois enserre et dégage, au milieu du tableau, l'emplacement du miroir. Il y a donc deux centres qui peuvent organiser le tableau, selon que* l'attention du spectateur papillote et s'attache ici ou là. La princesse se tient debout au milieu d'une croix de Saint-André qui tourne autour d'elle, avec le tourbillon des courtisans, des suivantes, des animaux et des bouffons. Mais ce pivotement est figé. Figé par un spectacle qui serait absolu-ment invisible si ces mêmes personnages, soudain immobiles, n'offraient comme au creux d'une coupe la possibilité de regar-der au fond d'un miroir le double imprévu de leur contemplation. Dans le sens de la profondeur, la princesse se superpose au miroir; dans celui de la hauteur, c'est le reflet qui se superpose au visage. Mais la perspective les rend très voisins l'un de l'autre. Or, de chacun d'eux jaillit une ligne inévitable; l'une issue du miroir franchit toute l'épaisseur représentée (et même davan-tage puisque le miroir troue le mur du fond et fait naître der-rière lui un autre espace); l'autre est plus courte; elle vient du regard de l'enfant et ne traverse que le premier plan. Ces deux lignes sagittales sont convergentes, selon un angle très aigu et le point de leur rencontre, jaillissant de la toile, se fixe à l'avant du tableau, là à peu près d'où nous le regardons. Point douteux puisque nous ne le voyons pas; point inévitable et parfaitement défini cependant puisqu'il est prescrit par ces deux figures maîtresses, et confirmé de plus par d'autres pointillés adjacents qui naissent du tableau et eux aussi s'en échappent.

Qu'y a-t-il enfin en ce lieu parfaitement inaccessible puisqu'il est extérieur au tableau, mais prescrit par toutes les lignes de sa composition? Quel est ce spectacle, qui sont ces visages qui se reflètent d'abord au fond des prunelles de l'infante, puis des courtisans et du peintre, et finalement dans la clarté lointaine du miroir? Mais la question aussitôt se dédouble: le visage que réfléchit le miroir, c'est également celui qui le contemple; ce que regardent tous les personnages: du tableau, ce sont aussi bien les personnages aux yeux de qui ils sont offerts comme une scène à contempler. Le tableau en son entier regarde une scène pour qui il est à son tour une scène. Pure réciprocité que mani-feste le miroir regardant et regardé, et dont les deux moments sont dénoués aux deux angles du tableau: à gauche la toile retournée, par laquelle le point extérieur devient pur spectacle; à droite le chien allongé, seul élément du tableau qui ne regarde ni ne bouge, parce qu'il n'est fait, avec ses gros reliefs et la lumière qui joue dans ses poils soyeux, que pour être un objet à regarder.

Ce spectacle-en-regard, le premier coup d'œil sur le tableau nous a appris de quoi il est fait. Ce sont les souverains. On les devine déjà dans le regard respectueux de l'assistance, dans l'étonnement de l'enfant et des nains. On les reconnaît, au bout du tableau, dans les deux petites silhouettes que fait miroiter la glace. Au milieu de tous ces visages attentifs, de tous ces corps parés, ils sont la plus pâle, la plus irréelle, la plus compromise de toutes les images: un mouvement, un peu de lumière suffiraient à les faire s'évanouir. De tous ces personnages en représentation, ils sont aussi les plus négligés, car nul ne prête attention à ce reflet qui se glisse derrière tout le monde et s'introduit silencieusement par un espace insoup-çonné; dans la mesure où ils sont visibles, ils sont la forme la plus frêle et la plus éloignée de toute réalité. Inversement, dans la mesure où, résidant à l'extérieur du tableau, ils sont retirés en une invisibilité essentielle, ils ordonnent autour d'eux toute la représentation; c'est à eux qu'on fait face, vers eux qu'on se tourne, à leurs yeux qu'on présente la princesse dans sa robe de fête; de la toile retournée à l'infante et de celle-ci au nain jouant à l'extrême droite, une courbe se dessine (ou encore, la branche inférieure de l'X s'ouvre) pour ordonner à leur regard toute la disposition du tableau, et faire apparaître ainsi le véritable centre de la composition auquel le regard de l'infante et l'image dans le miroir sont finalement soumis.

Ce centre est symboliquement souverain dans l'anecdote, puisqu'il est occupé par le roi Philippe IV et son épouse. Mais surtout, il l'est par la triple fonction qu'il occupe par rapport au tableau. En lui viennent se superposer exactement le regard du modèle au moment où on le peint, *celui du spectateur qui contemple la scène, et celui du peintre au moment où il compose son tableau (non pas celui qui est représenté, mais celui qui est devant nous et dont nous parlons). Ces trois fonc-tions «regardantes» se confondent en un point extérieur au tableau: c'est-à-dire idéal par rapport à ce qui est représenté, mais parfaitement réel puisque c'est à partir de lui que devient possible la représentation. Dans cette réalité même, il ne peut pas ne pas être invisible. Et cependant, cette réalité est projetée à l'intérieur du tableau, —projetée et diffractée en trois figures qui correspondent aux trois fonctions de ce point idéal et réel. Ce sont: à gauche le peintre avec sa palette à la main (auto-portrait de l'auteur du tableau); à droite le visiteur, un pied sur la marche prêt à entrer dans la pièce; il prend à revers toute la scène, mais voit de face le couple royal, qui est le spectacle même; au centre enfin, le reflet du roi et de la reine, parés, immobiles, dans l'attitude des modèles patients.*

Reflet qui montre naïvement, et dans l'ombre, ce que tout le monde regarde au premier plan. Il restitue comme par enchante-ment ce qui manque à chaque regard: à celui du peintre, le modèle que recopie là-bas sur le tableau son double représenté; à celui du roi, son portrait qui s'achève sur ce versant de la toile qu'il ne peut percevoir d'où il est; à celui du spectateur, le centre réel de la scène, dont il a pris la place comme par effraction. Mais peut-être, cette générosité du miroir est-elle feinte; peut-être cache-t-il autant et plus qu'il ne manifeste. La place où trône le roi avec son épouse est aussi bien celle de l'artiste et celle du spectateur: au fond du miroir pourraient apparaître —devraient apparaître— le visage anonyme du passant et celui de Vélasquez. Car la fonction de ce reflet est d'attirer à l'intérieur du tableau ce qui lui est intimement étranger: le regard qui l'a organisé et celui pour lequel il se déploie. Mais parce qu'ils sont présents dans le tableau, à droite et à gauche, l'artiste et le visiteur ne peuvent être logés dans le miroir: tout comme le roi apparaît au fond de la glace dans la mesure même où il n'appartient pas au tableau.

Dans la grande volute qui parcourait le périmètre de l'atelier, depuis le regard du peintre, sa palette et sa main en arrêt jusqu'aux tableaux achevés, la représentation naissait, s'accom-plissait pour se défaire à nouveau dans la lumière; le cycle était parfait En revanche, les lignes qui traversent la profondeur du tableau sont incomplètes; il leur manque à toutes une partie de leur trajet. Cette lacune est due à l'absence du roi,— absence qui est un artifice du peintre. Mais cet artifice recouvre et désigne une vacance qui, elle, est immédiate: celle du peintre et du spectateur quand ils regardent ou composent le tableau. C'est que peut -être, en ce tableau, comme en toute représentation dont il est pour ainsi dire l'essence manifestée, l'invisibilité profonde de ce qu'on voit est solidaire de l'invi-sibilité de celui qui voit, —malgré les miroirs, les reflets, les imitations, les portraits. Tout autour de la scène sont déposés les signes et les formes successives de la représentation; mais le double rapport de la représentation à son modèle et à son souverain, à son auteur comme à celui à qui on en fait offrande, ce rapport est nécessairement interrompu. Jamais il ne peut être présent sans reste, fût-ce dans une représentation qui se donnerait elle-même en spectacle. Dans la profondeur qui tra-verse la toile, la creuse fictivement, et la projette en avant d'elle-même, il n'est pas possible que le pur bonheur de l'image offre jamais en pleine lumière le maître qui représente et le souverain qu'on représente." (Michel Foucault, *Les mots et les choses*, Paris, Gallimard, 1966, Cap. I "*Les suivantes*", II, pp. 24-31)

"*Dans le sixième et dernier essai de son recueil ON N'Y VOIT RIEN, Daniel Arasse, conscient de la lassitude qui peut accabler son lecteur, décide tout de même de revenir à son tour sur les MÉNINES de Velasquez: le titre, rien moins qu'innocent, L'œil du Maître. On croit un temps qu'il s'agit d'un dialogue (comme il lui arrive d'en inventer dans ce même recueil, à propos de Titien): c'est en réalité un monologue dialogué, un échange de l'auteur avec lui-même. Genre un peu artificiel qui feint de suivre les étapes de la recherche mais qui réussit à éclairer la complexité des enjeux.*

L'objectif est double pour D. Arasse: regarder, après tant d'autres, le tableau de Velasquez (daté de 1656) et, en même temps, envisager une question qui le hantait depuis longtemps, celle de l'anachronisme (c'est d'ailleurs le titre d'un recueil (posthume) d'articles publié chez Gallimard) qui est depuis longtemps l'objet de débats. Le résultat? Il ne peut que constater «la distance apparemment infranchissable, le désaccord inconciliable entre les historiens et les théoriciens, philosophes ou autres sémiologues» qu'il trouve inévitable et dont il veut pourtant se servir en dépit de la gêne qu'il lui inspire. Dit autrement: malgré le rejet des historiens, il faut assumer le risque de l'anachronisme et plus encore, tenter de comprendre «comment un tableau historiquement déterminé (...) a pu produire des effets imprévus, imprévisibles et même impensables pour son auteur et ses destinataires.» On comprend la grande ambition de cet essai.

Un tableau (re)couvert de commentaires (qui font aussi partie de son histoire)

Comme pour les Chats de Baudelaire (doit-on plutôt dire de Lévi-Strauss et Jakobson?, les études sur le tableau de Velasquez sont tellement nombreuses et abondantes qu'on en est venu à les rassembler et les publier dans un seul volume. La masse d'informations est colossale: comme Arasse le dit lui-même on sait tout ce qu'on peut savoir (surtout les deux étapes de la production du tableau - on y reviendra) et même ce qu'on ne voit pas ou mal (l'identité (et le thème) des tableaux du fond ou de profil - des copies de Jordaens et Rubens). Et Arasse a bien conscience de la réaction qu'il va susciter. Il vient après de grands noms et d'autres moins connus. Il en citera finalement peu: Foucault, sa célébrissime ouverture des Mots et les Choses (1966) qui provoqua (directement ou non) le flot d'analyses des années 60/70 (et qui est un peu le point de fuite décalé de l'article d'Arasse), Louis Marin (Le portrait du Roi), Hubert Damisch (L'origine de la perspective) et la conservatrice du Prado d'alors (Manuela Mena Marquez) qu'il commentera en dernier.

Arasse n'est pas forcément en accord avec ceux auxquels il renvoie mais il souhaite reconnaître leur importance et leur rôle dans son cheminement propre et propose aux historiens (qui se croient à l'abri de l'anachronisme) d'emprunter comme lui va le faire dans cet essai le chemin de l'analyse théorique sans jamais quitter la connaissance des conditions de production de l'œuvre. On verra qu'il reconnaît lui - même que sur un point précis, il va loin en manière d'anachronisme.

Certitudes historiques
Avant de confier ses propositions, Arasse veut d'emblée nous situer au ras de l'existence historique du tableau. Il est indispensable de revenir aux conditions de production de l'œuvre et de les rappeler sans cesse: ce tableau, intitulé Le Tableau de la Famille (Les Ménines ne viendra qu'en 1843) est une commande royale, l'idée ne pouvant venir que de Philippe IV désireux de montrer «sa "famille "au sens large» saisie de façon privée ; il n'a rien à voir avec le portrait isolé de l'infante peint la même année ; il ne peut qu'avoir un caractère privé et, mieux, ne peut s'adresser qu'à une seule personne (le roi qui le garda dans son "salon d'été") tout en favorisant une interprétation dynastique du tableau que la radiographie explique parfaitement mais dont il sera question très tardivement dans l'essai. C'est bien du tableau avec auto-portrait du peintre qu'il s'agit.
Partant de là, Arasse avance la reconstitution historique du geste pictural.

Hypothèse
Dans son monologue dialogué Arasse va longtemps tourner autour d'un récit, d'une fiction narrative. Disons-le tout de suite: c'est fou comme ce

tableau fait parler. Velasquez aurait proposé un bref récit, une fiction «transparente pour les contemporains» (assez peu nombreux tout de même), le produit d'un capricho (il reprend le terme de Palomino (premier commentateur et biographe du peintre - grâce à lui on connaît le nom des personnages représentés)), un caprice, une œuvre de fantaisie fondée sur la singulière mise en scène du couple royal et avant tout sur «le reflet diffus dans le miroir» du fond.
Lisons le récit en sachant d'avance qu'il est un piège:«Alors que le peintre du roi peignait dans son atelier le double portrait du roi et de la reine, l'infante Marguerite est descendue voir ses parents, accompagnée de ses suivantes. C'est ce moment, familial et privé, que le peintre a peint et met devant vos yeux.»
Arasse va encore plus loin. Il y aurait eu à cette occasion un concetto «vraisemblablement proposé par le peintre à son roi et accepté par celui-ci» qui se traduirait par «une forme d'hommage à son roi devenu l'origine et la fin du tableau, sa source - puisque le peintre est supposé les peindre - et sa destination -puisque les figures peintes ont le regard tourné vers leur présence, supposée par leur reflet dans le miroir du tableau.» Pas de doute: avec ce tableau, Velasquez a eu alors une subtile stratégie de flatterie courtisane (non loin, on aura une allusion à Baldassarre Castiglione) qu'il ne faut pas négliger au seul profit du très voyant miroir qui rend si loquaces les commentateurs.
Mais où est le piège que tend «aux narrateurs de peinture le miroir muet de Velàsquez»? Le récit fictif affirme que le peintre est en train de représenter le double portrait du roi et de la reine. C'est historiquement (et esthétiquement) impossible: ce genre n'existait pas, sauf sous forme de portraits "en pendant", ce qui n'est pas le cas.
En passant, Arasse exclut que le miroir reflète le sujet du tableau (ce qui reste aujourd'hui encore - à tort - une hypothèse souvent soutenue: il serait l'avers de cette grande toile dont nous ne voyons que le revers): le châssis visible à gauche est trop grand pour pareil portrait (le portrait

royal en pied de la même année ne mesure que deux mètres). Autre argument (plus faible tout de même): un modèle royal ne posait jamais longtemps devant un peintre qui travaillait sur des esquisses préparatoires. L'infante n'aurait pas eu le temps de s'ennuyer de l'absence de ses parents....

Dès lors, Arasse, sans y insister, parle de pseudo-reflet et s'appuie comme on a vu sur un détail historique (ce tableau privé était dans le "bureau d'été" de Philippe IV) pour souligner la place flatteuse occupée par le roi, devenu Dieu omnivoyant pour ses visiteurs: sur le tableau, il est regardant (dans le miroir) et regardé (modèle invisible) et dans la pièce où il reçoit il est encore regard: contemplant son tableau et observant ses visiteurs regardant le tableau....Avec humour, Arasse souligne que «comme concetto courtisan, il était difficile de faire mieux.»

L'exégète s'attache ensuite à une question technique (alors qu'il raillait quelques pages avant les férus du compas...): le point de fuite de la perspective ne serait pas situé, comme attendu, dans le miroir mais dans l'avant-bras du parent (?) de Velasquez qui se détache sur un fond lumineux et qui semble écarter un rideau (pendant symbolique, selon Arasse, de l'ouverture de la visibilité par un peintre comme Velasquez..).

La conséquence importe: il y aurait un décalage qui veut que les figures peintes, si elles regardent le roi ne regardent pas le spectateur qui, de ce fait n'est pas en face du miroir. S'accordant avec H. Damisch, il conclut qu'il y a donc un centre imaginaire (manifestant la visée du sujet: le miroir) et un centre géométrique (qui marque la place du sujet devant le tableau: le visiteur du bureau privé du Roi, le visiteur du Prado aujourd'hui - chacun de nous). Mais il ajoute, avec jubilation, que ce point de fuite ne correspond à aucun regard dans le tableau sauf à celui du roi situé à sa hauteur. Arasse confirme alors son hypothèse d'un spirituel hommage: dans le Tableau de la Famille tout part et tout revient au roi: ce tableau «a été peint, construit, conçu, à l'horizon du roi.» Il est bien le "sujet absolu" du tableau.

Anachronisme(s)
Nous avons dit que cette notion est un des grands enjeux de l'essai dialogué. C'est le moment de l'examiner.

Arasse est conscient de son désaccord avec la lecture démocratisante de Foucault (il privilégia le regard du spectateur) mais il ne veut pas la "récuser". Au contraire, il veut tenter d'expliquer comment la lecture de Foucault qui allait jusqu'à parler de l'"élision du sujet", donc à contresens de l'"intention" du peintre, était redevable tout de même du dispositif mis au point par Velasquez.

Avant de poursuivre, récapitulons l'acquis de la lecture d'Arasse. Ce que reflète le miroir n'a pas d'existence matérielle possible: pour une question de perspective et pour une question de genre pictural. De cette façon, un doute s'est introduit dans la représentation. S'appuyant sur un passage de Foucault il accorde que «le miroir démontre "honnêtement" que la présence du roi et de la reine est impossible à certifier.», il conclut: «la présence du roi organise ce que nous voyons mais elle demeure simultanément insituable, hors de notre saisie; elle échappe à notre "connaissance" et pourtant c'est par rapport à elle et en fonction d'elle que ce que nous voyons se définit.» (je souligne)

Qui a encore quelques souvenirs de lectures philosophiques voit venir un invité inattendu dans ce débat autour des Ménines: Kant! Dans le cadre d'une réflexion sur l'anachronisme, voilà un anachronisme encore plus voyant!

Le roi et la reine dont la présence objective est insaisissable serait «le "noumène" du tableau: quelque chose qui n'est pas l'objet de notre intuition sensible - ça, c'est le "phénomène"- mais qui est l'objet d'une intuition non sensible, quelque chose qu'on peut penser, mais pas connaître.» Arasse ayant l'habileté (qu'il reconnaît forcée pour un capricho) de superposer à cette hypothèse audacieuse la distinction traditionnelle (et bien connue encore au temps de Velasquez) des arcana principis, le mystère de l'être royal, de ses deux corps (régnant et immortel - Arasse a lu autrefois Kantorowicz). En tout cas, par ce détour kantien, il croit pouvoir tenir la métaphysique de la royauté." (http://www.calmeblog.com/2017/04/daniel-arasse-l-oeil-du-maitre-in-on-n-y-voit-rien-denoel.html)

[280] Ce qui a été au centre des études ésotériques du sens de *Las Meninas* par Foucault (cf. note précédente) et Daniel Arasse (idem, et https://www.franceculture.fr/peinture/histoires-de-peintures-eloge-paradoxal-de-michel-foucault-travers-les-menines). On trouvera la classifications des "*tendances interprétatives*" (nous employons ici le terme d'Alicia Martí García) sur *Las Meninas*, respectivement (mais les deux se recoupant), dans l'article d'Yves Dubois, "*Les Ménines de Velázquez: l'unité retrouvée?*", *Art&Fact*, No 27, 2008, pp. 105-130, et dans la monographie de Licence en Histoire de l'Art de Martí García, "*Las Meninas de Velázquez: aproximación historiográfica*", sous la dir. d'Andreu Villalonga, Universitat de les Illes Balears, 2014, inédit, http://dspace.uib.es/xmlui/bitstream/handle/11201/801/Mart%C3%AD,%20Al%C3%ADcia.pdf?sequence=1

On trouve l'origine de ces interprétations mysticisantes de Foucault, ou d'Arasse, ou de Jacques Lacan (" *"Foucault était assis à côté de moi lors d'un séminaire fameux où Lacan essayait de lui démontrer qu'il n'avait pas vu ce qu'il y avait à voir dans les Ménines de Velasquez, c'est-à-dire la fente de l'Infante. Alors c'était évidemment des rapports de force... Il était en guerre avec tout le monde, avec son entourage, avec ses disciples, avec les membres de son école. ...] C'était quelqu'un qui se considérait comme absolument seul."* Philippe Sollers «Passion de Lacan» Le Monde du 13 avril 2001", cité dans Viktor Kirtov, "*Sollers la peinture et la sculpture: Vélasquez vu à travers Sollers, Lacan, Foucault, Bacon,   Picasso*", http://www.pileface.com/sollers/spip.php?article1593), et d'une bonne partie de la critique (cf. Dubois, pp. 105: "*Mais ce qui a le plus retenu l'attention des érudits et suscité tant d'écrits, plus que les questions de forme, concerne le sens du tableau: Que représente-t-il? Quelle est la scène qui se joue devant nos yeux? Norbert Wolf a résumé ainsi les interrogations qui viennent à l'esprit de l'observateur attentif: « Les questions fondamentales que l'on pose sans cesse à propos de ce tableau sont les suivantes: qu'est donc en train de peindre Velázquez? Où se tenait Velázquez pour peindre à la fois la scène et lui-même? Quelle est la source de l'image reflétée dans le miroir, c'est-à-dire, où se trouvent le roi et la reine dans la salle pour apparaître dans le miroir? Et enfin: est-il significatif que l'habit du peintre porte ostensiblement la croix de l'Ordre de Santiago?».*", et pp. 108-112, sur les post-foucaultiens: Madlyn Millner Kahr, John Searle, Joel Snyder et Ted Cohen, Leo Steinberg, Svetlana Alpers, George Kubler, Victor Stoichita, Hubert Damisch, et Arasse), dans l'exclamation extatique de Théophile Gautier dans son texte sur *Don Diego Velasquez De Silva*" (dans Gautier, Arsène Houssaye et Paul de Saint-Victor, *Les dieux et les demi-dieux de la peinture*, Paris, Morizot, 1864, p. 280, repris dans la *Revue du XIXe siècle*, IIIème Année, T. VIII, Janvier-Février-Mars 1868, " p. 362): "*Nulle part cette qualité n'est plus visible que dans le célèbre tableau des Ménines, que Luca Giordano appelait « la théologie de la peinture, » pour marjuer que là étaient la vérité, le dogme, l'orthodoxie, et que s'en éloigner c'était devenir un hérésiarque de l'art. En effet, devant ce cadre, l'illusion est complète, toute trace de travail a disparu; il semble qu'on voie la scène même reproduite par une glace; les Ménines représentent, comme on sait, Velasquez en train de faire le portrait de l'infante dona Marguerite. Il est à son chevalet, dont la toile ne montre au spectateur que son envers; pour distraire la petite infante, immobile sous sa raide parure, les Ménines lui font la conversation, et l'une d'elles lui offre à boire dans un bucaro ou vase des Indes, qui a la propriété de tenir l'eau fraîche. La dame qui offre le bucaro et dona Maria Agustina, menine de la reine et fille de don Diego Sarmiento; celle qui parle, dona Isabel de Velasco, fille du comte de Fuensalida. Au premier plan, Nicolasito Pertusano et Mari Borbola, nains de cour, lutinent un grand chien qui se laisse faire; un peu en arriére du groupe principal, plus vers le fond de l'appartement, on voit dona Maria d'Ulloa, dame d'honneur, et un garde, et tout au bout, une porte ouverte sur un escalier laisse apercevoir dans une vive lumière Josef Nieto, aposentador de la reine. Tout dans ce cadre est peint d'après nature, jusqu'aux tableaux qui ornent les parois de la galerie et au miroir qui reflète le roi et la reine assis en face, contre la paroi de la chambre, que le peintre a dû abattre pour en montrer l'intérieur. Ainsi leur image, sinon leur personne, assiste à la scène. La chambre noire, dont Velasquez d'ailleurs se servait beaucoup, ne donnerait pas une perspective plus exacte, une dégradation de teintes mieux suivie, une lumière aussi douce et aussi fondue, une impression plus forte de nature. En face des Ménines, on est tenté de dire: «Où donc est le tableau?»"*

[281]https://commons.wikimedia.org/wiki/File:Self-portrait_in_a_Straw_Hat_by_Elisabeth-Louise_Vig%C3%A9e-Lebrun.jpg

[282]"*Après avoir livré en 1778, à la satisfaction générale, le premier grand portrait officiel de Marie Antoinette, Madame Vigée Le Brun fut régulièrement sollicitée pour fixer les traits de la reine...*

Elle s'inscrivit alors parfaitement dans la tradition courtisane qui, sans cesser d'être fidèle, c'est-à-dire sans perdre la ressemblance, embellissait imperceptiblement certains modèles. Aussi son succès fut-il complet.

En 1783, elle prit cependant quelques libertés en représentant la souveraine en robe de gaulle. Exposé au Salon, le portrait suscita des réactions indignées, la critique s'étonnant qu'un modèle aussi noble

puisse paraître en tenue d'intérieur. L'artiste n'en perdit pour autant ni la clientèle royale, ni celle de la cour.
La manière dont elle savait transcrire les carnations, les étoffes et les autres matières, ses contrastes insolites de couleurs et ses effets subtils d'ombre et de lumière assurèrent son succès auprès de cette clientèle choisie." (https://www.grandpalais.fr/fr/article/elisabeth-louise-vigee-le-brun-portraitiste-de-marie-antoinette)

[283]"*¿Por qué tantos críticos que han prestado su atención a «Las Meninas» insisten en que estamos justamente delante del espejo? ¿Por qué han insistido en que el cuadro está proyectado desde el punto de vista del rey y la reina, que están presentes sólo en reflejo, en el fondo de la habitación? Una respuesta aproximada es que la construcción del cuadro estimula al espectador a aceptar esta conclusión únicamente sobre la base de lo que las cosas parecen. El espejo está, naturalmente, centrado en el cuadro y es un elemento central de él; es el punto de fuga el que está descentrado. El espejo con su reflejo difuso está flanqueado por los dos aposentadores del rey y la reina: el pintor Velázquez, aposentador del rey, y José Nieto, que está en la puerta abierta al fondo de la estancia, mirando hacia delante, y que atiende a la reina. El espejo está cuidadosamente colocado, alojado en un espacio creado por las figuras del pintor, las dos damas de honor con la infanta entre ellas, y José Nieto, aposentador de la reina. Quizá sería mejor decir que está engastado del mismo modo que una piedra preciosa, con sus múltiples facetas y superficies especulares, está engastada en su montura. Además, está señalado desde todas partes. El brazo doblado de Nieto forma una V, cuyo lado izquierdo (antebrazo) señala el espejo. El codo que forma esta V está directamente sobre el punto principal, que también es el punto de fuga de las ortogonales del cuadro. (El hecho de que Velázquez coloque una V justo sobre el foco de las ortogonales del*

cuadro ¿es una coincidencia, o es un sello, una inscripción abreviada de su autoridad?) Al otro lado del espejo, el brazo izquierdo del pintor sostiene su paleta y sus pinceles, que apuntan en dos direcciones a la vez, como una flecha con una punta en cada extremo, señalando el lienzo que está ante él y el espejo detrás, mediando entre el cuadro que está pintando y su reflejo en el espejo. Su mano derecha sostiene un pincel en un cierto ángulo, suspendido sobre la paleta, señalando insistentemente a la paleta y mediando entre ella y el lienzo. Al lado derecho del espejo, las puntas de los dedos levantados del enano y la enana forman puntos en una línea que pasa por el torso inclinado de la dama de honor y sube hacia la línea del brazo doblado de Nieto, que lleva hasta el espejo. Todos esos elementos se combinan para atraer nuestra atención hacia el espejo, mientras que no hay casi nada en todo el cuadro que ayude a dirigirnos hacia el punto de fuga situado bajo la V del brazo doblado de José Nieto, el punto en que convergen las ortogonales. No hay suelo cuadriculado en este cuadro; los bordes inferiores y superiores de los cuadros enmarcados de la pared derecha (que podrían formar líneas continuas) están interrumpidos por los huecos; la línea de unión de la pared derecha y el suelo está totalmente oculta por las figuras que están junto a la pared." (Snyder, p. 139)

[284]" *Toutes deux portraitistes, toutes deux reçues à l'Académie royale de peinture et de sculpture en 1783, Élisabeth Louise Vigée Le Brun et Adélaïde Labille-Guiard furent mises en concurrence par la critique et par le public dès lors qu'elles exposèrent leurs œuvres aux Salons...*
Avec les années, les deux rivales s'acheminèrent vers la perfection. On loua Vigée Le Brun pour la beauté de sa technique et de ses innovations chromatiques et le caractère vivant de ses compositions (poses, costumes, accessoires, décors). Quelques commentateurs attribuèrent à Labille-Guiard un pinceau moins flatteur, louant un style plus

vigoureux et réaliste, la justesse dans les ressemblances, ainsi que des compositions plus sagement agencées, des tons plus vrais et plus harmonieux.

L'année 1789 sépara les deux artistes. L'une, en émigrant, diffusa sa conception du portrait en Europe et jusqu'en Russie. L'autre, en demeurant à Paris, mit son talent au service des élites de la Révolution. En outre, toutes deux formèrent à l'art de la peinture et du dessin de nombreuses élèves dans les années qui précédèrent la Révolution. Elles aidèrent à promouvoir la peinture au féminin et permirent ainsi à d'autres jeunes femmes de faire carrière."
(https://www.grandpalais.fr/fr/article/elisabeth-louise-vigee-le-brun-et-la-concurrence-feminine)

[285]https://commons.wikimedia.org/wiki/File:Labille-Guiard,_Self-portrait_with_two_pupils.jpg?uselang=fr

[286]https://www.grandpalais.fr/es/node/15939

PLANCHES

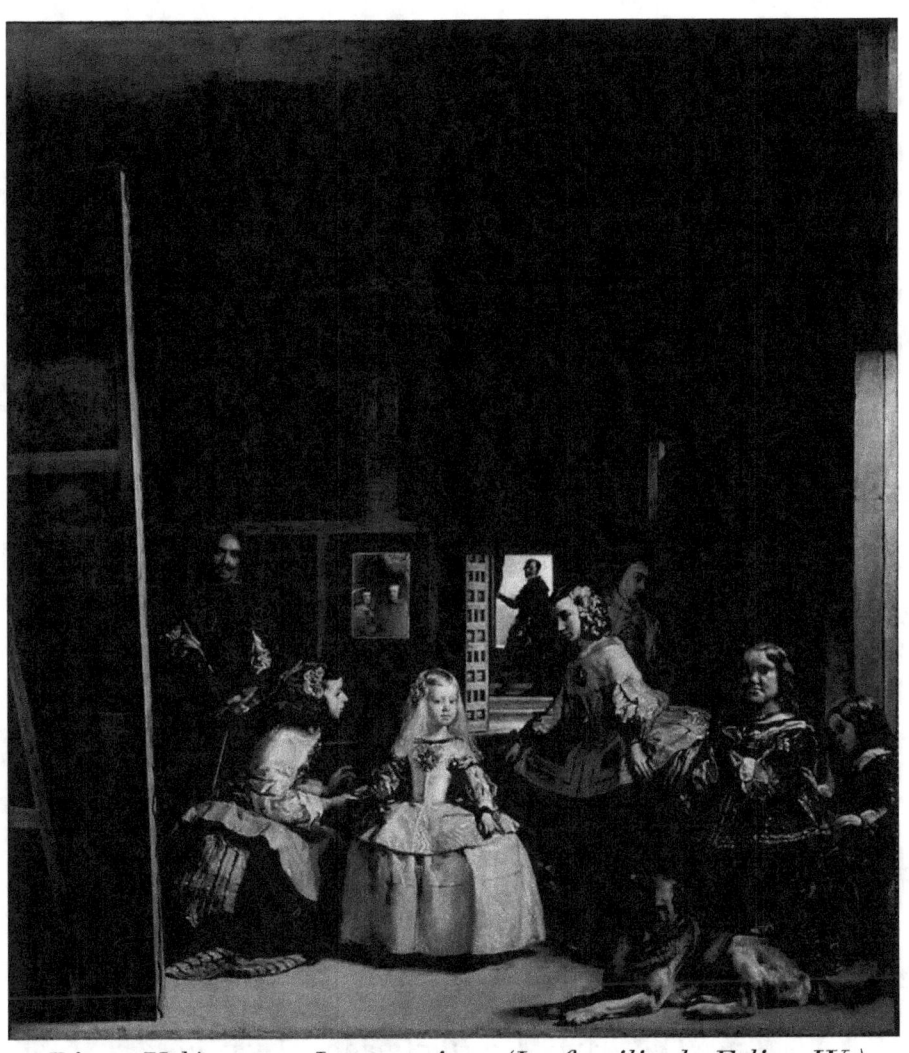
Diego Velázquez, *Las meninas (La familia de Felipe IV)*

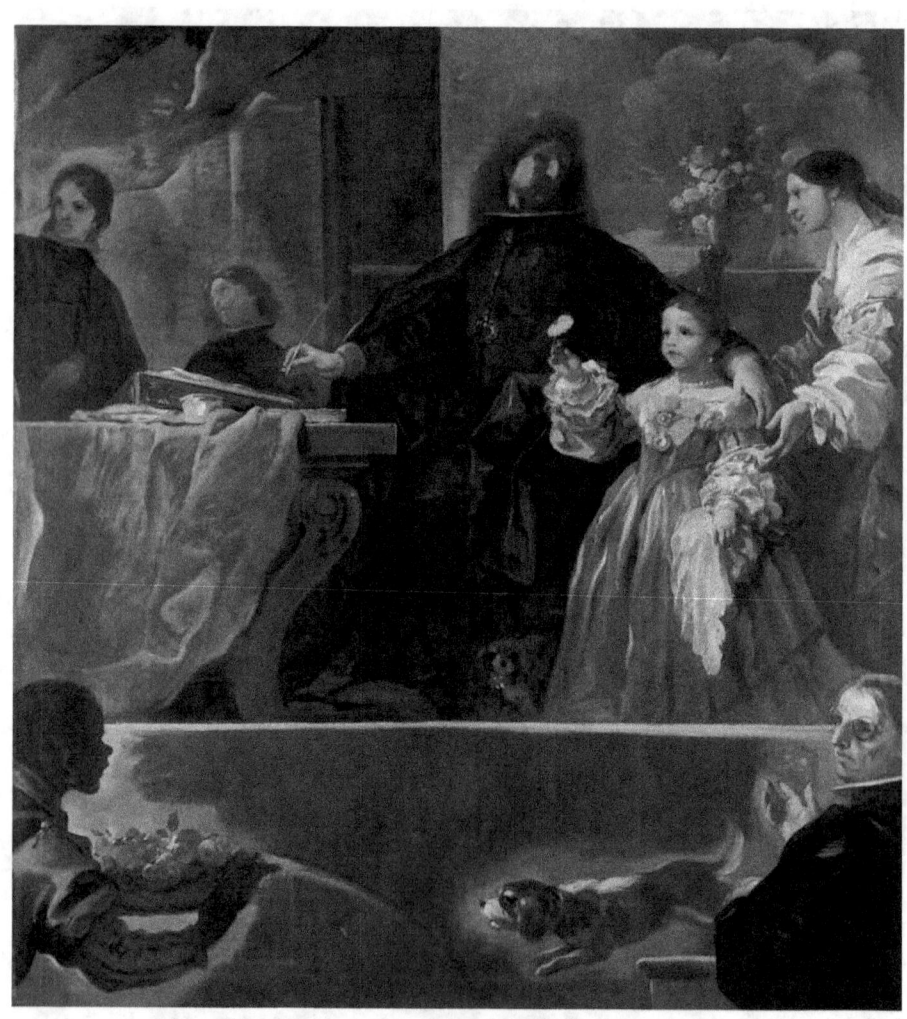

Luca Giordano, *Un Hommage à Velàzquez*

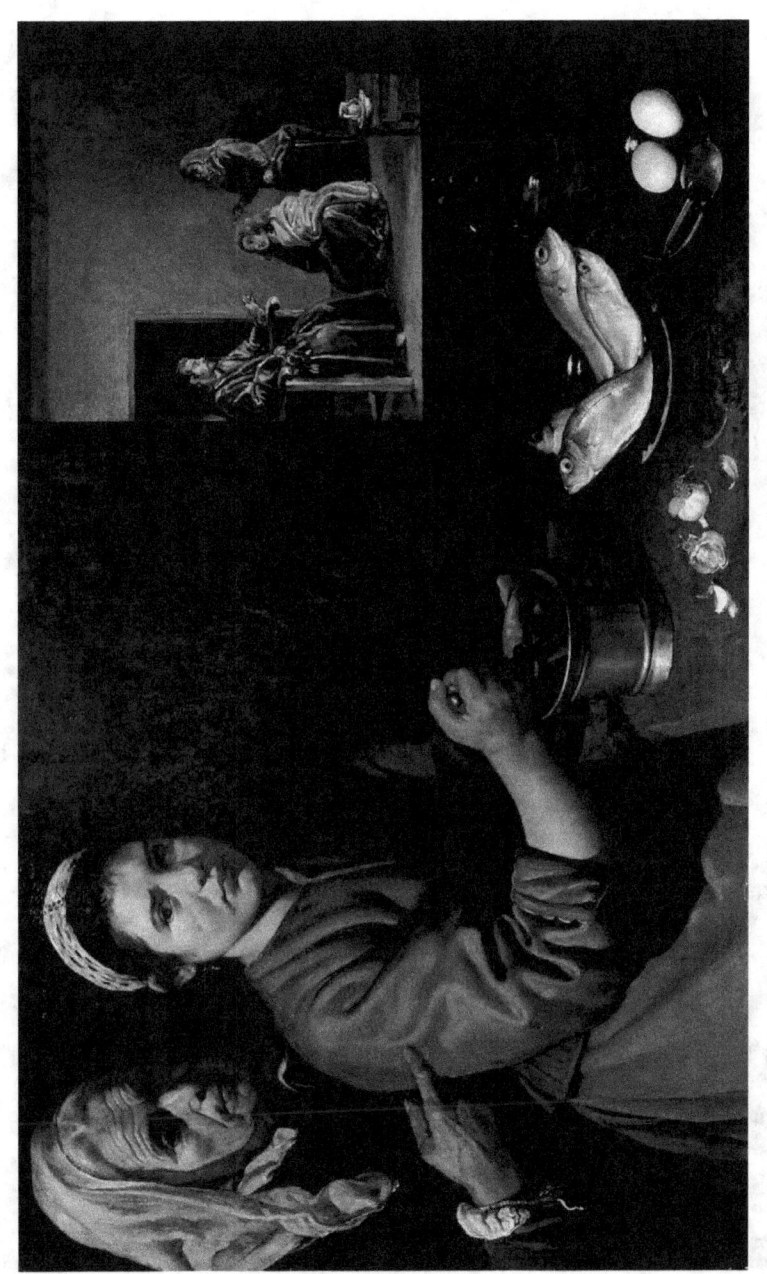

Diego Velázquez, *Cristo en casa de Marta y María*

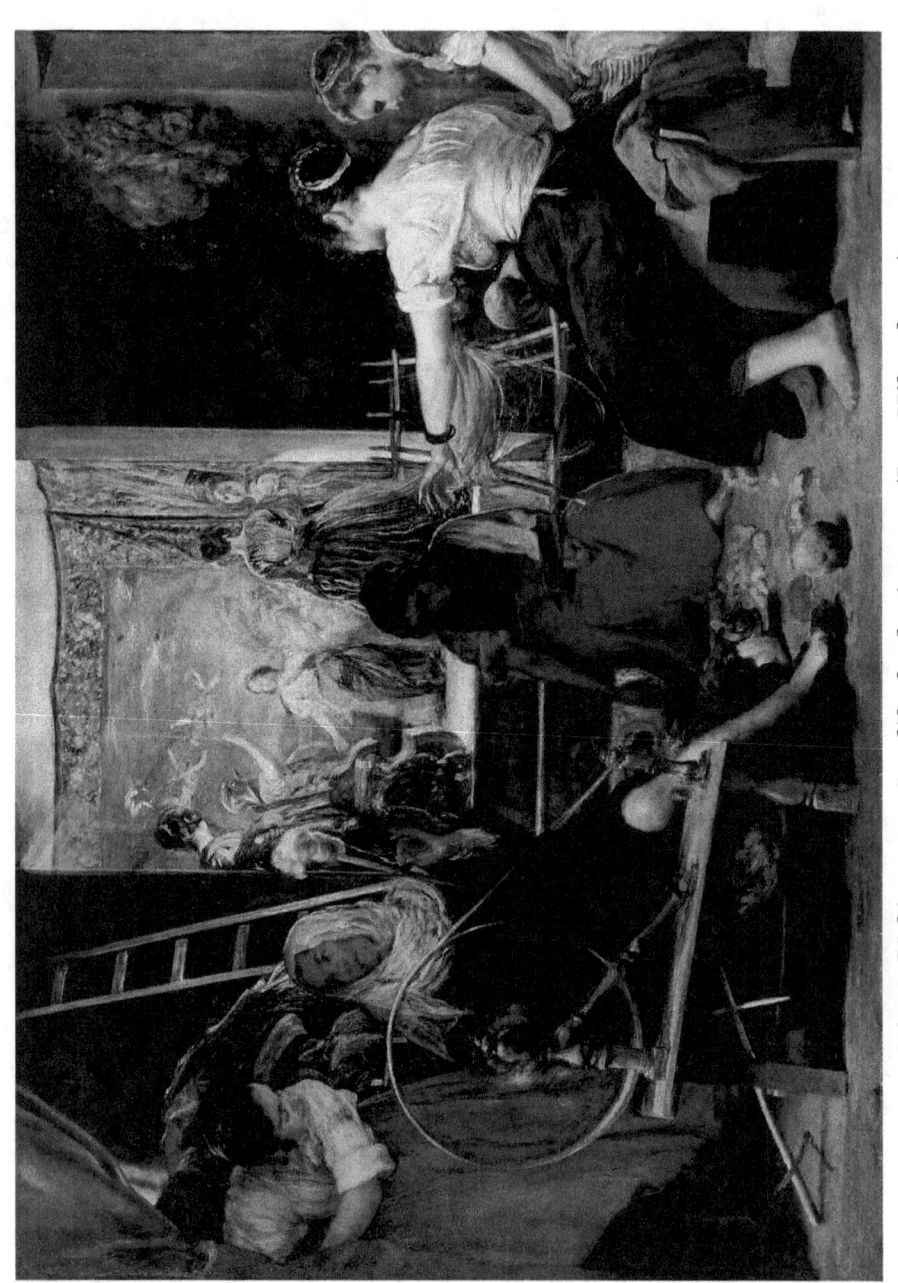

Diego Velázquez, *La fábula de Aracne (Las Hilanderas)*

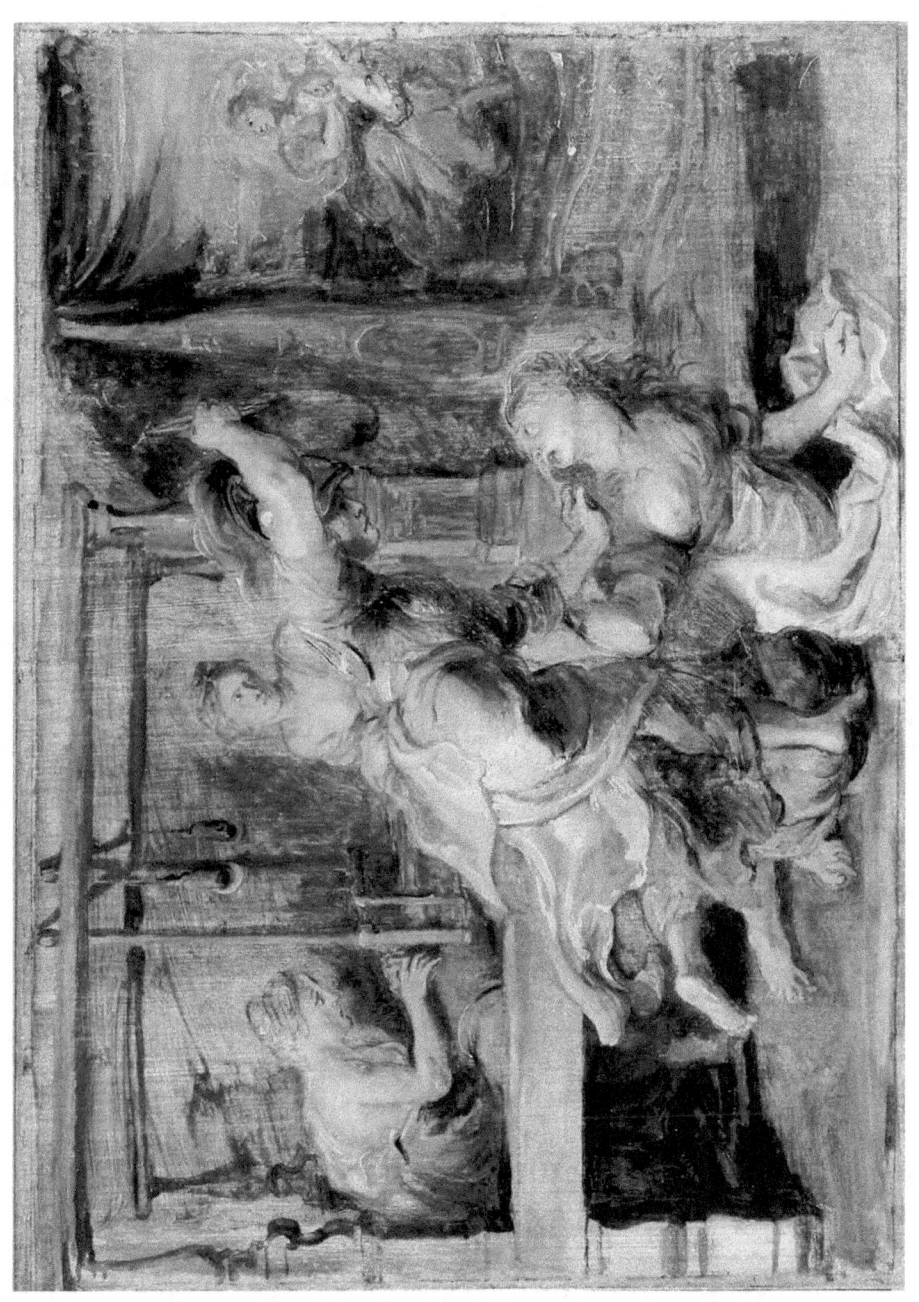

Pierre-Paul Rubens, *Minerve et Arachné*

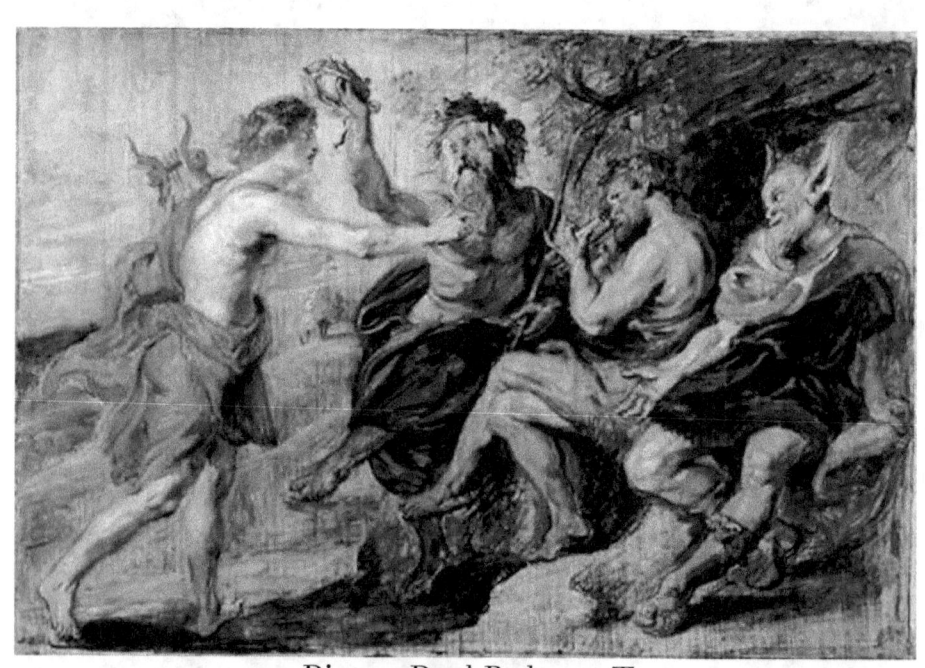

Pierre-Paul Rubens, *Tmolos couronnant Apollon devant Pan et Midas*

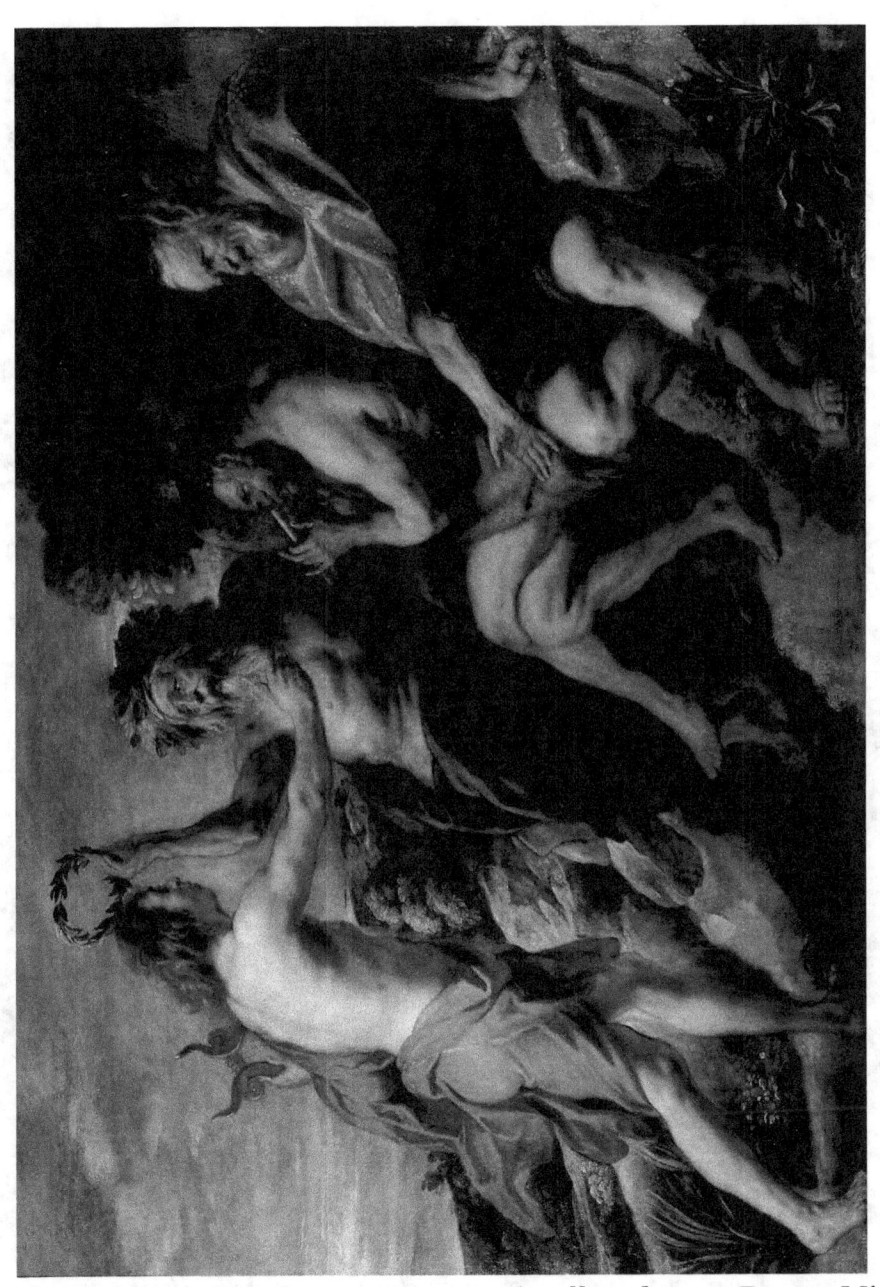

Jacob Jordaens, *Tmolos couronnant Apollon devant Pan et Midas*

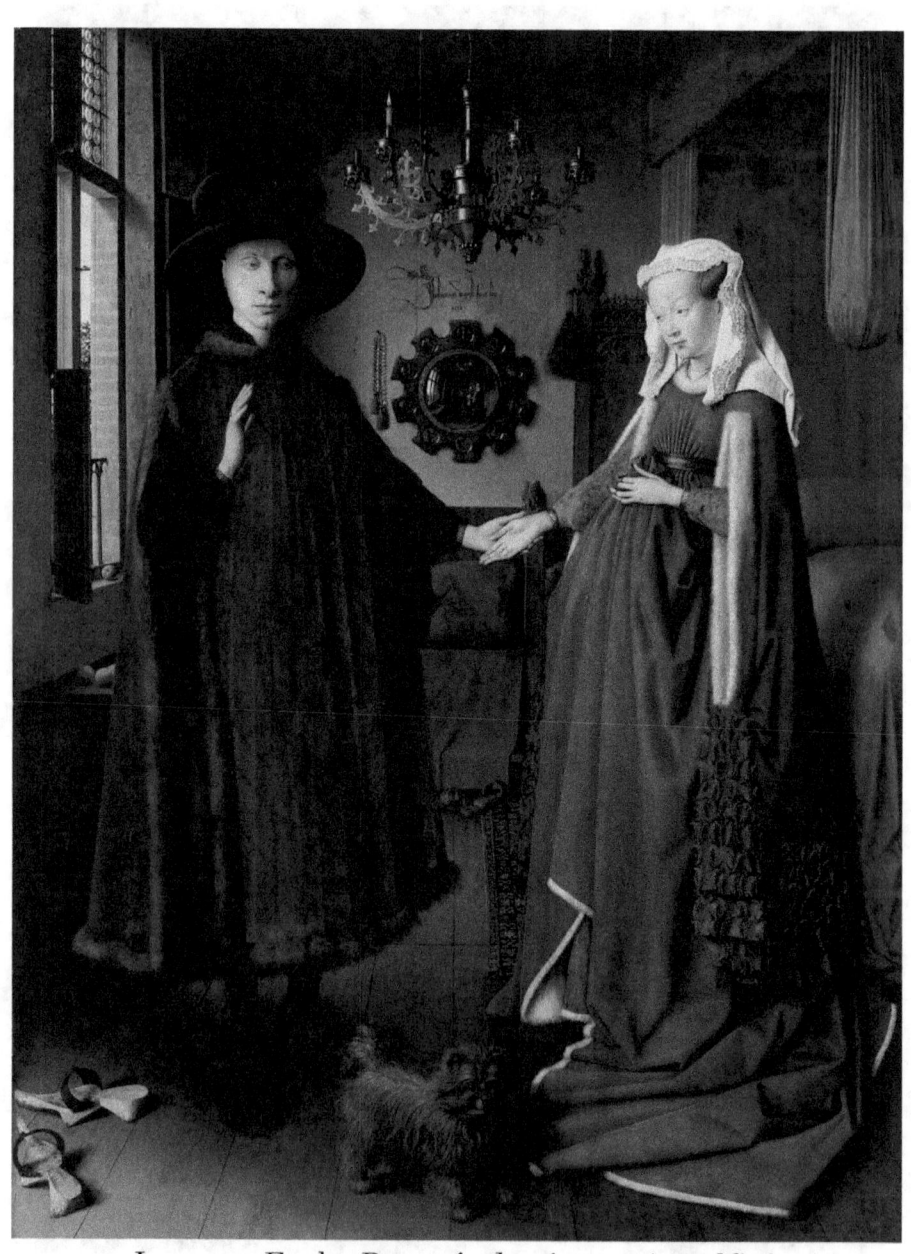

Jean van Eyck, *Portrait des époux Arnolfini*

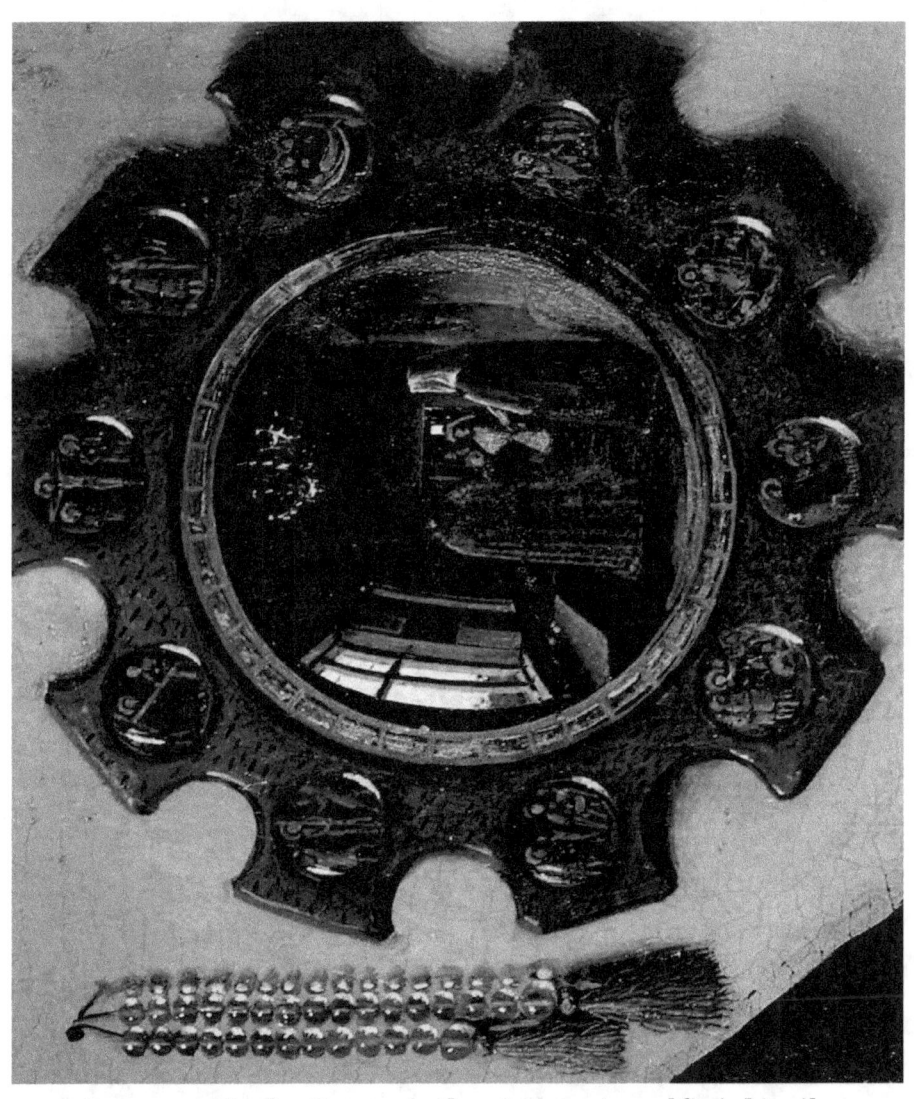

Jean van Eyck, *Portrait des époux Arnolfini*, détail

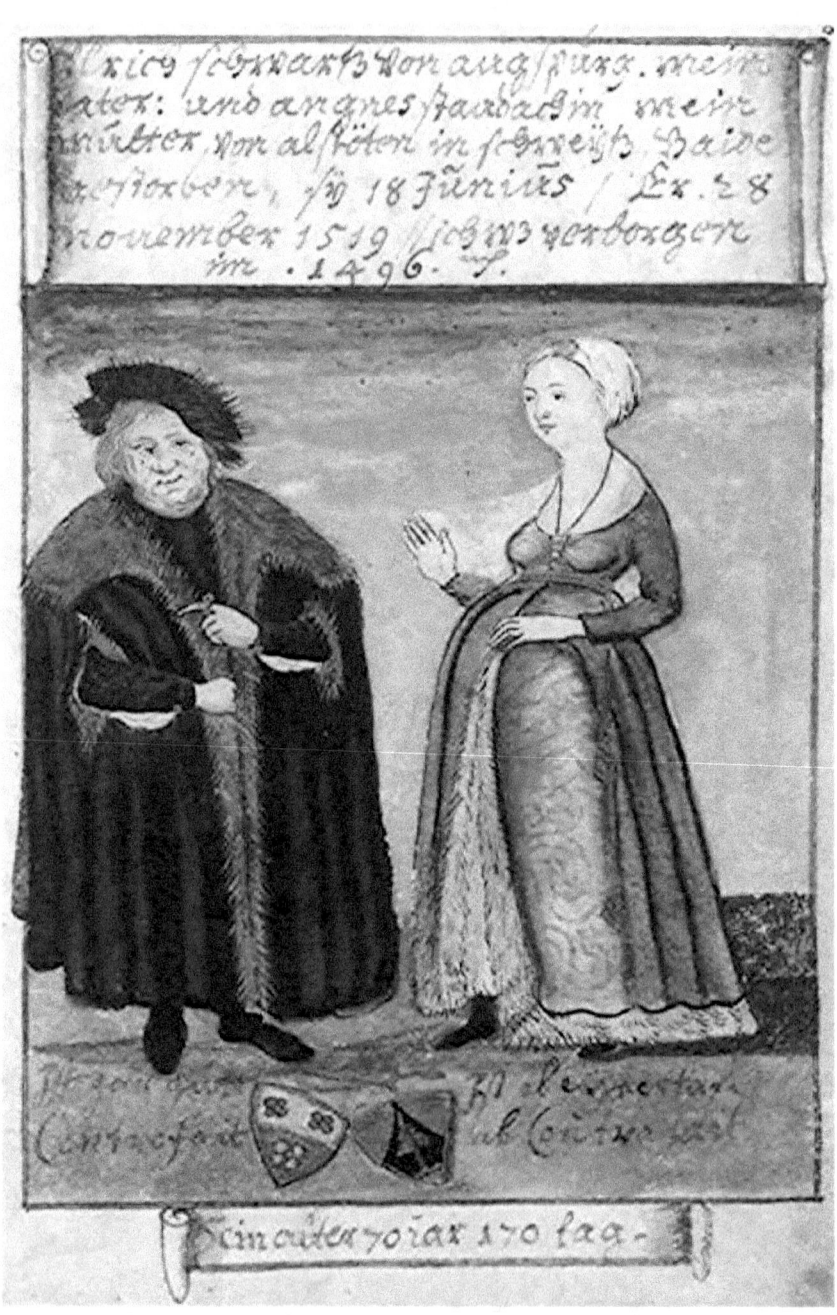

Matthäus Schwarz, *"Ich war verborgen im 1496"*

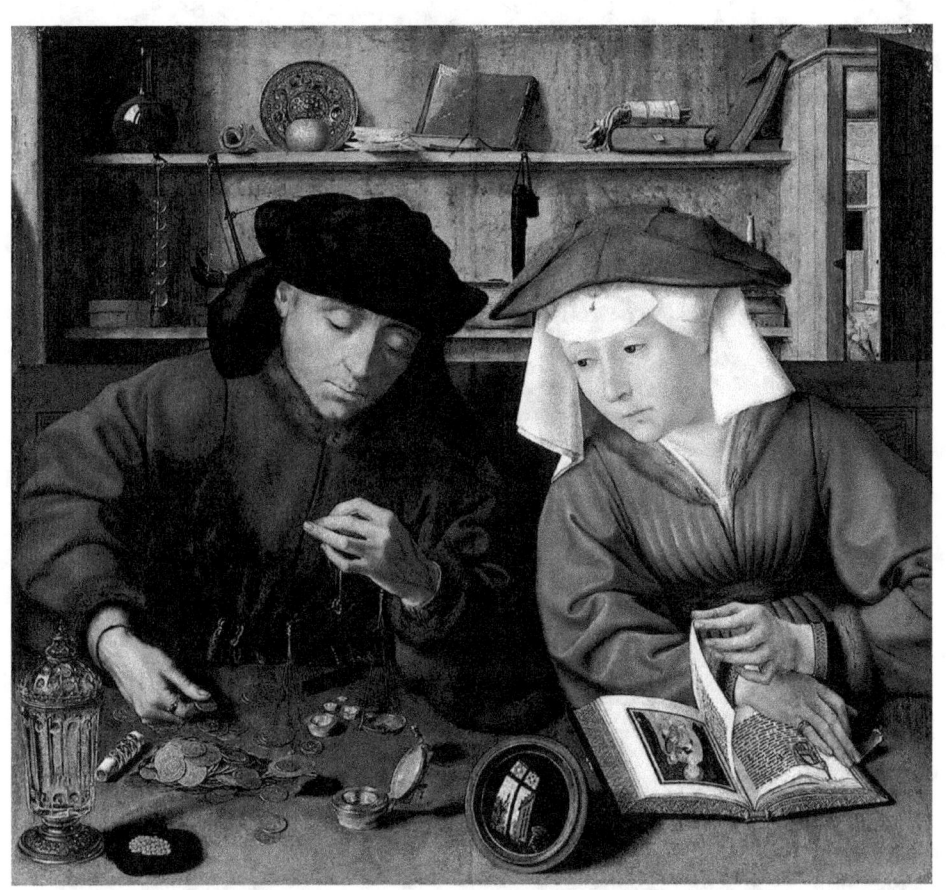

Quinten Metsys, *Le Changeur et sa femme*

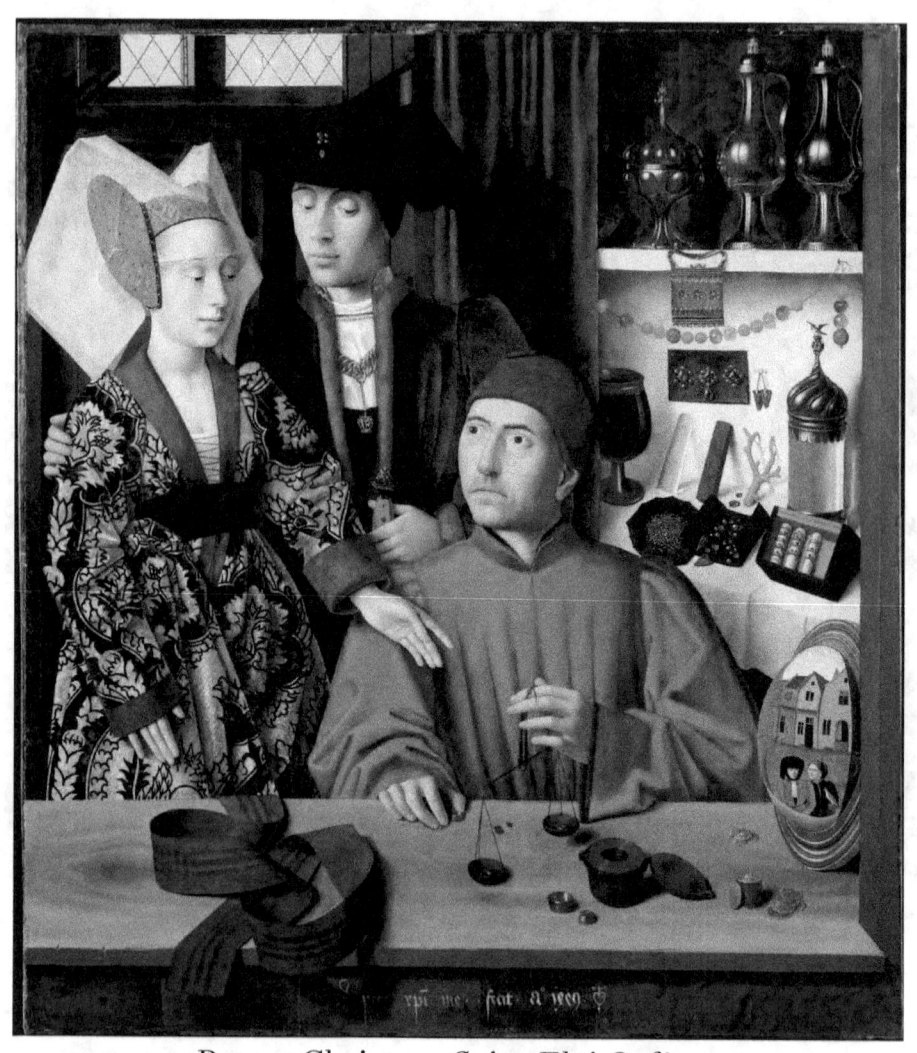

Petrus Christus, *Saint Eloi Orfèvre*

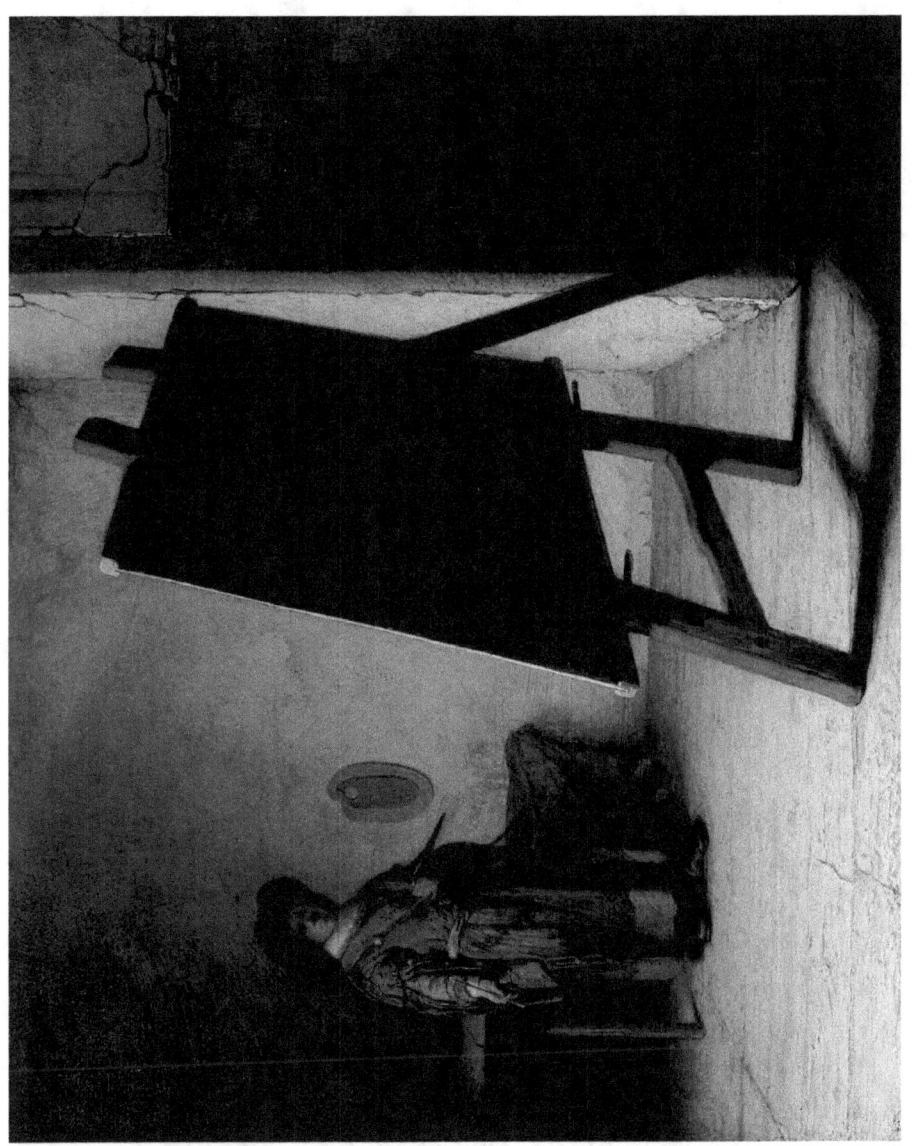

Rembrandt van Rijn, *L'Artiste à son étude*

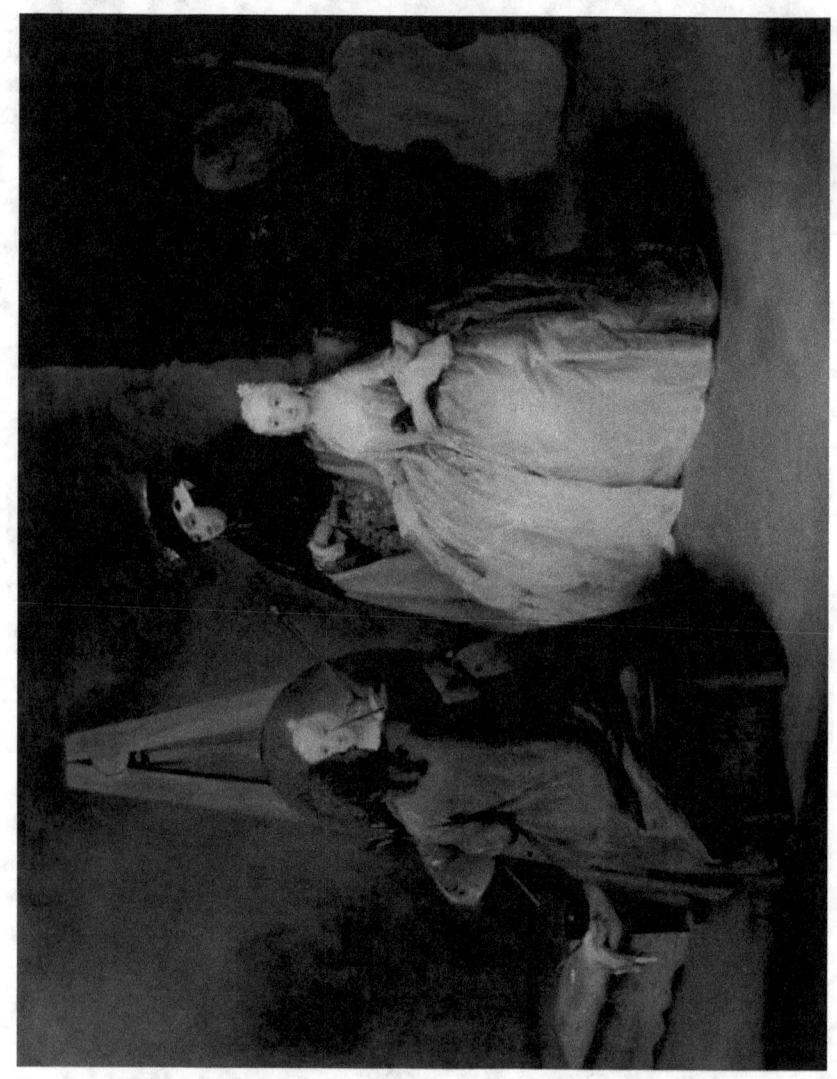

Pietro Longhi, *L'artiste dans son atelier*

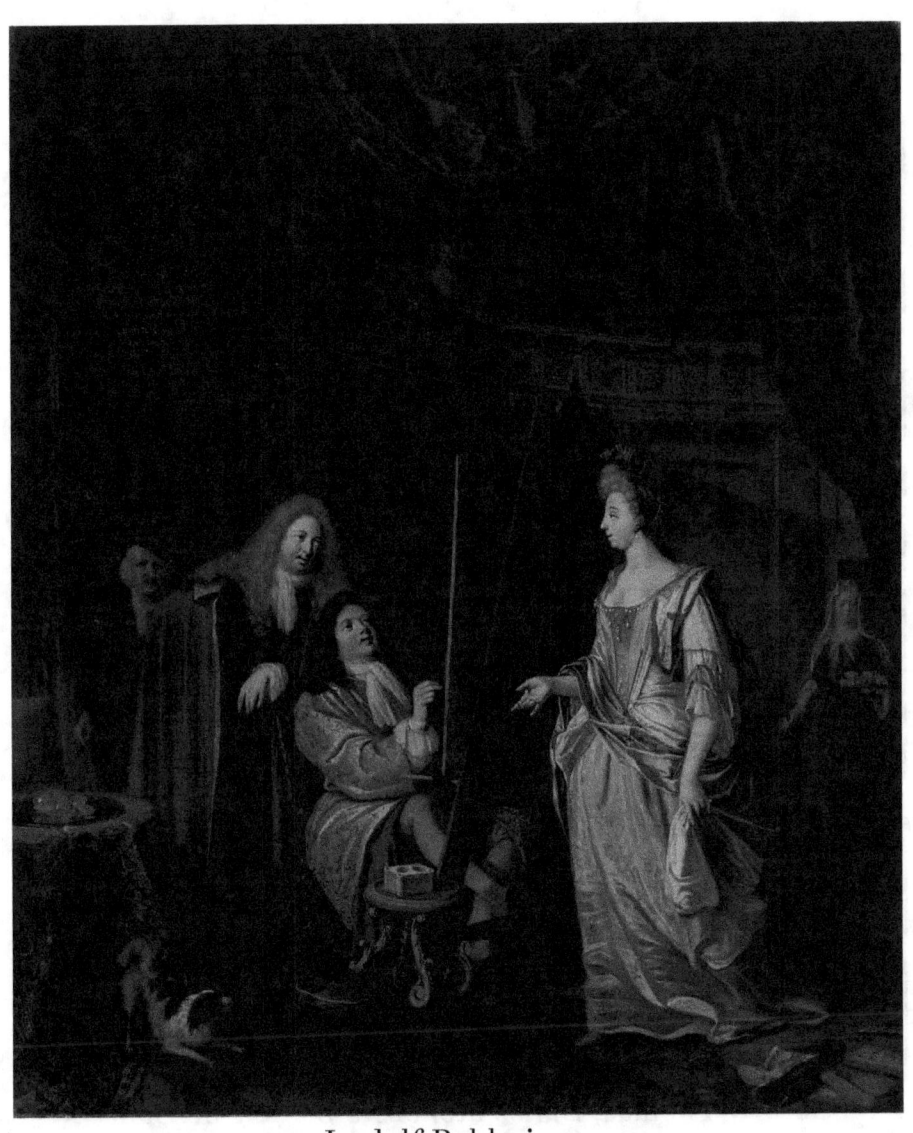

Ludolf Bakhuizen,
Een schilder in zijn atelier, een dame portretterend

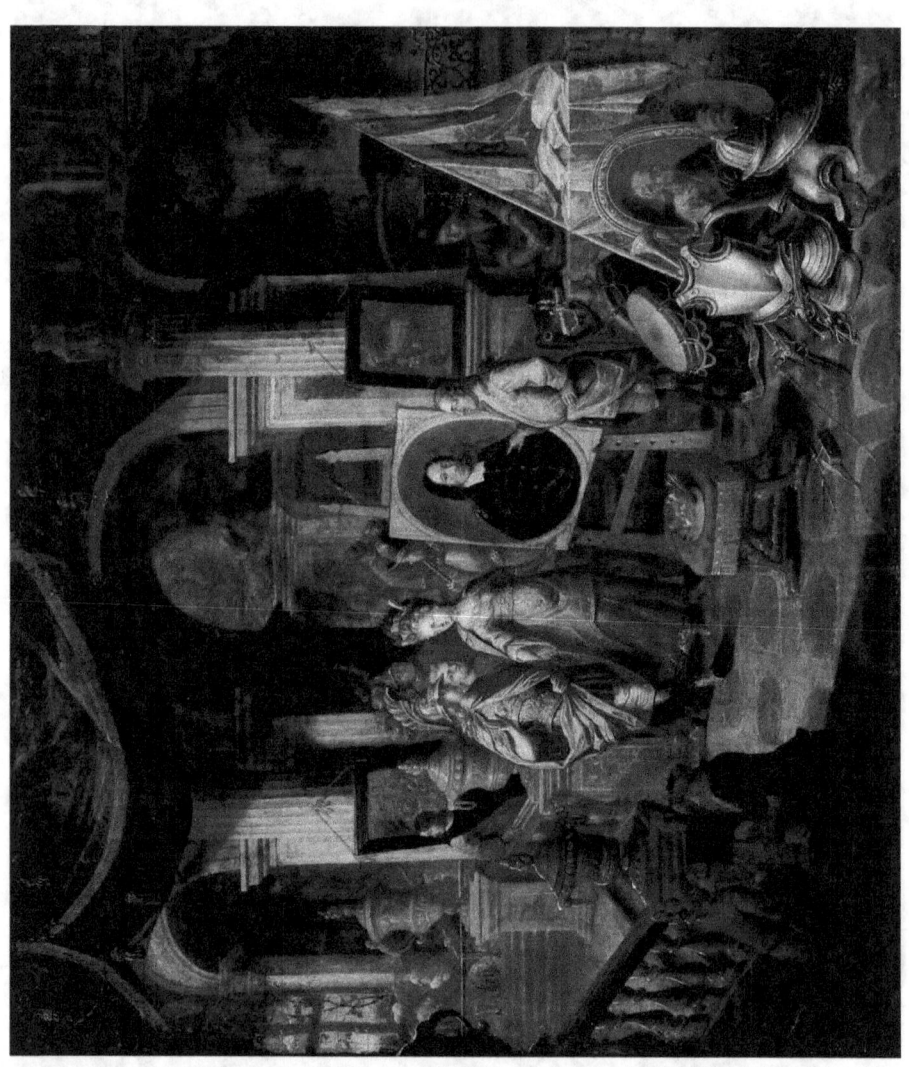

Gérard Thomas, *Dans l'atelier du peintre de Cour*

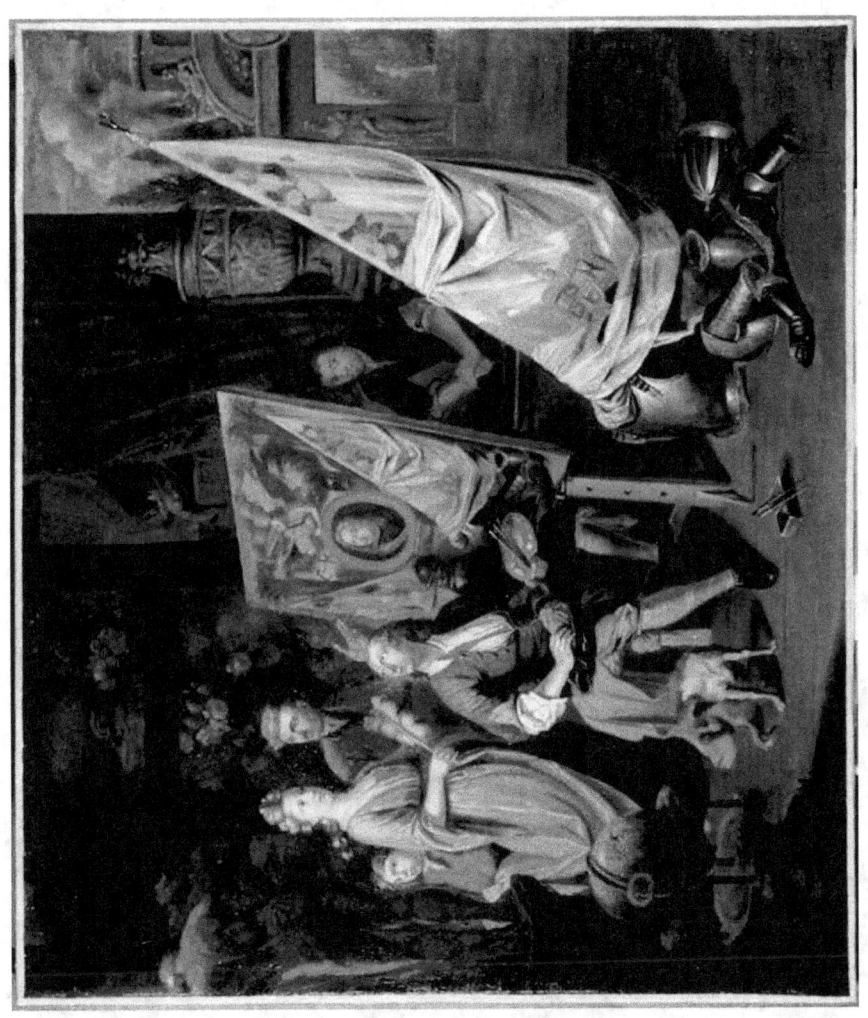

Gérard Thomas, *La Peinture*

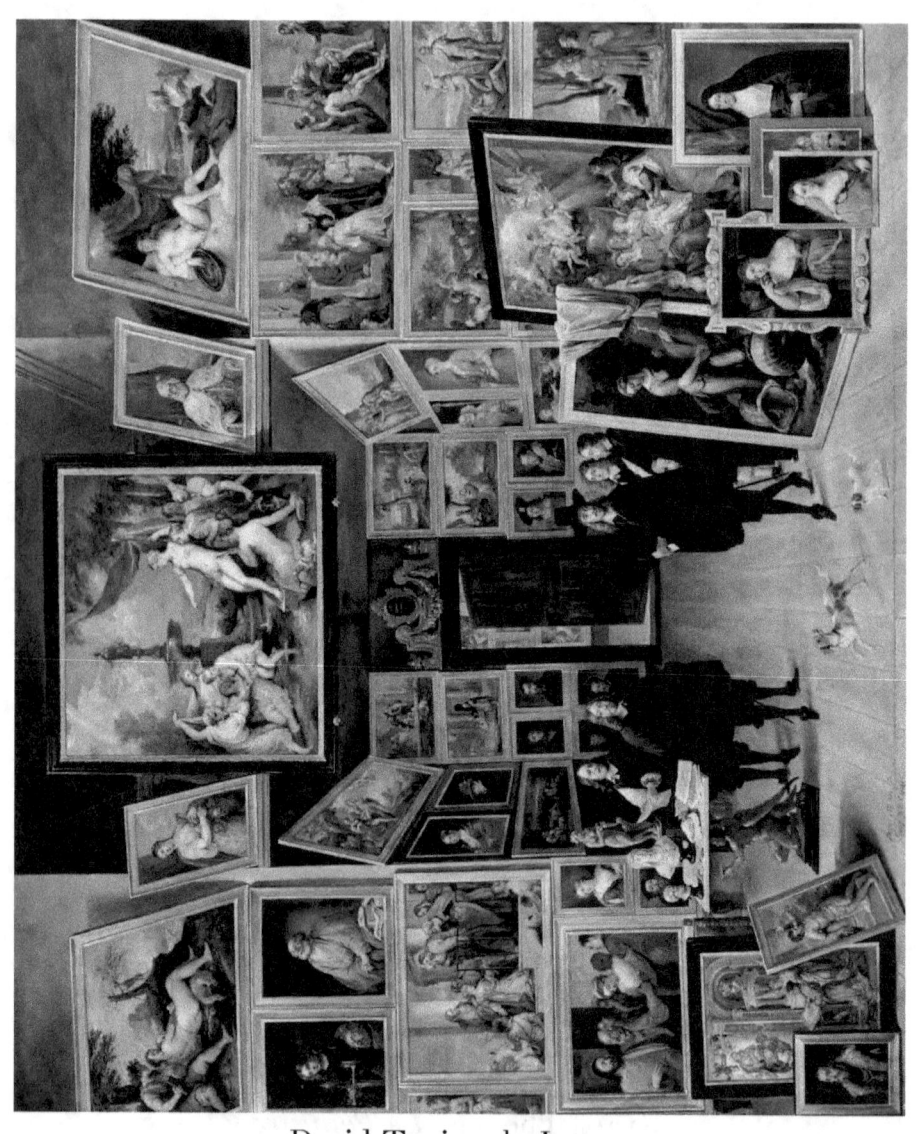

David Teniers le Jeune,
L'Archiduc Léopold-Guillaume dans sa galerie à Bruxelles

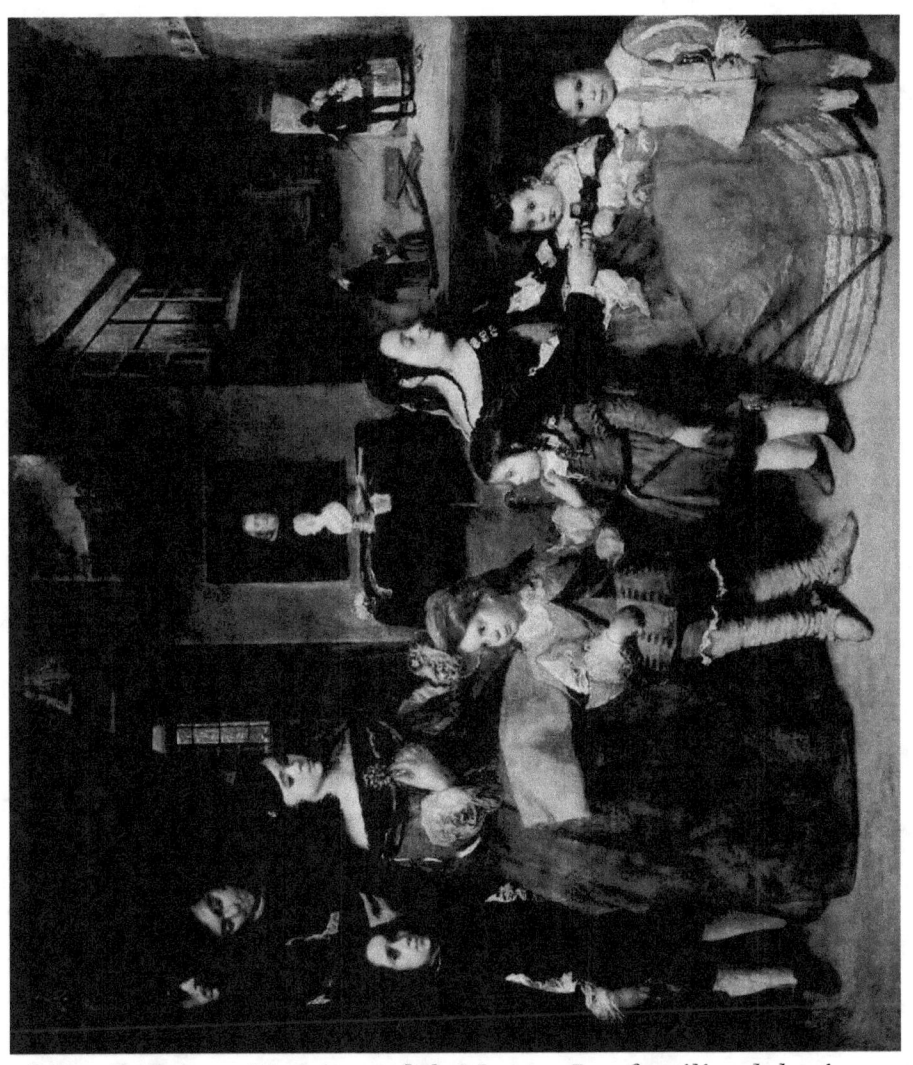

Juan Bautista Martínez del Mazo, *La familia del pintor Juan Bautista Martínez del Mazo*

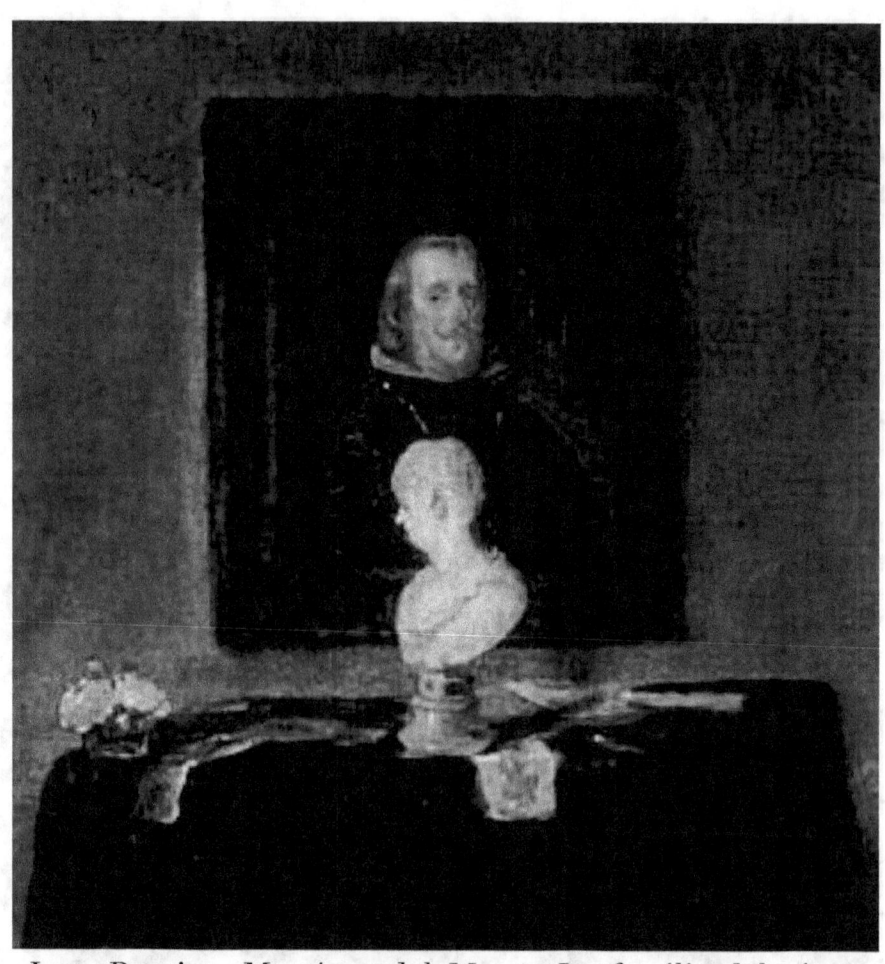

Juan Bautista Martínez del Mazo, *La familia del pintor Juan Bautista Martínez del Mazo*, détail

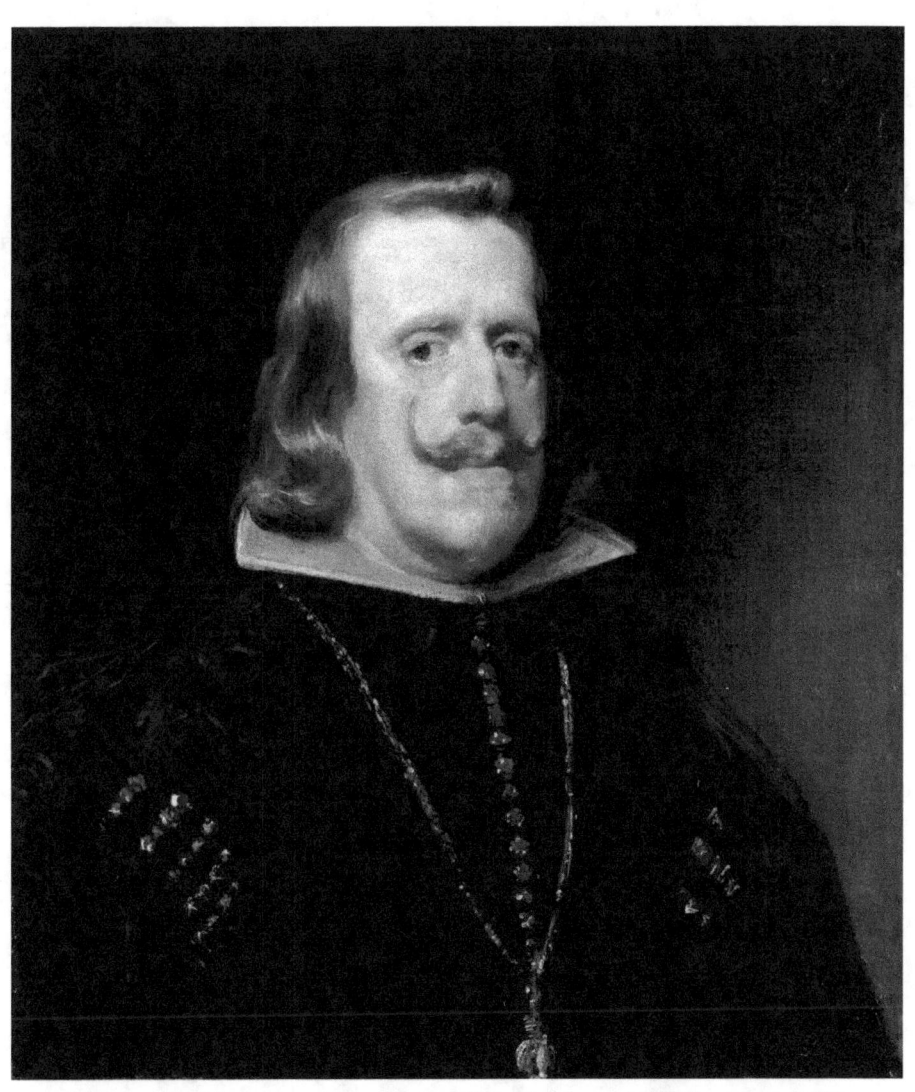

Diego Velázquez, *Enrique IV*, National Gallery, 1657

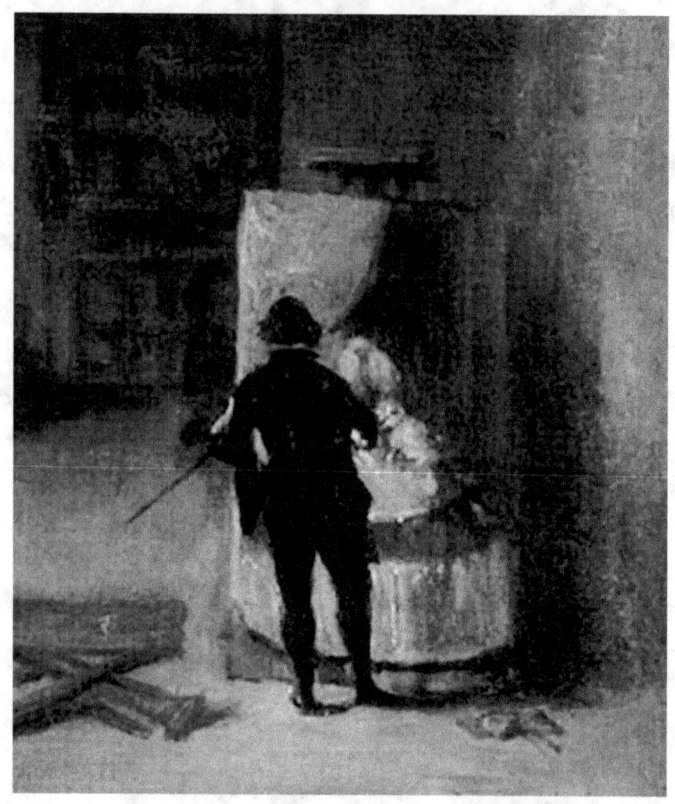

Juan Bautista Martínez del Mazo, *La familia del pintor Juan Bautista Martínez del Mazo*, détail

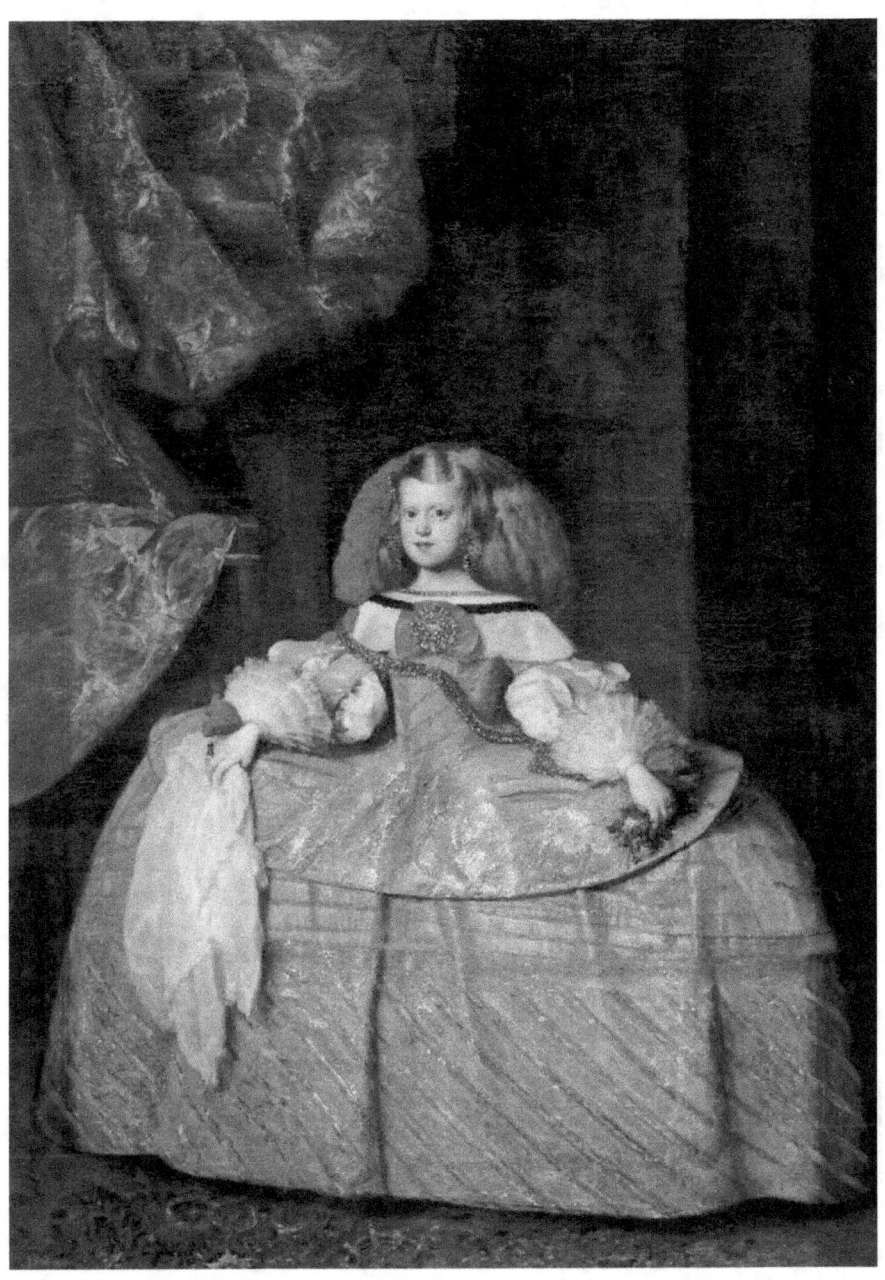

Diego Velázquez ou Juan Bautista Martínez del Mazo, *La infanta doña Margarita de Austria*, 1660

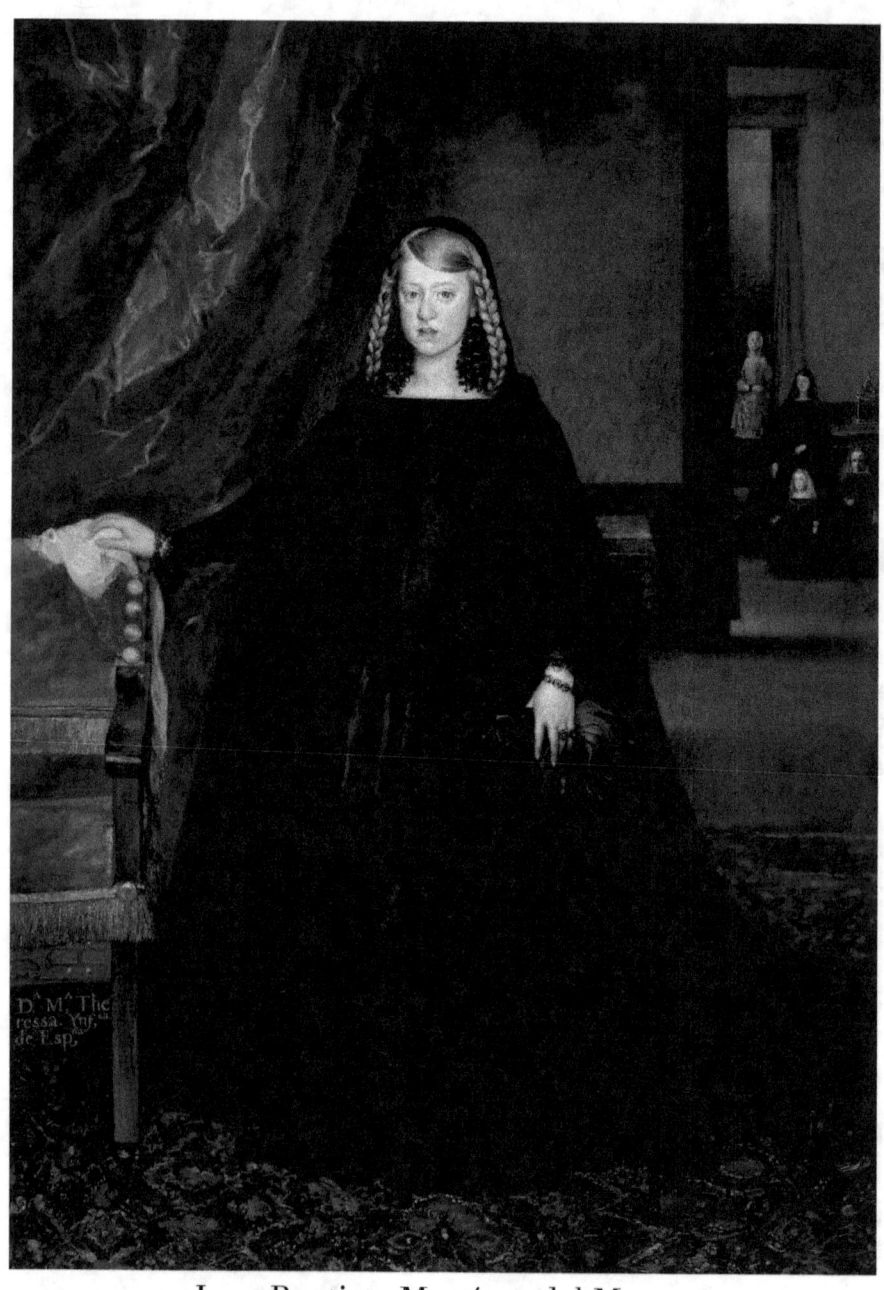

Juan Bautista Martínez del Mazo,
L'infante Marguerite Thérèse portant le deuil de son père

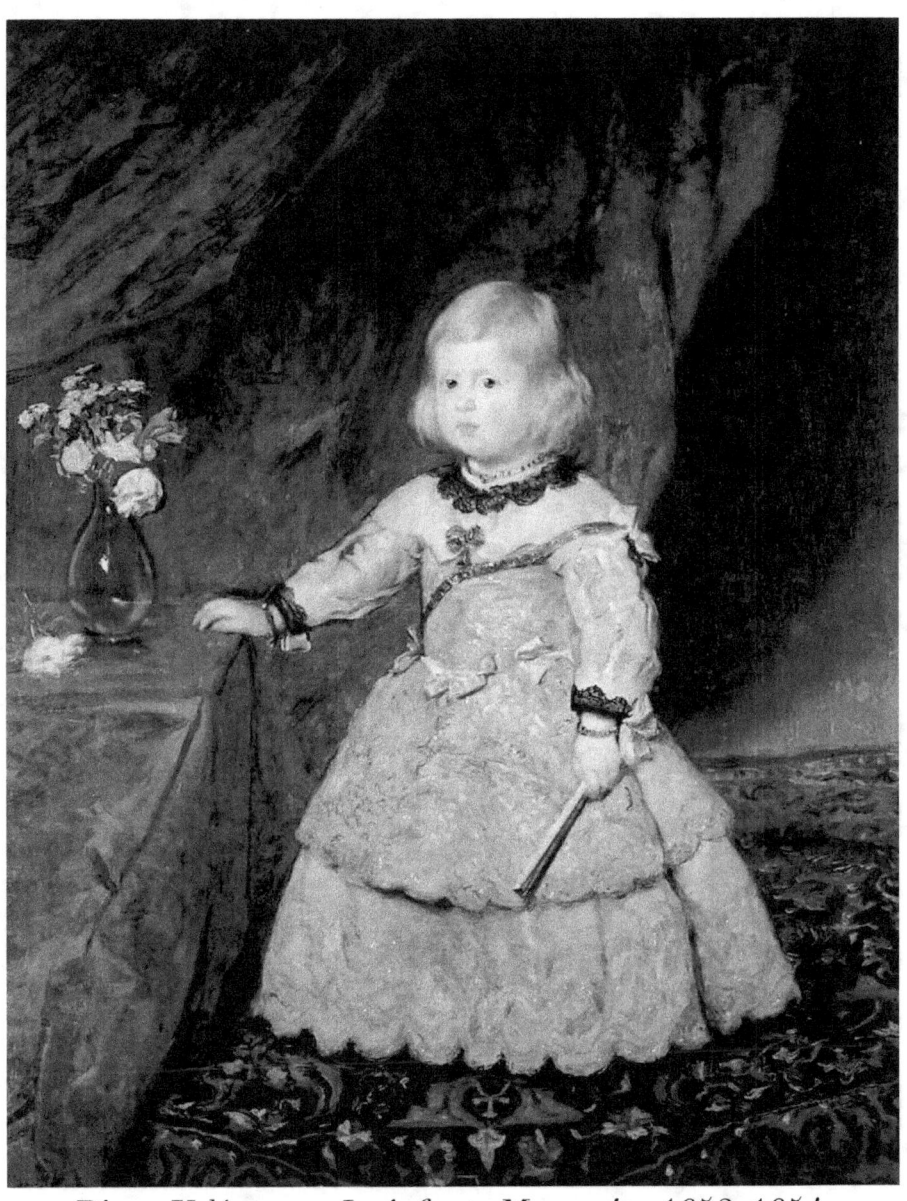

Diego Velázquez, *La infanta Margarita*, 1653-1654

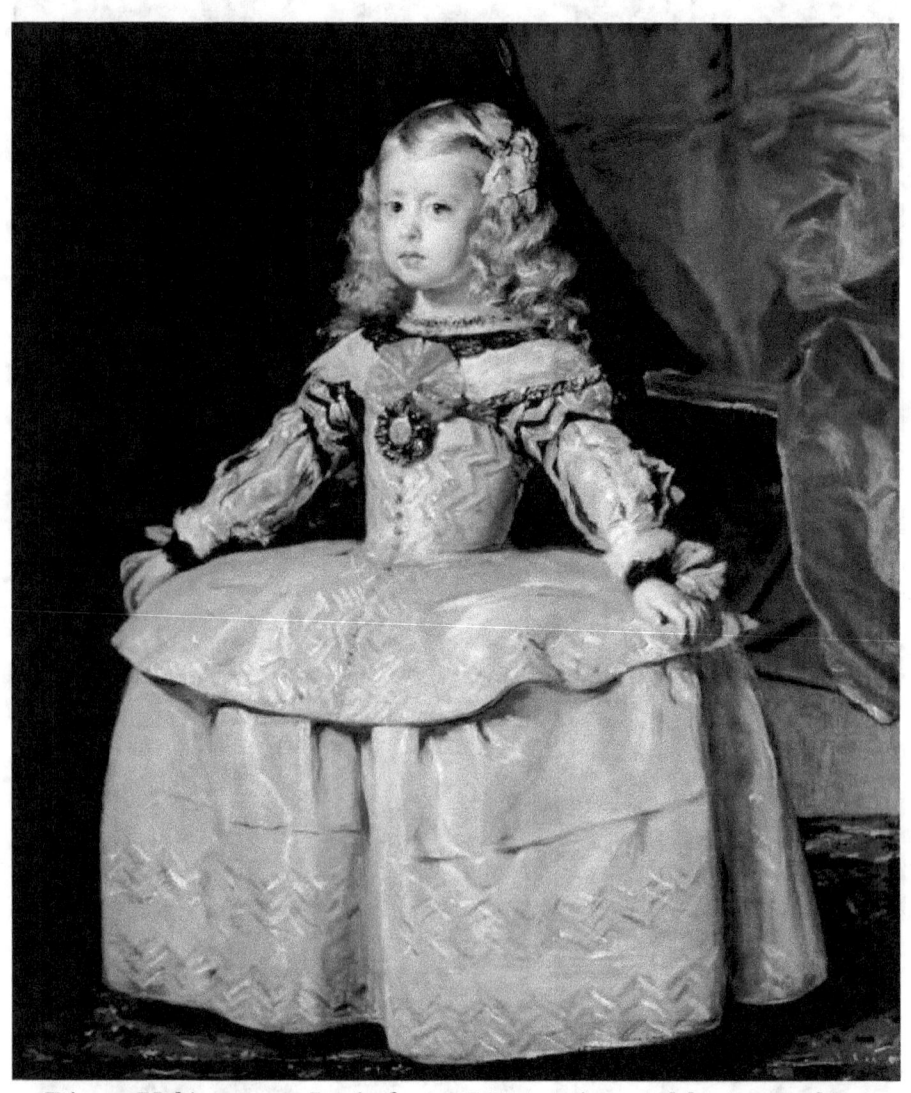

Diego Velázquez, *La infanta Margarita en blanco y plata*

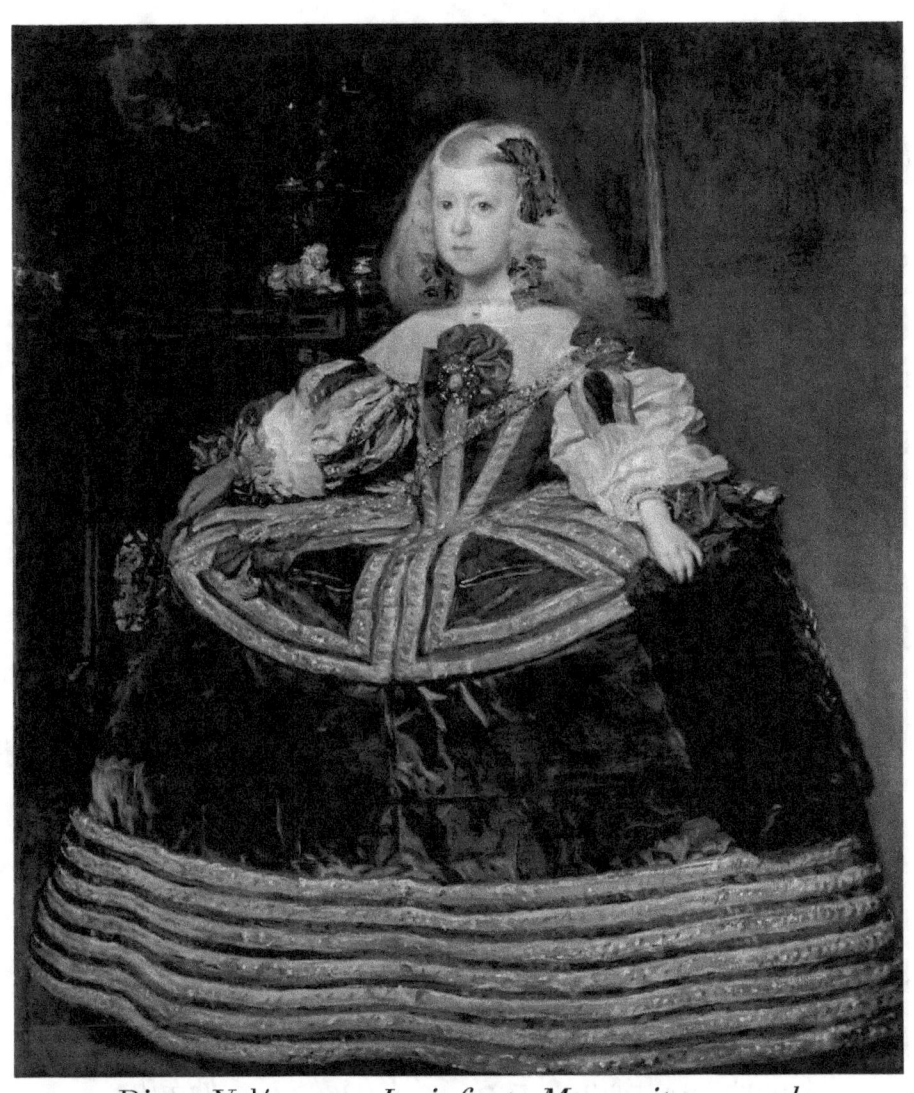

Diego Velázquez, *La infanta Margarita en azul*

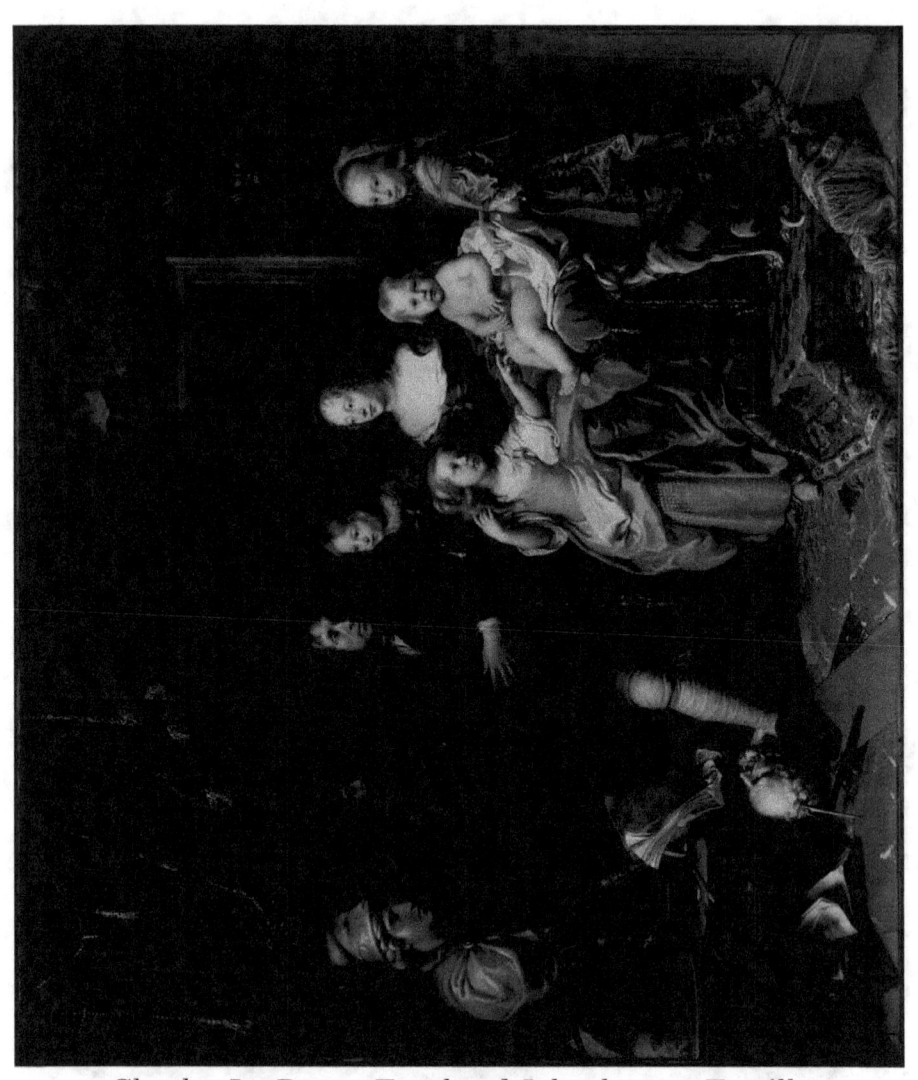

Charles Le Brun, *Everhard Jabach et sa Famille*

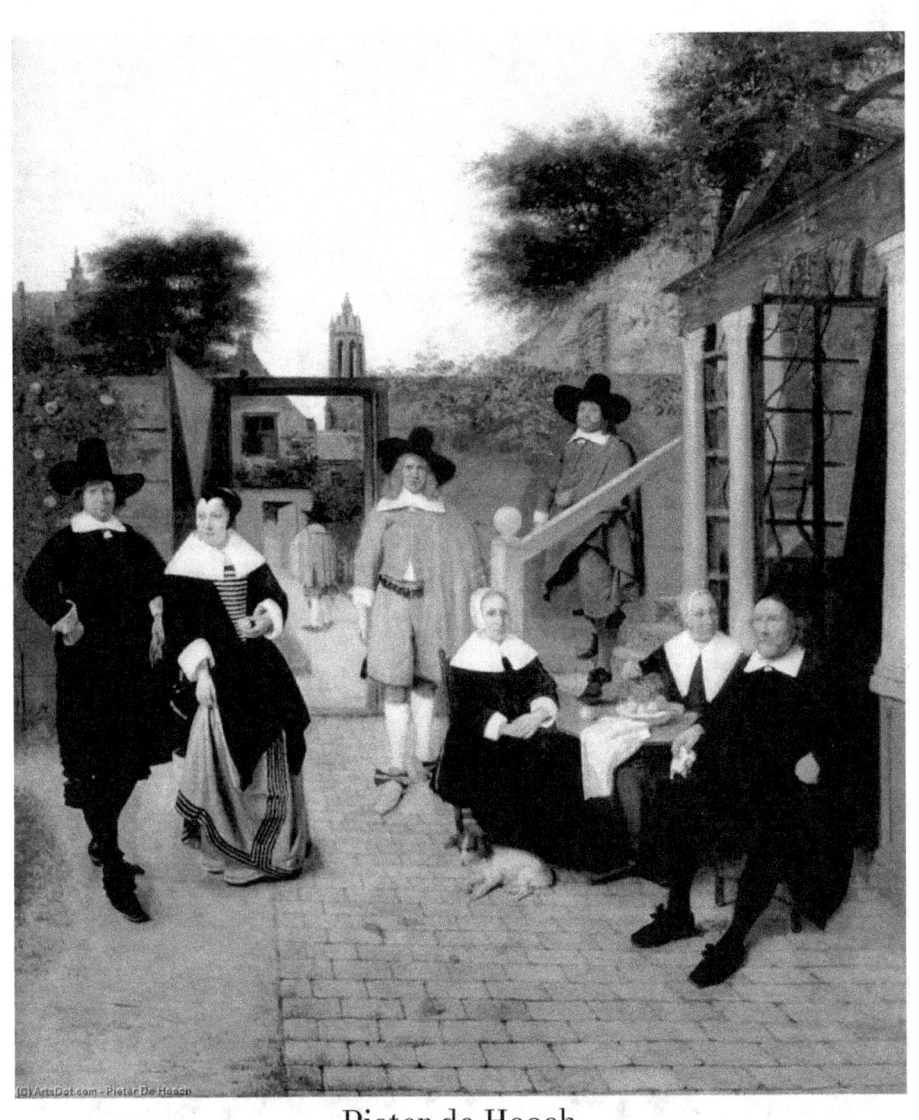

Pieter de Hooch,
Portrait d'une famille dans une cour de Delft

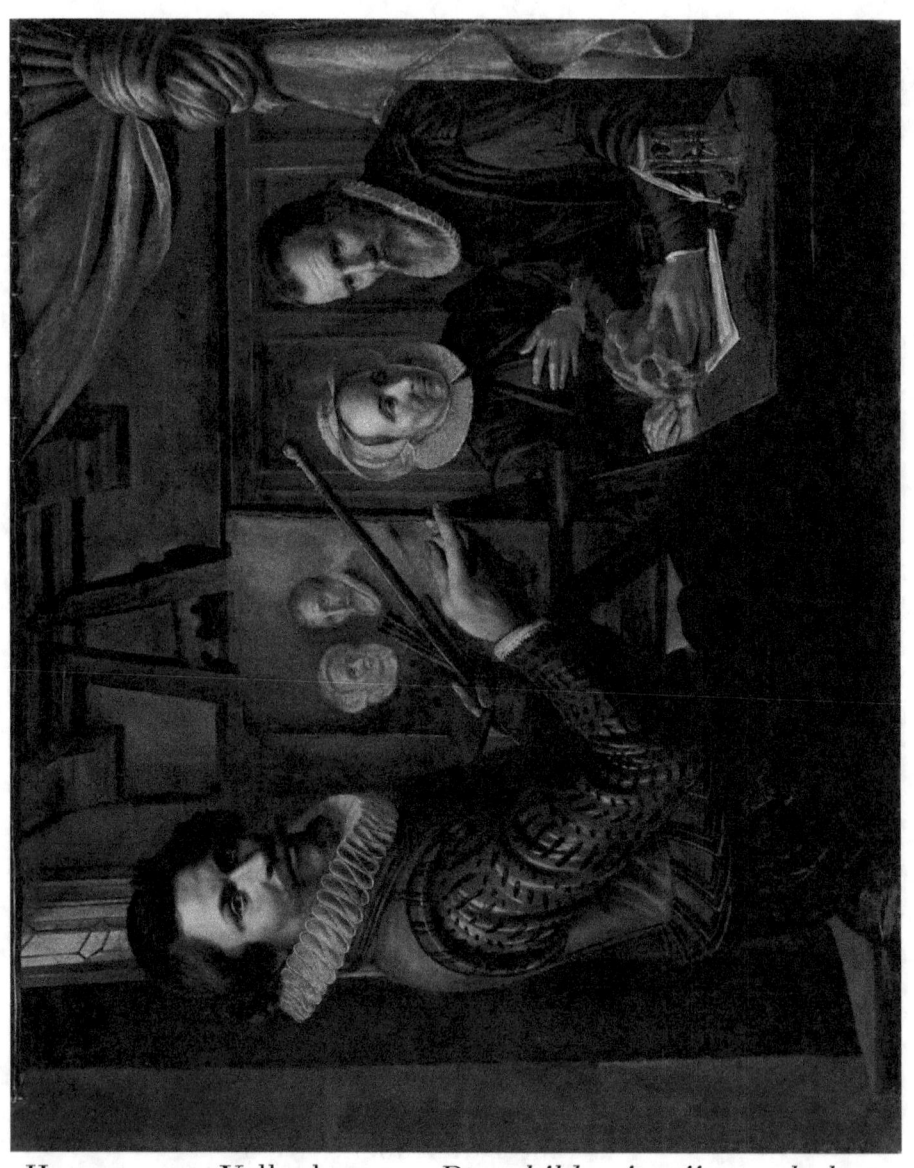

Herman van Vollenhoven, *De schilder in zijn werkplaats bezig met het portretteren van een echtpaar*

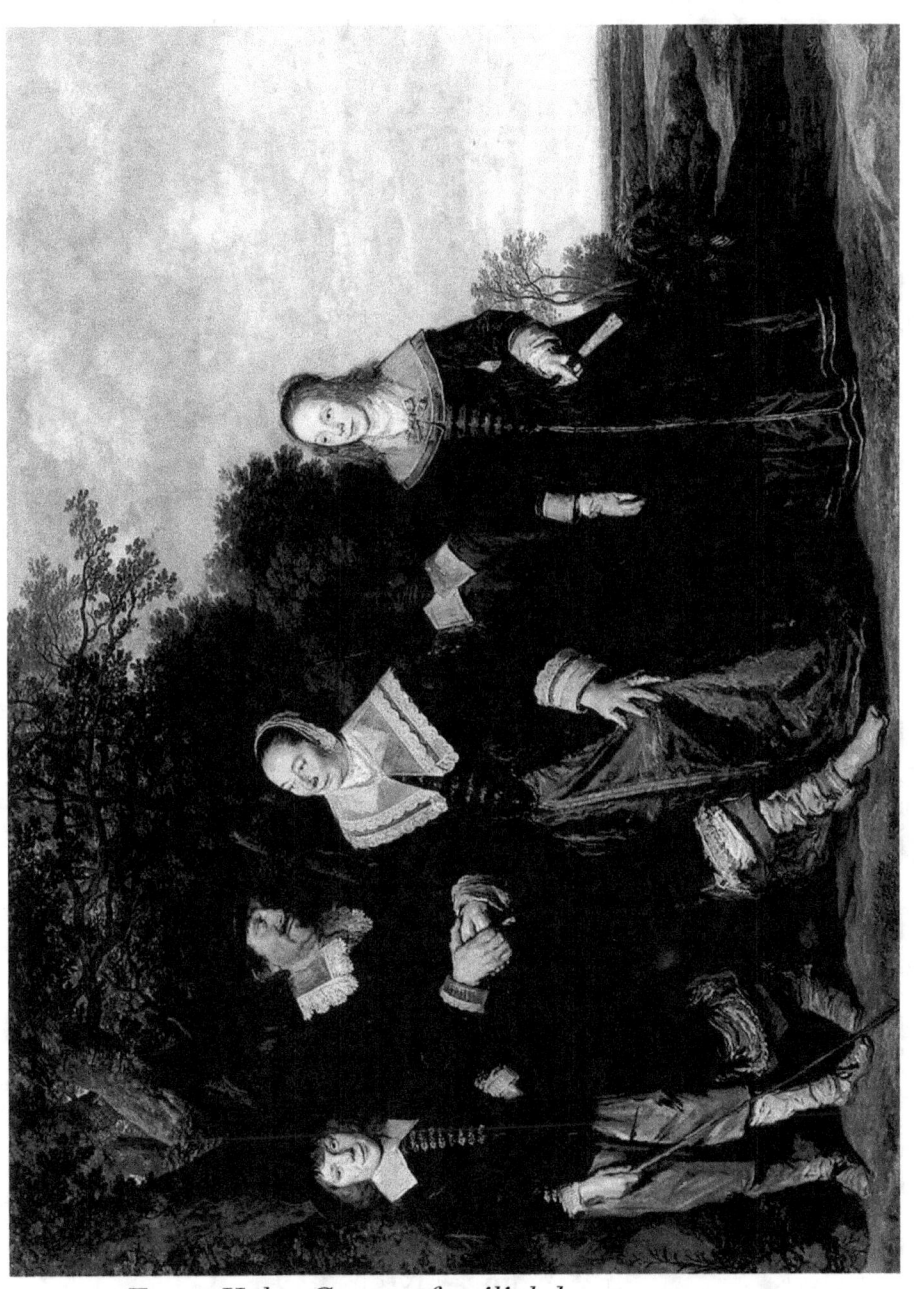

Frans Hals, *Groupe familial dans un paysage*

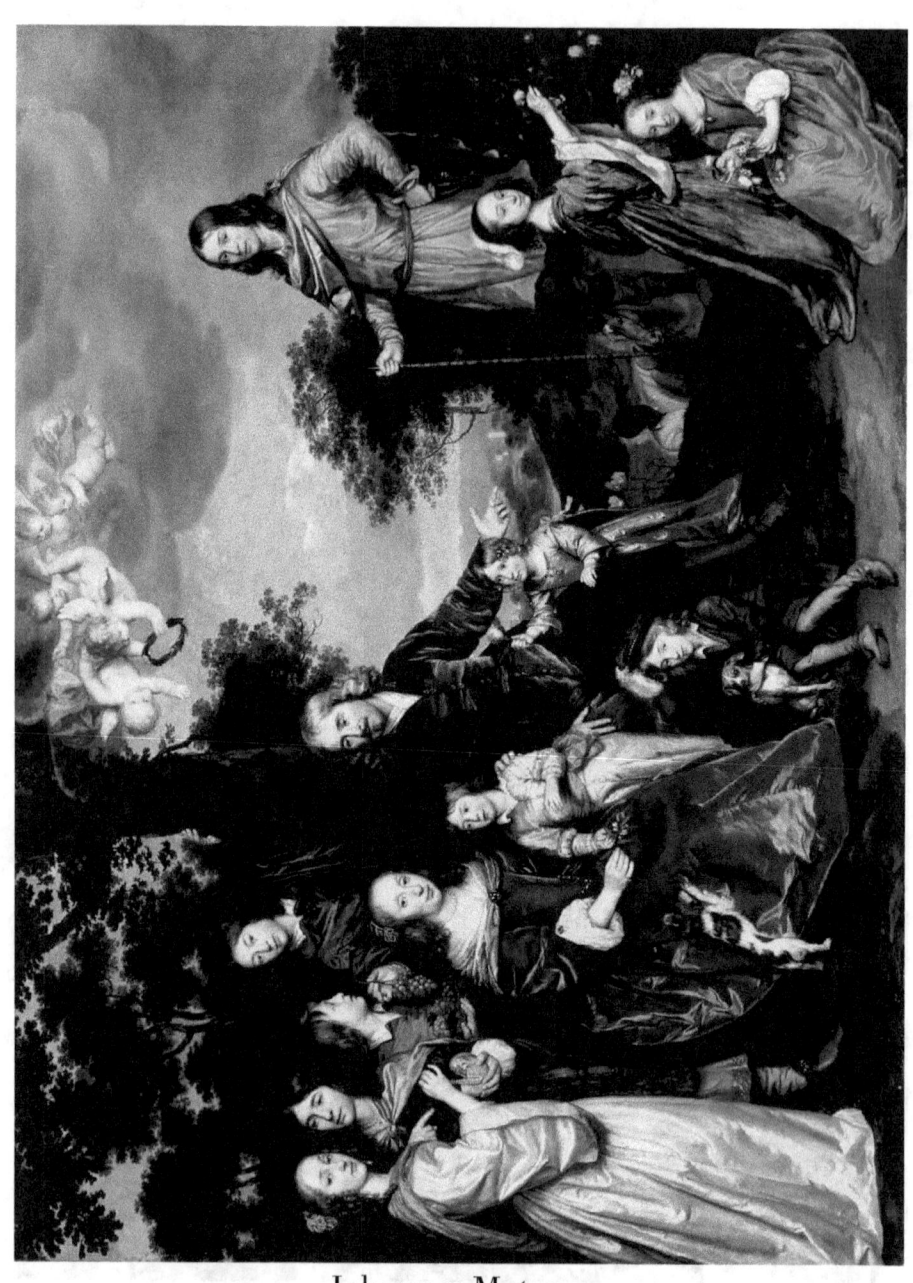

Johannes Mytens,
Familieportret van Willem van Kerckhoven

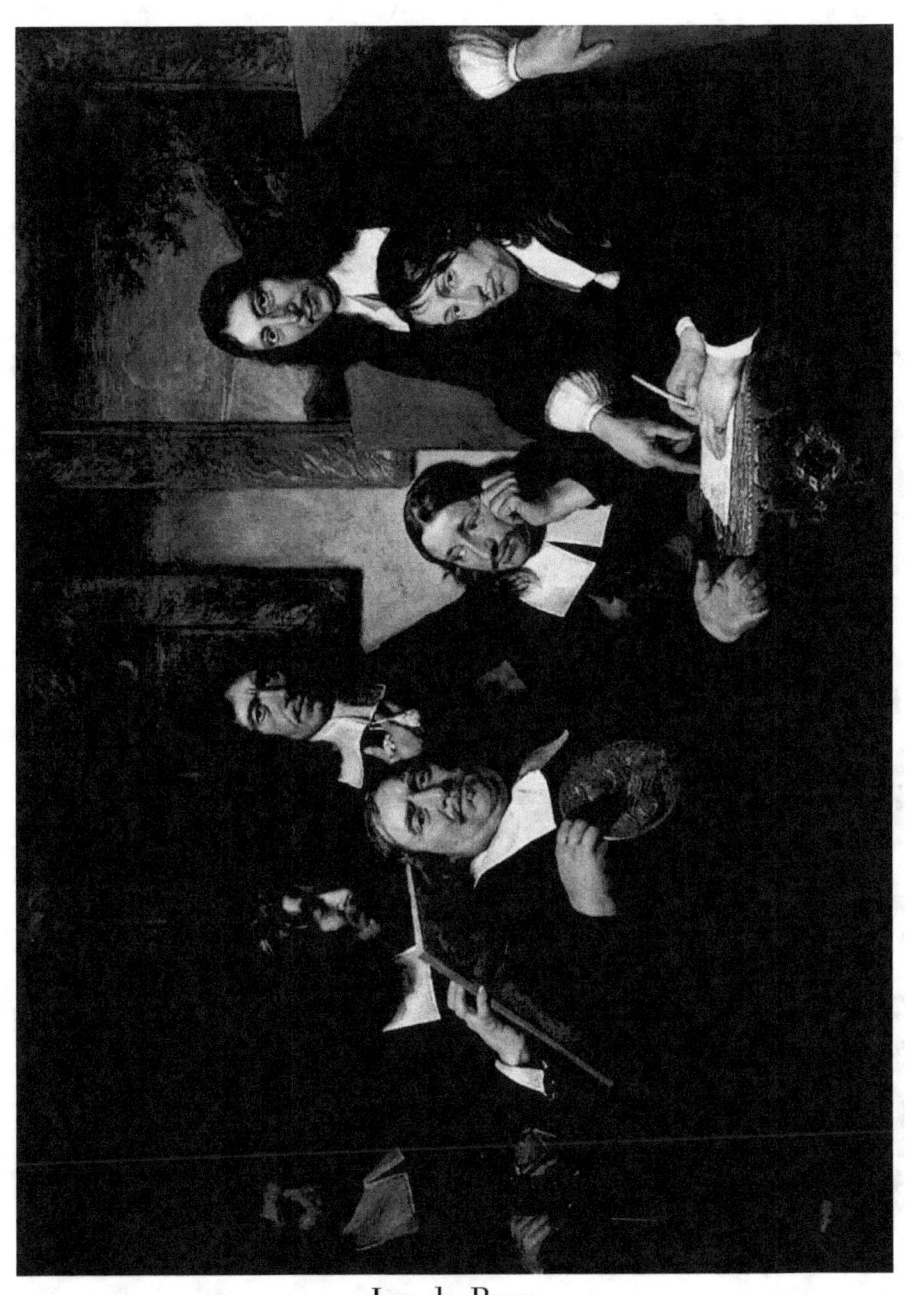

Jan de Bray,
Les gouverneurs de la Guilde de Saint-Luc, Haarlem

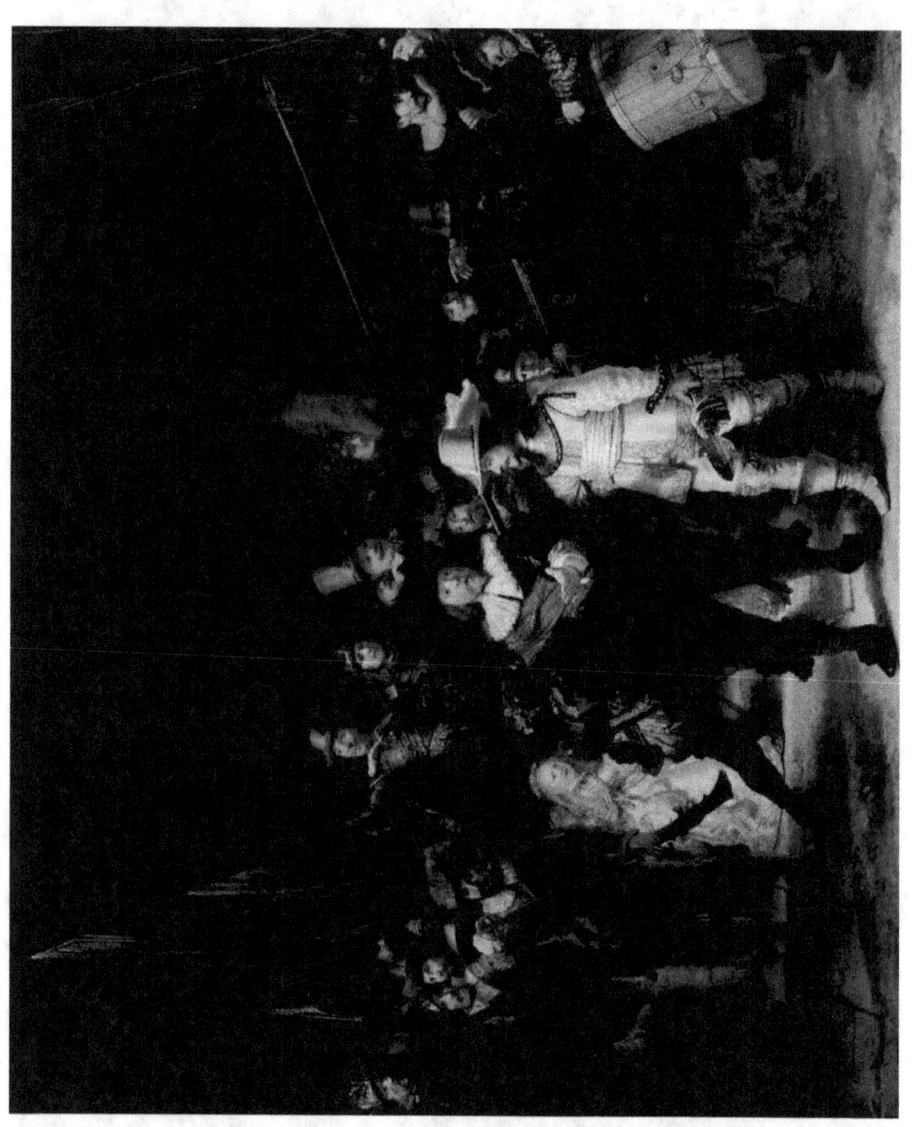

Rembrandt van Rijn, *La Ronde de Nuit*

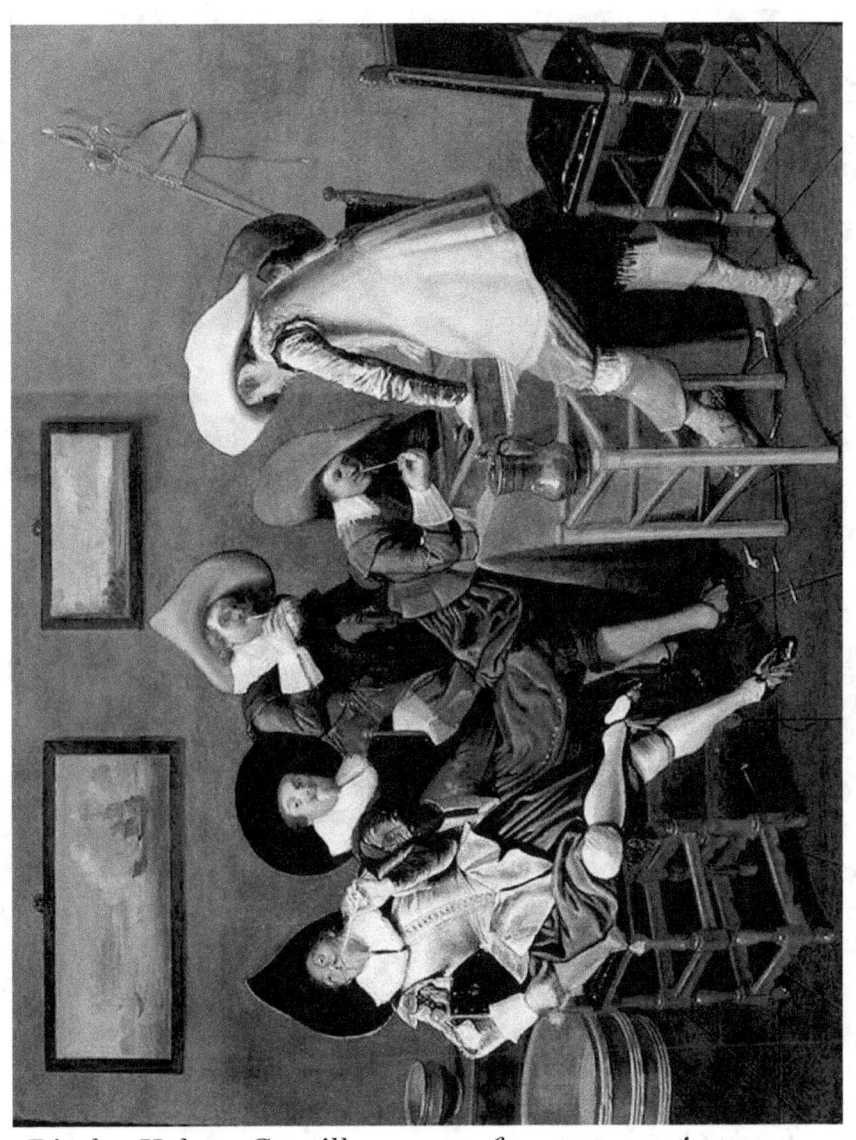

Dirck Hals, *Gentilhommes fumant et jouant au backgammon dans un intérieur*

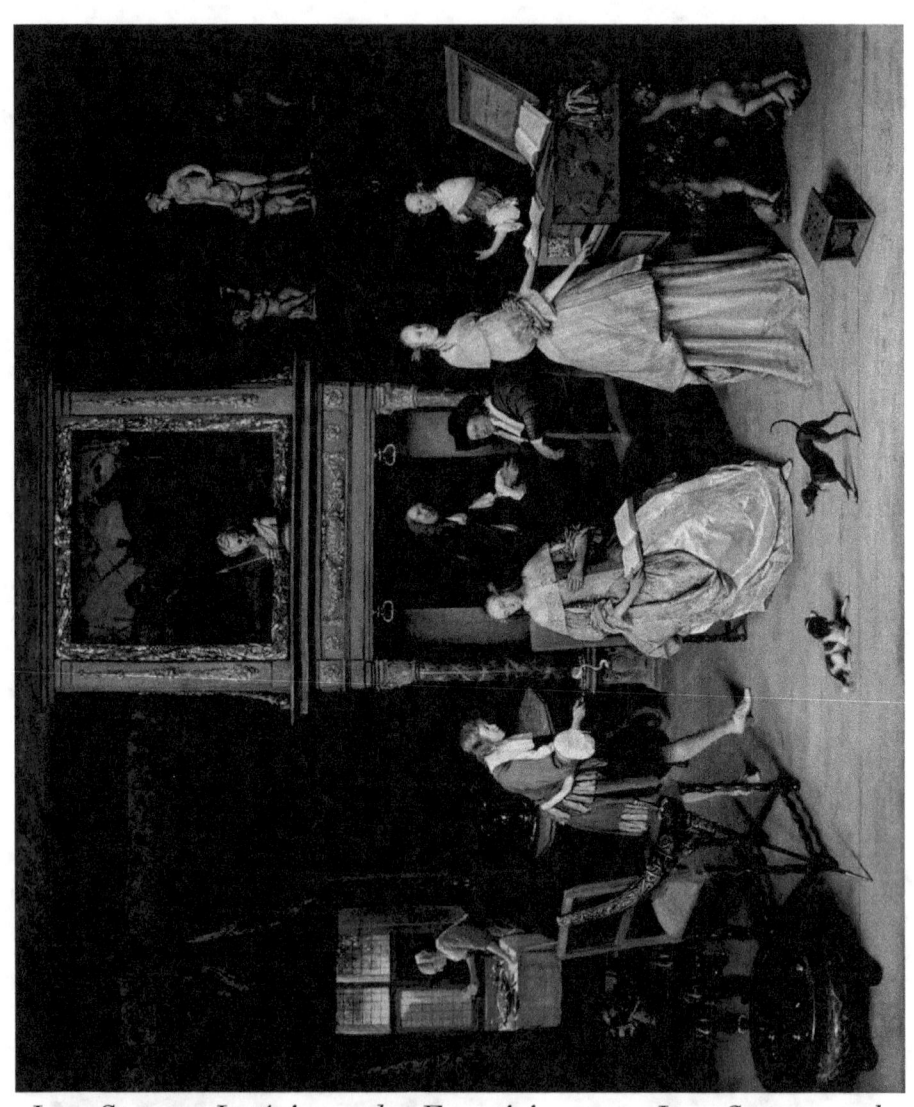

Jan Steen, *Intérieur de Fantaisie avec Jan Steen et la famille de Gerrit Schouten*

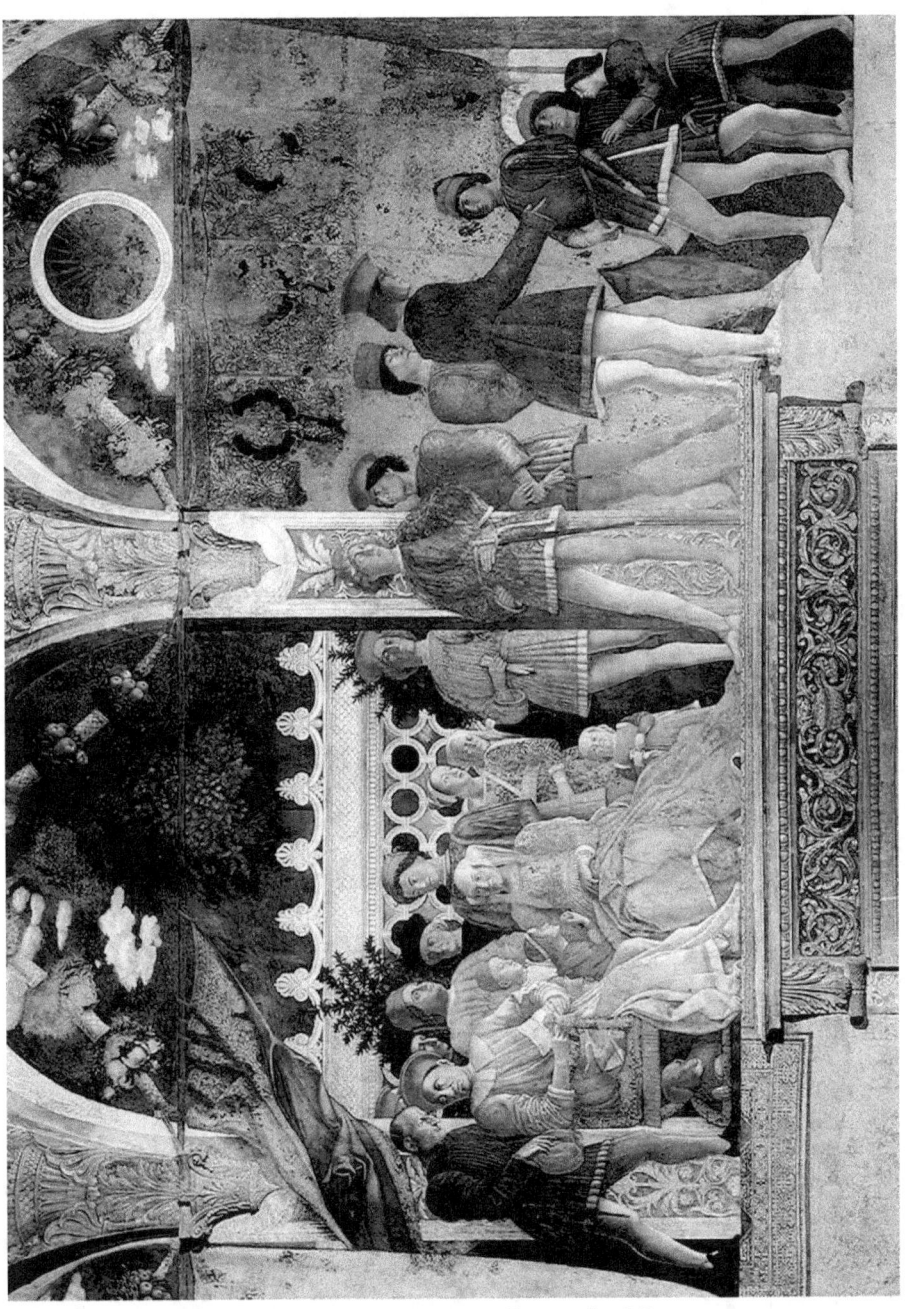

Andrea Mantegna, *La Cour de Mantoue*

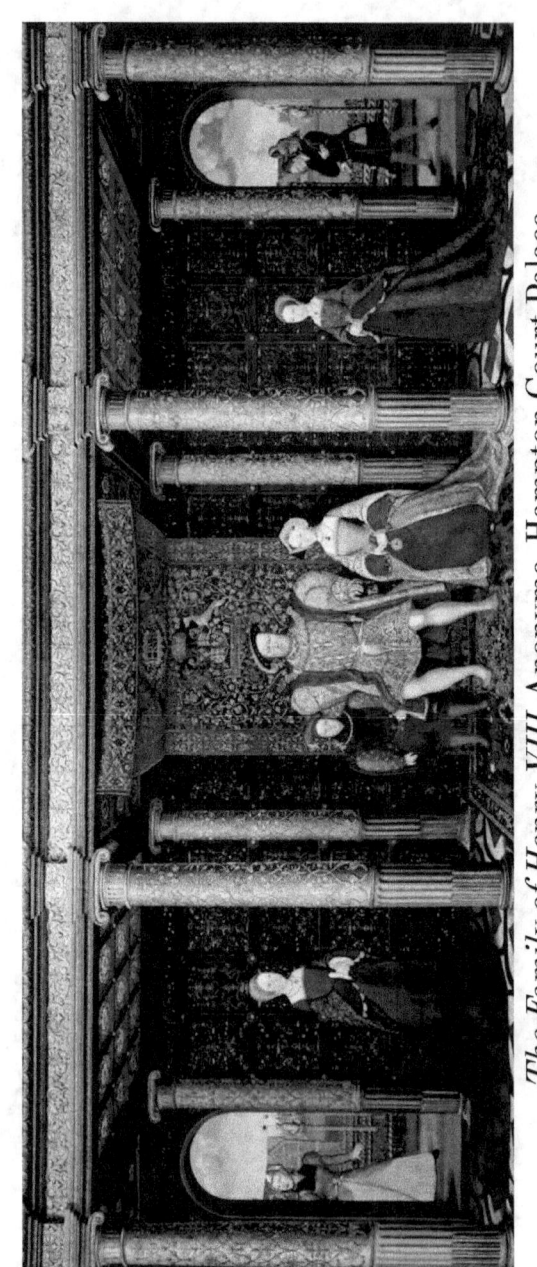

The Family of Henry VIII, Anonyme, Hampton Court Palace

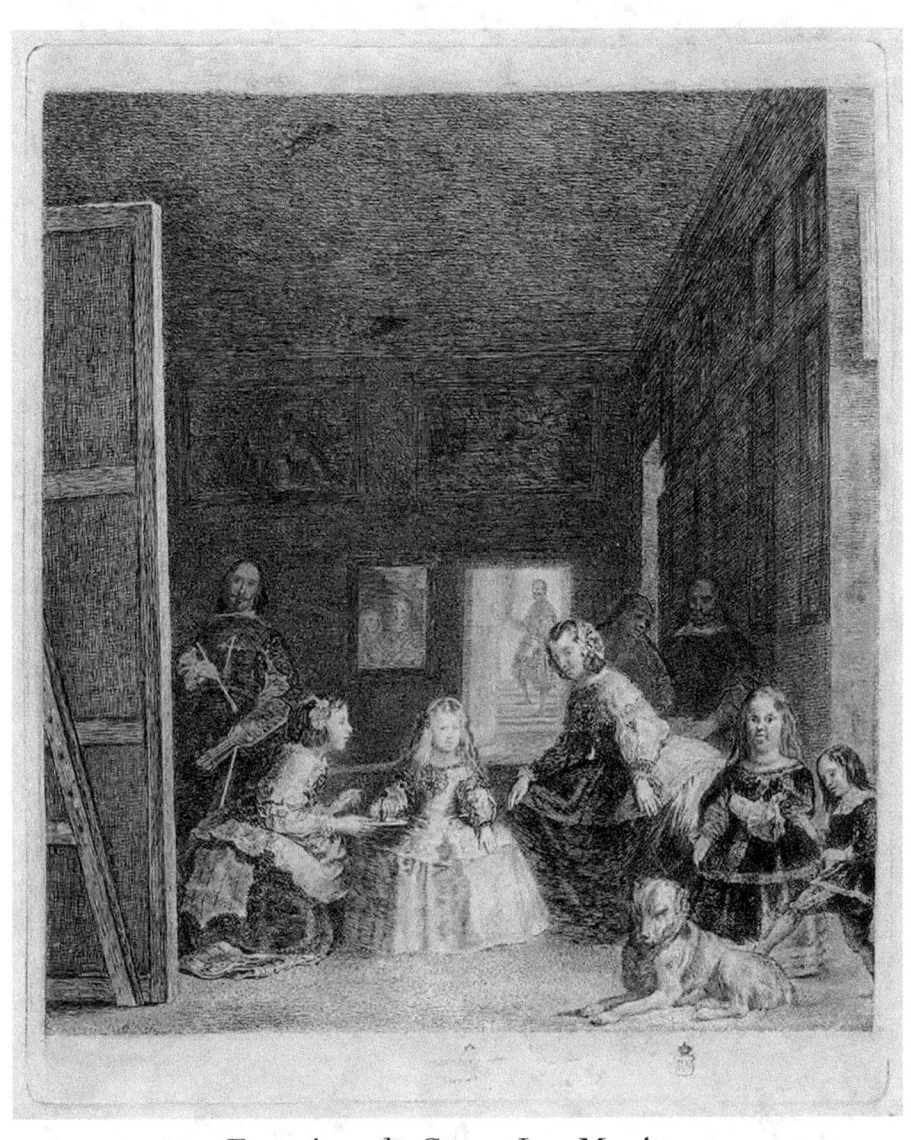

Francisco de Goya, *Las Meninas*

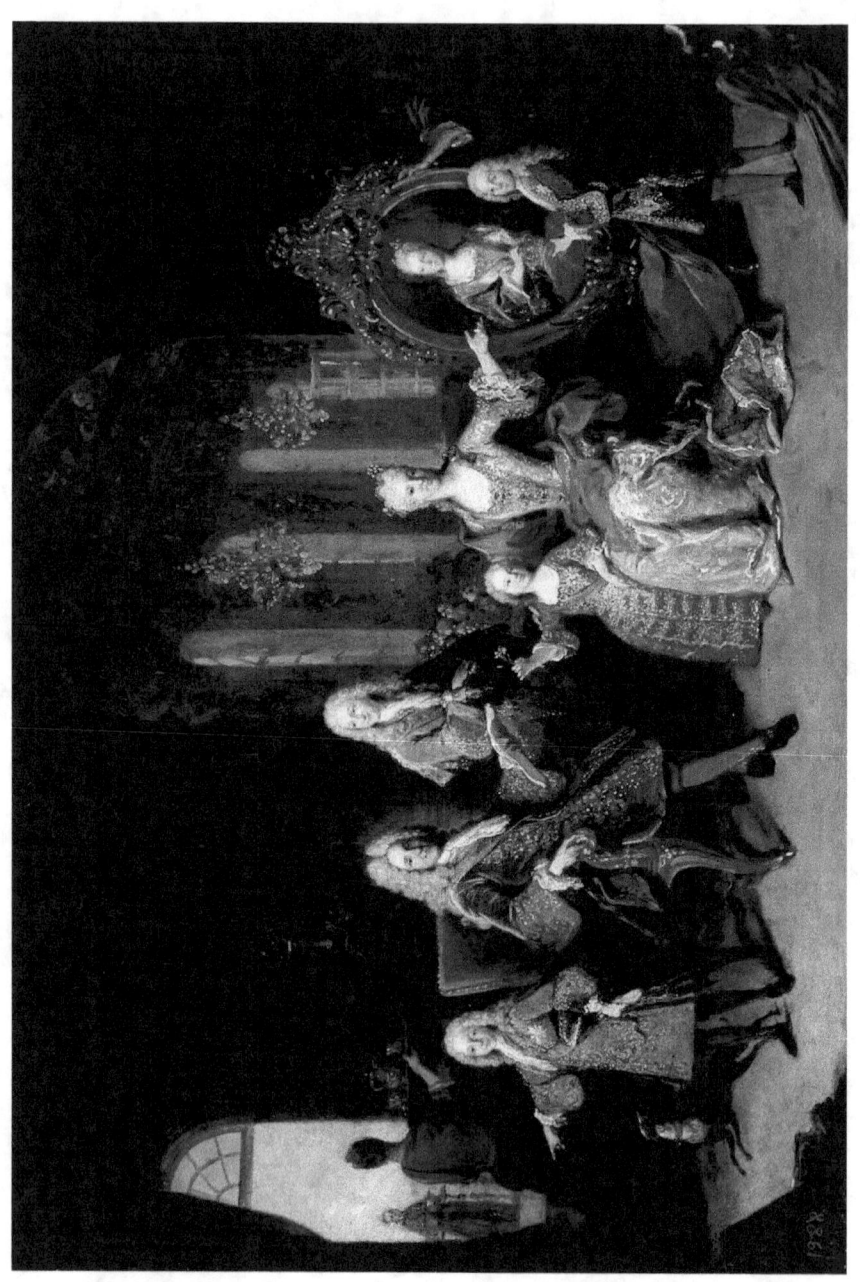

Jean Ranc, *La Famille de Philippe V d'Espagne*

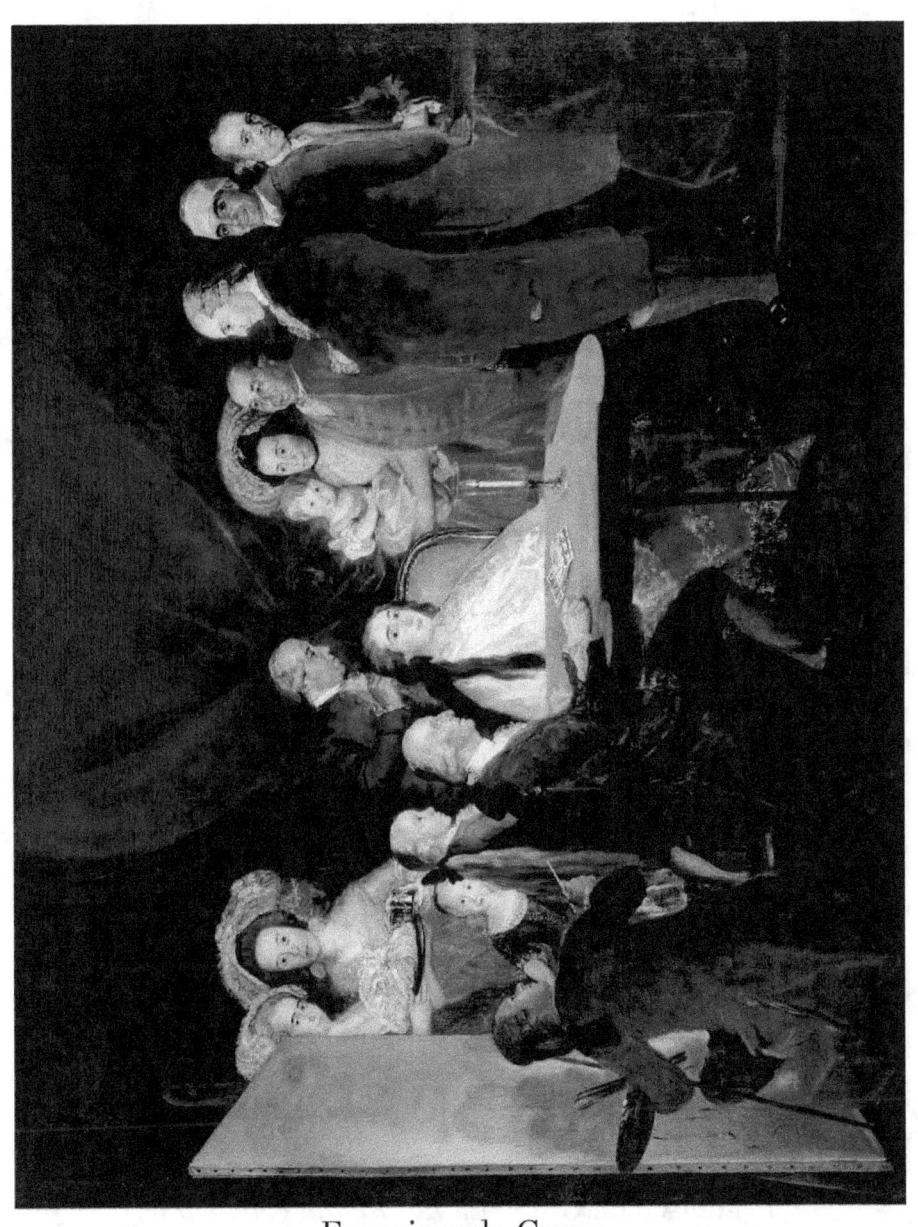

Francisco de Goya,
La familia del infante don Luis de Borbón

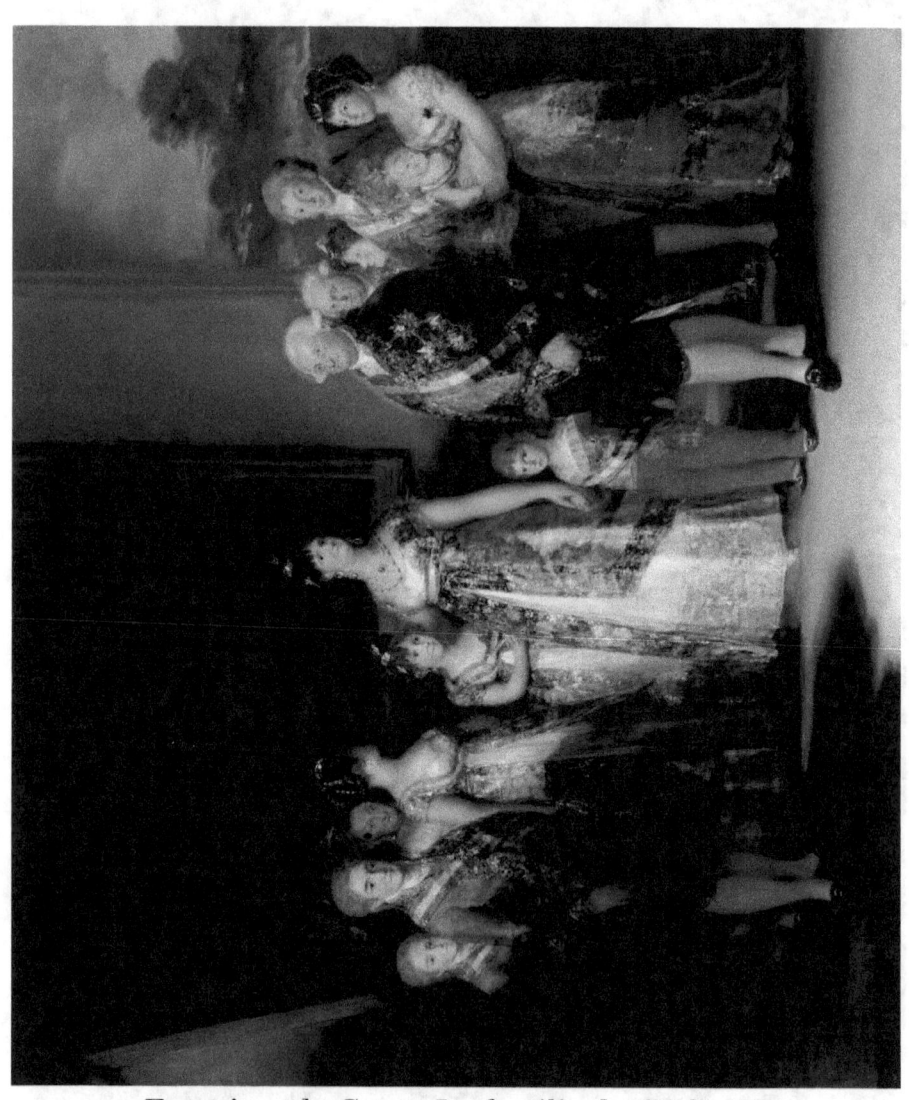
Francisco de Goya, *La familia de Carlos IV*

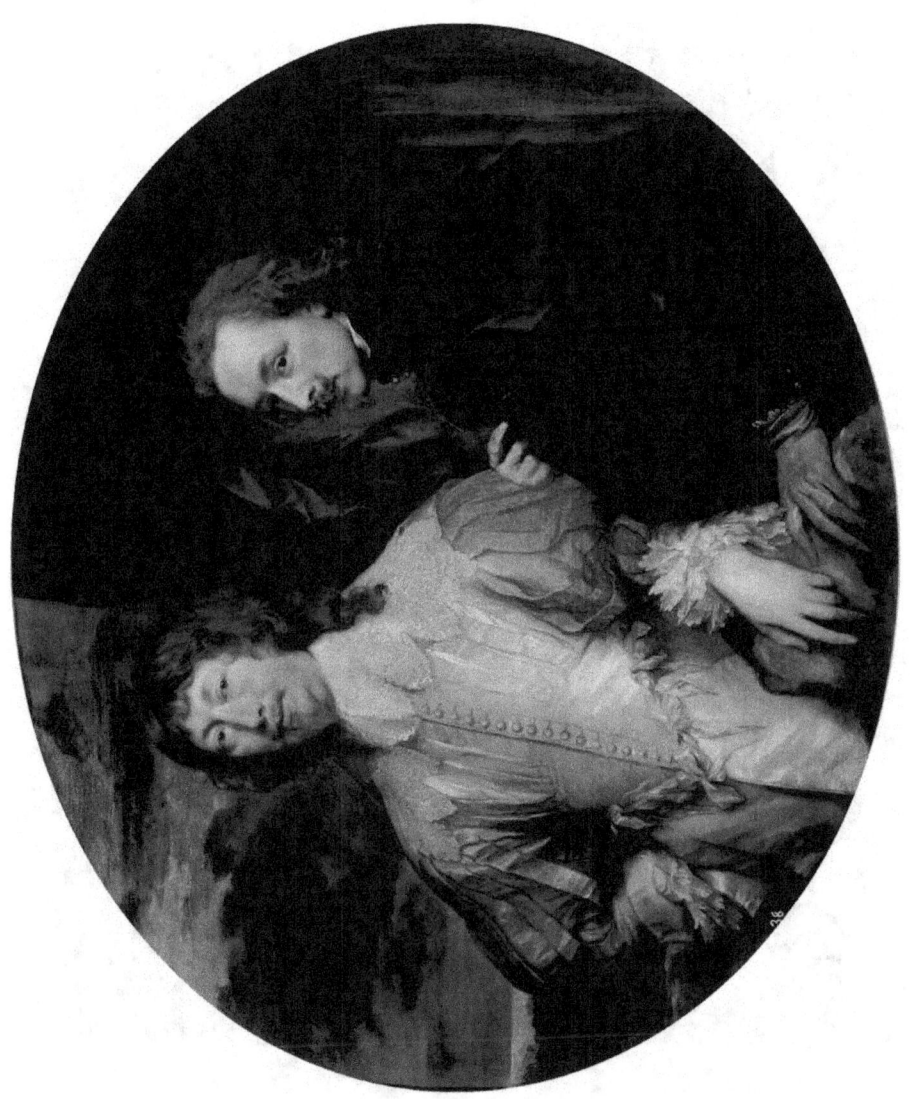

Anthon van Dyck, *Sir Endymion Porter et van Dyck*

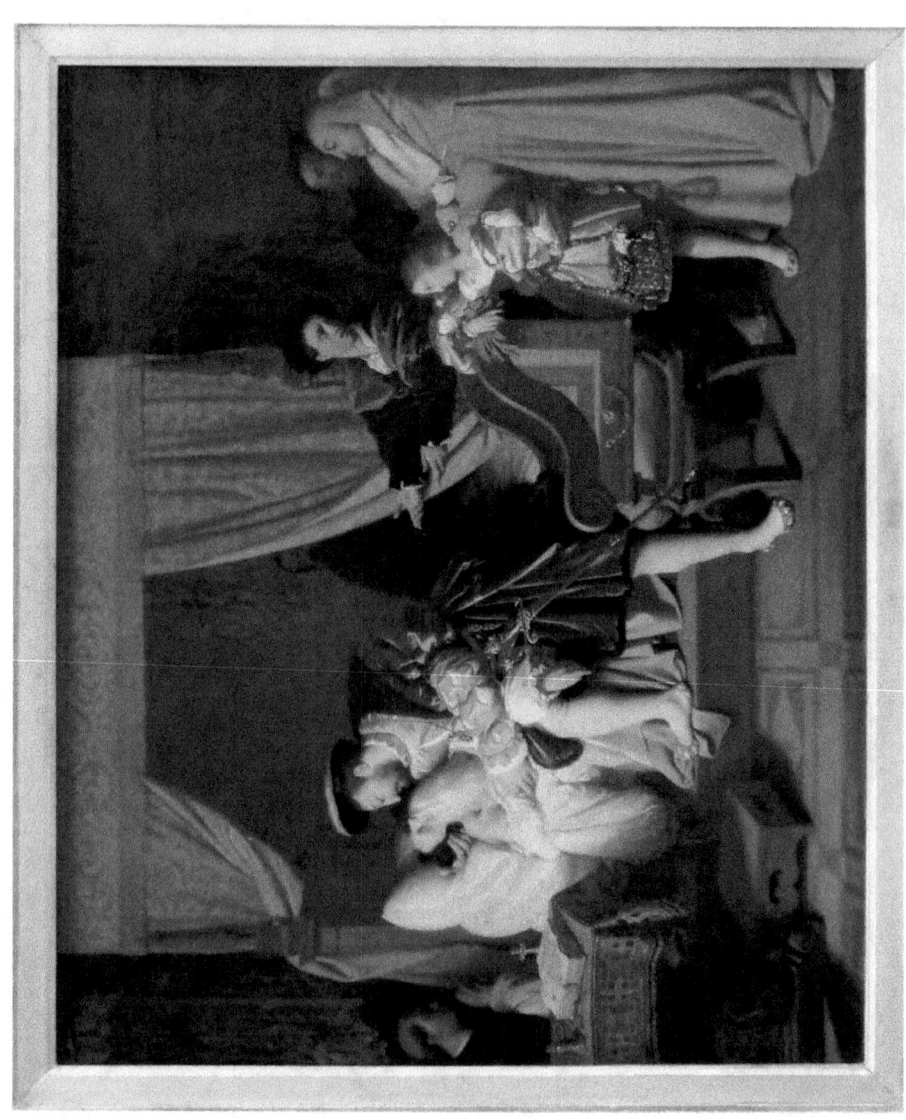

Jean-Auguste-Dominique Ingres, *François I reçoit les derniers soupirs de Leonard de Vinci*

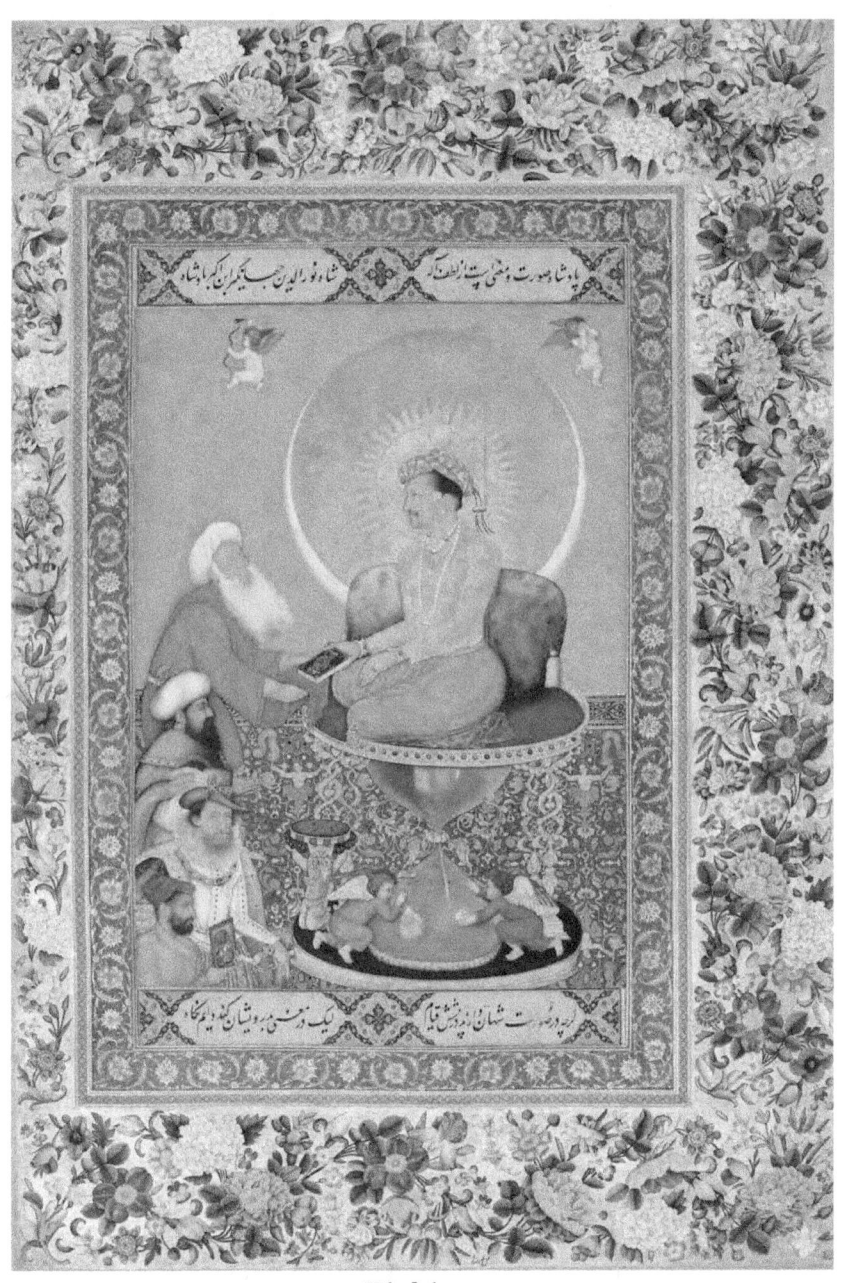

Bichitr,
L'Empereur Jahangir préférant un cheikh soufi aux rois

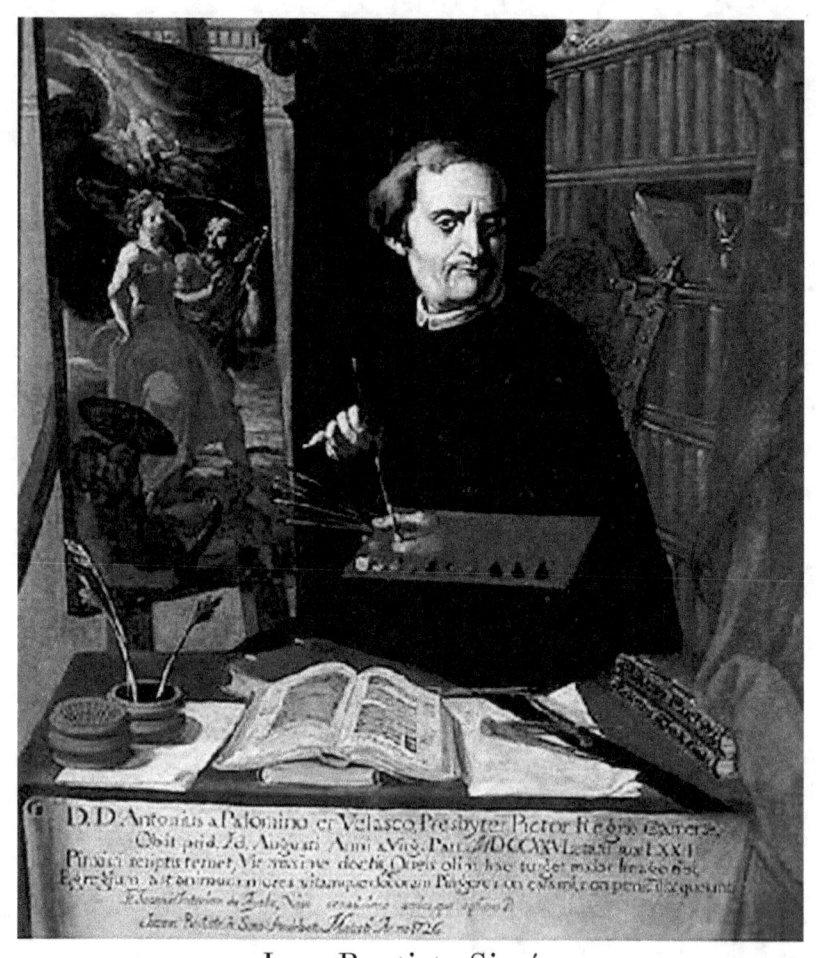

Juan Bautista Simó,
Retrato de Antonio Palomino de Castro y Velasco

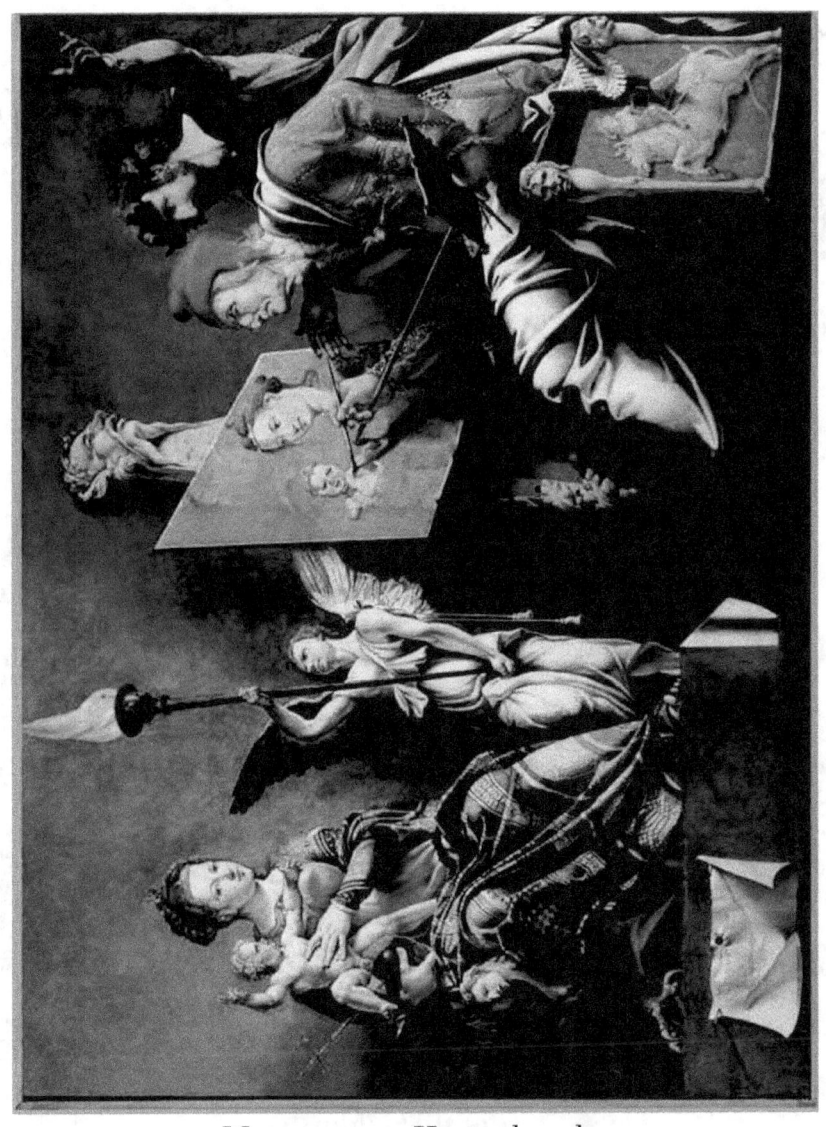

Maarten van Heemskerck,
De heilige Lucas schildert de Madonna

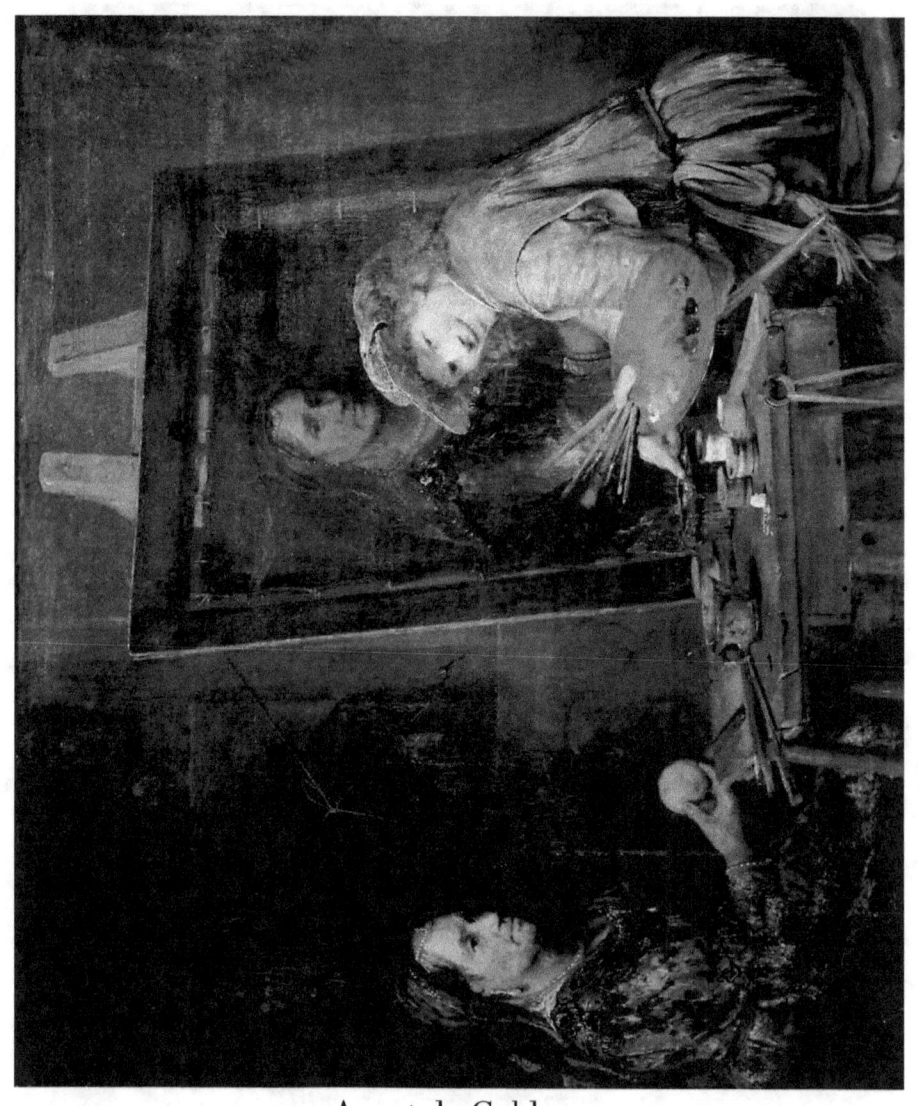
Arent de Gelder,
Selbstbildnis als Zeuxis, der eine hässliche alte Frau porträtiert

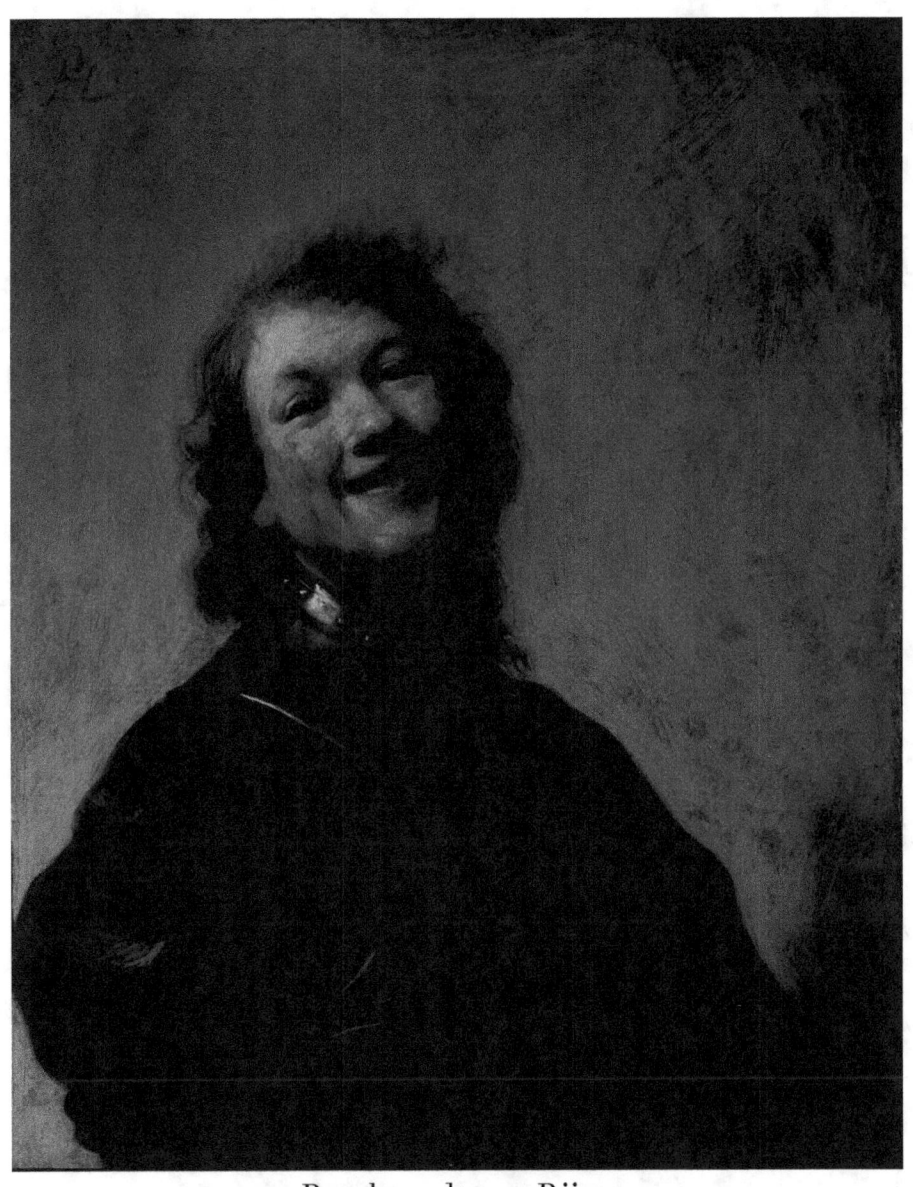

Rembrandt van Rijn,
Le jeune Rembrandt comme Démocrite riant

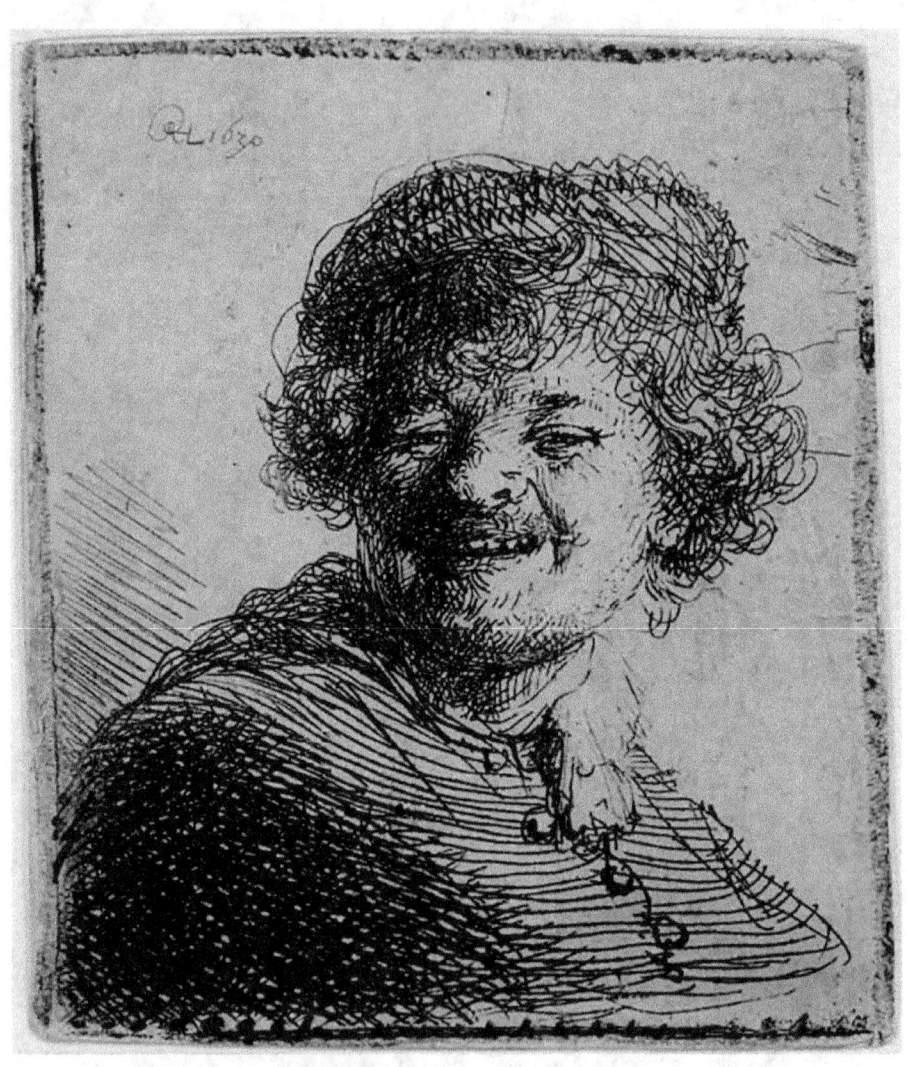

Rembrandt van Rijn,
Autoportrait au chapeau, riant

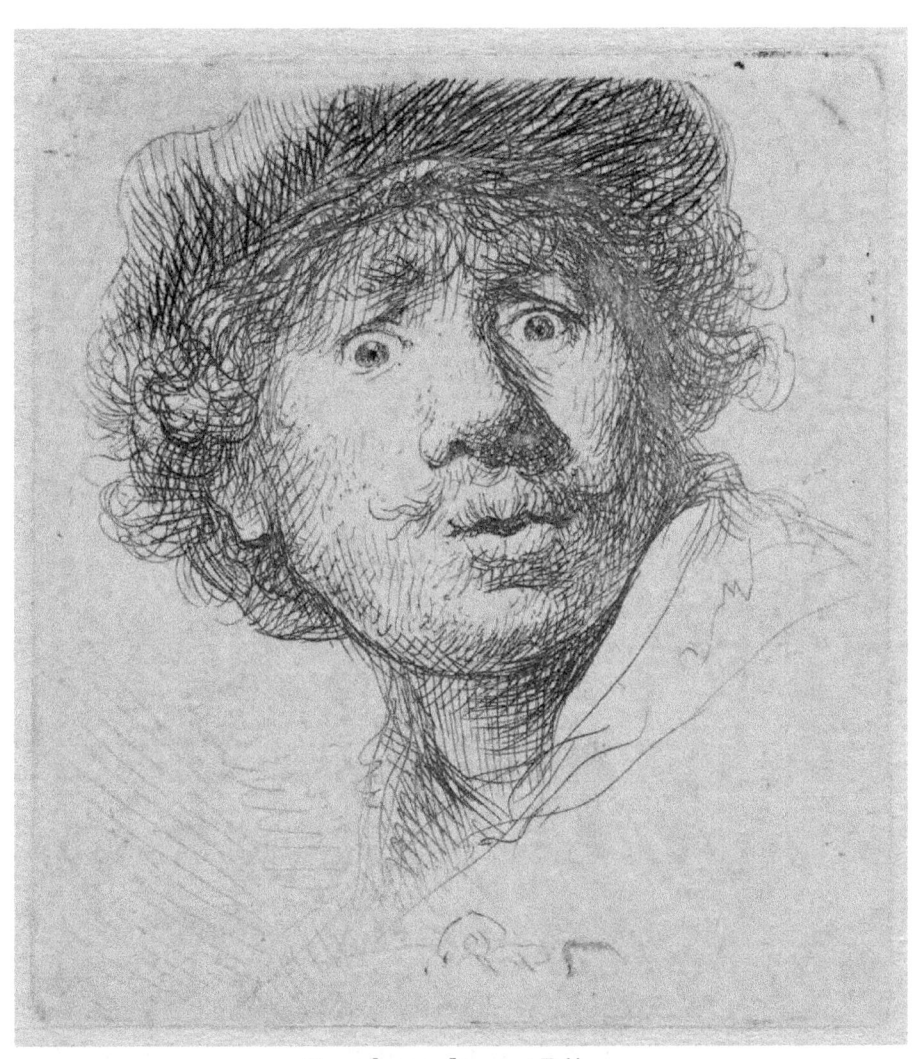

Rembrandt van Rijn,
Rembrandt aux yeux hagards

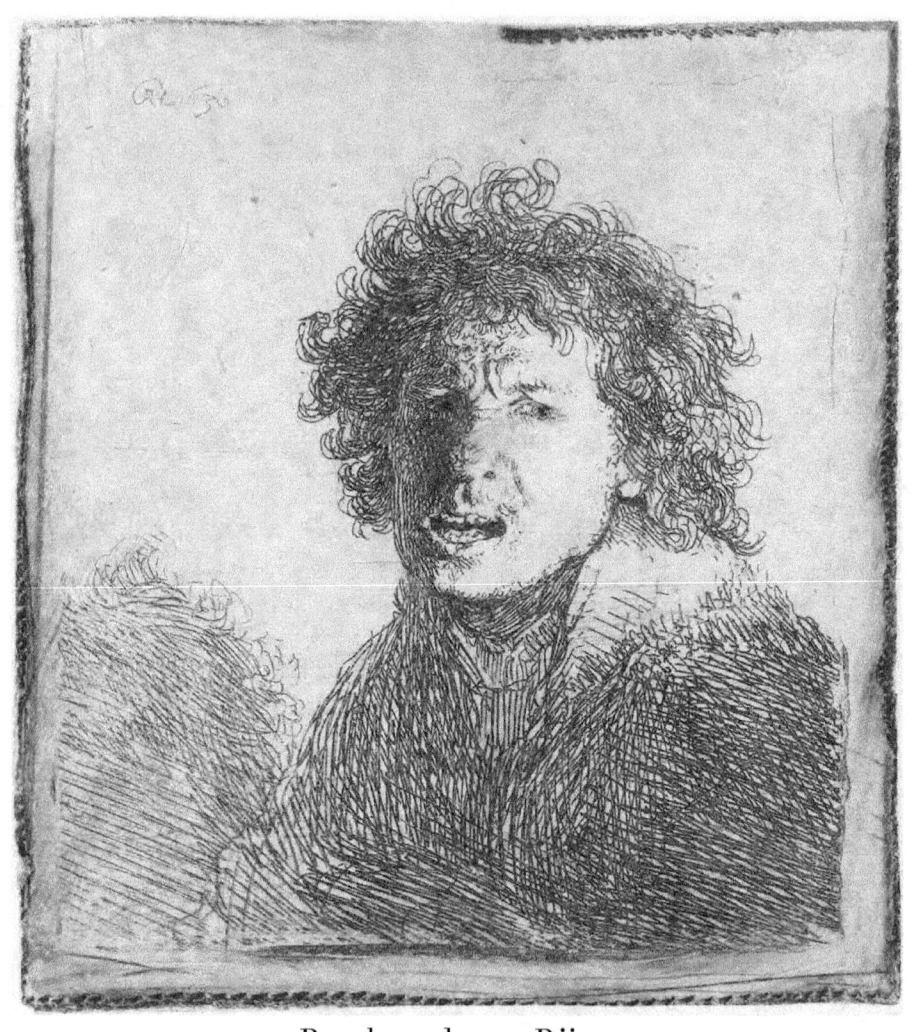

Rembrandt van Rijn,
Autoportrait à la bouche ouverte, comme en train de crier

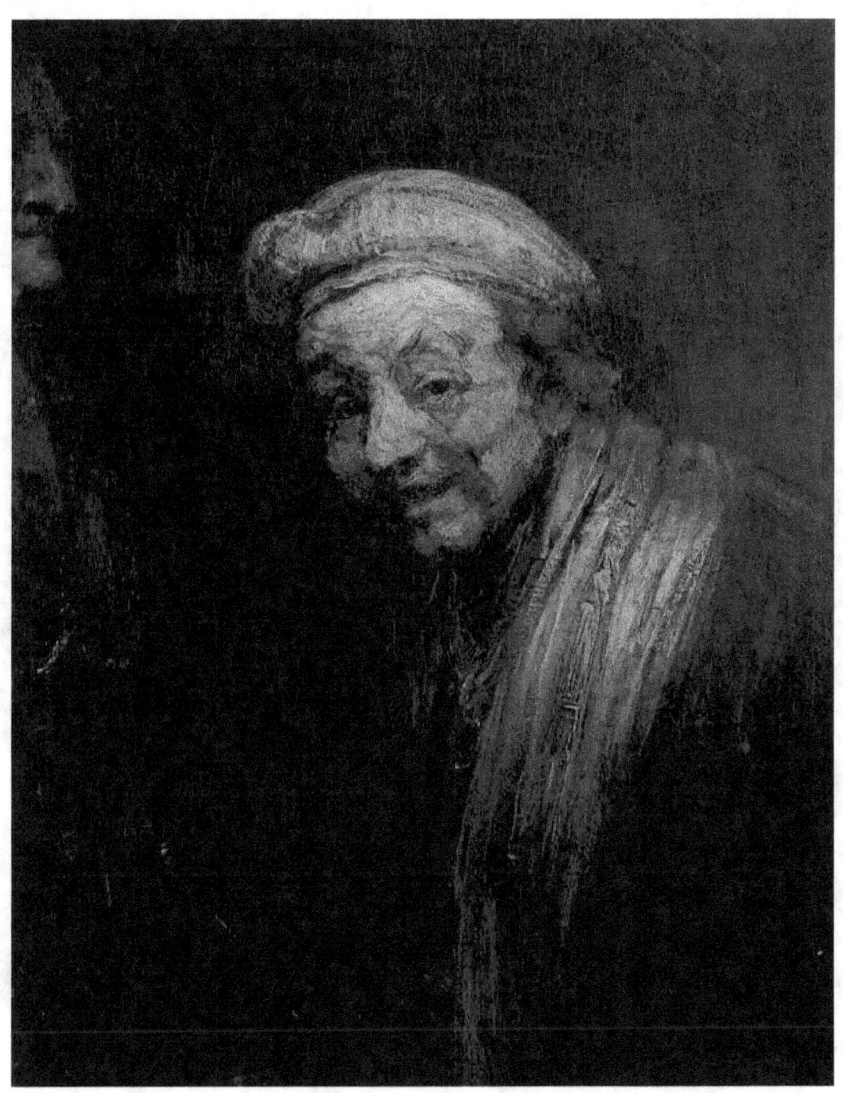

Rembrandt van Rijn, *Autoportrait en Zeuxis*

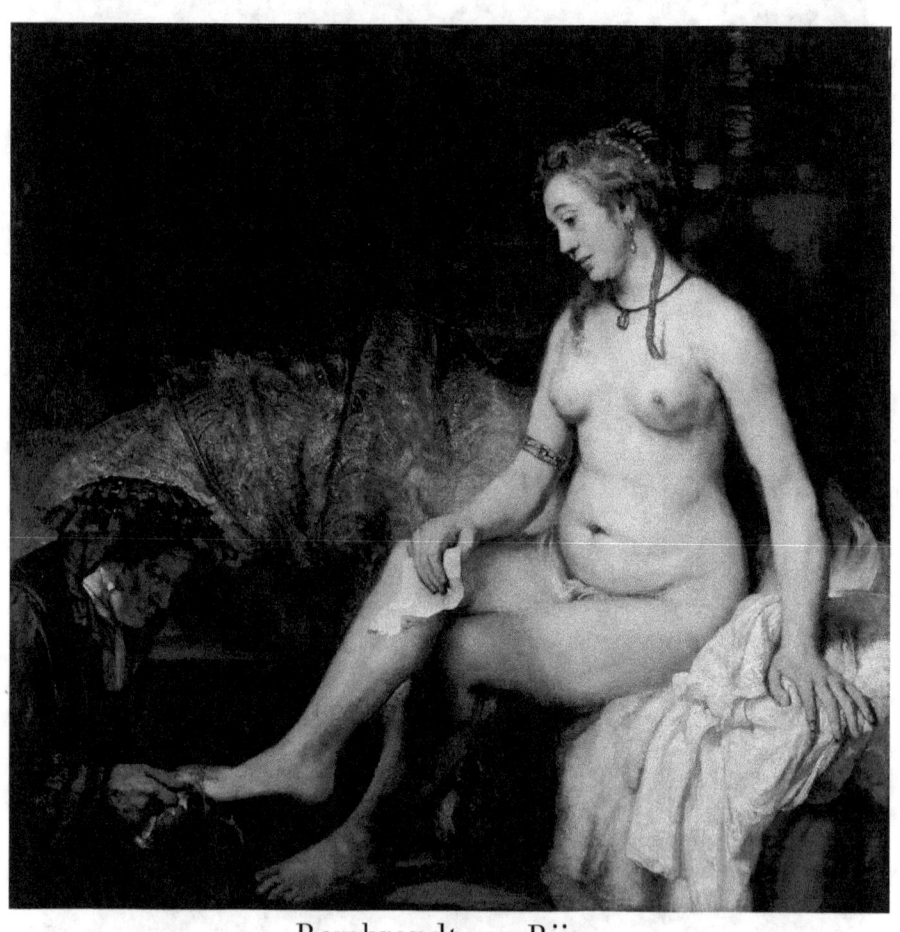

Rembrandt van Rijn,
Bethsabée au bain tenant la lettre de David

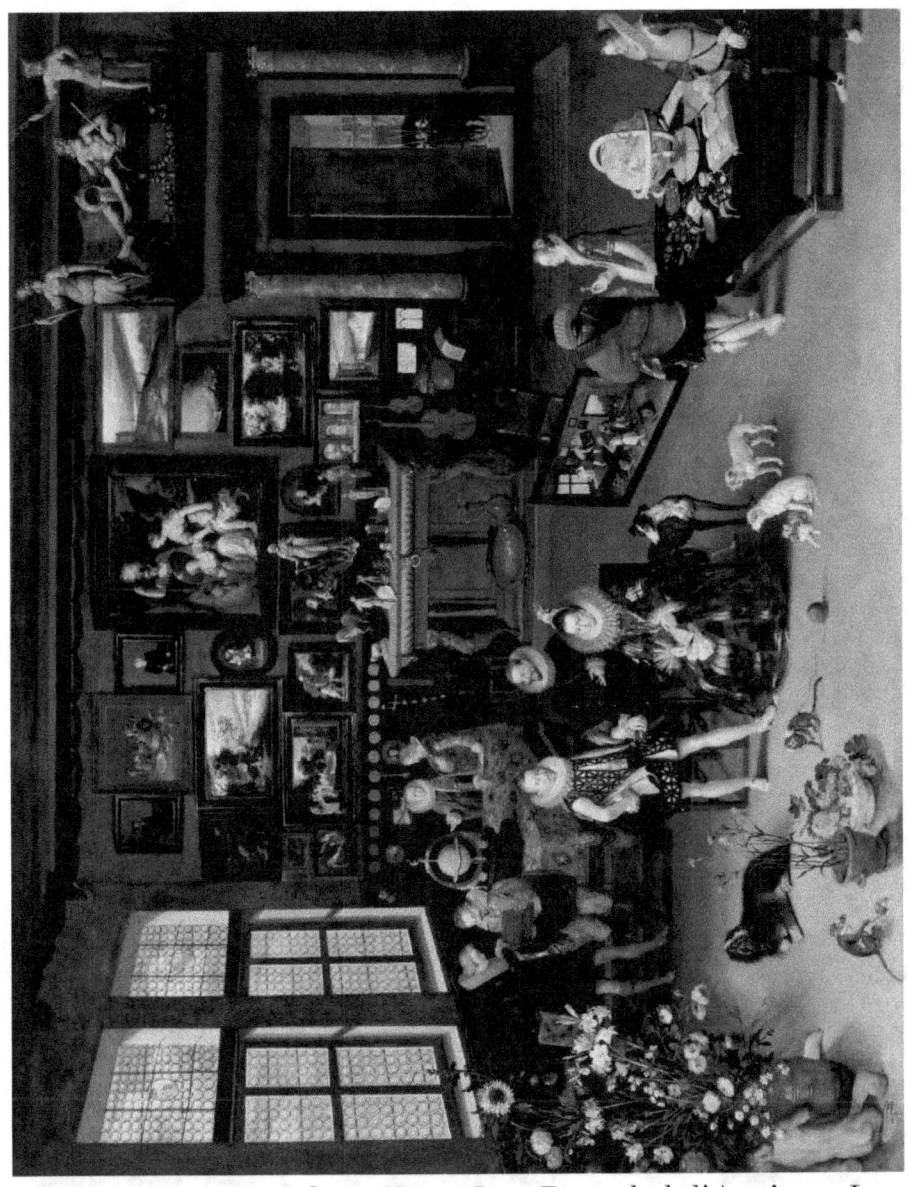

Hieronymus Francken II et Jan Brueghel l'Ancien, *Les Archiducs Albert et Isabella visitant la collection de Pierre Roose*

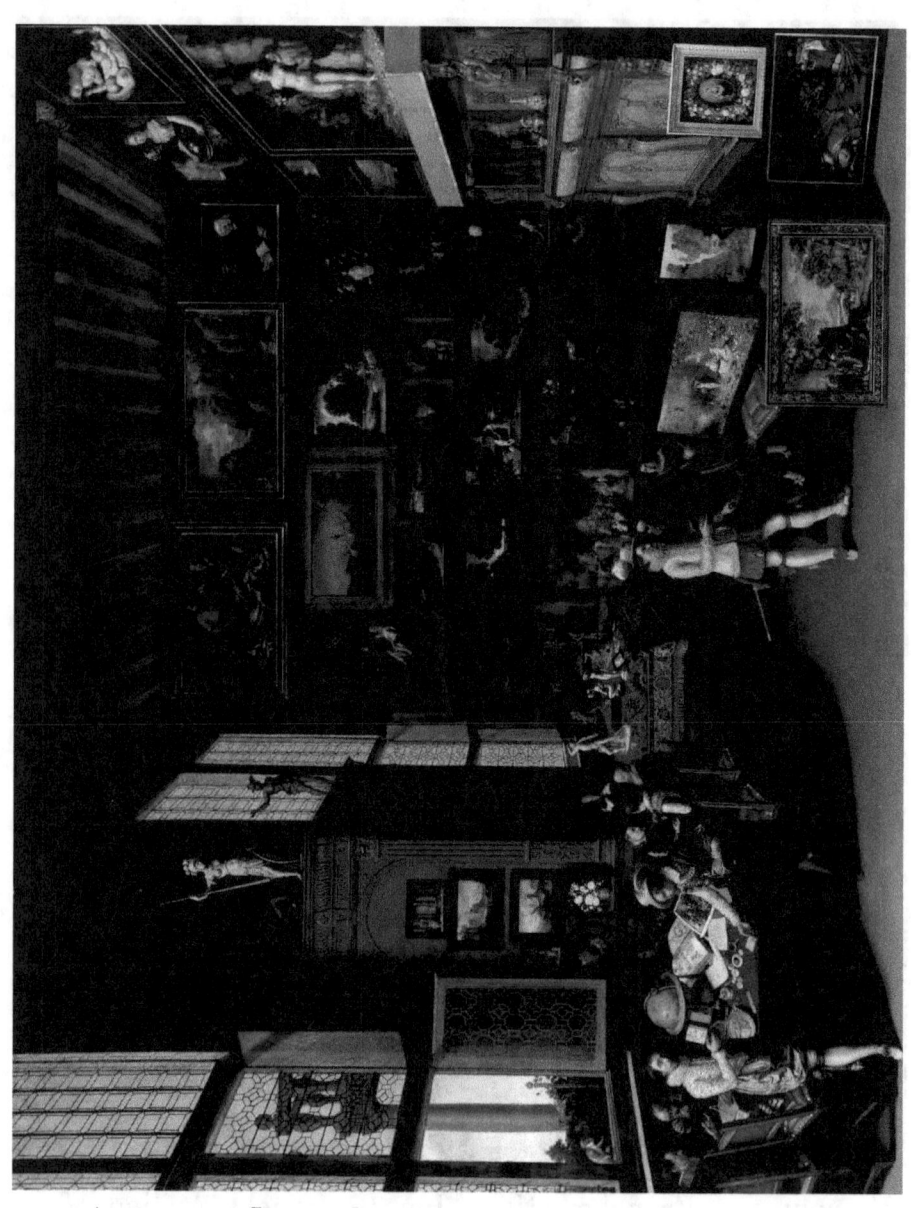

Anonyme flamand, *Cognoscenti dans une pièce ornée de peintures*

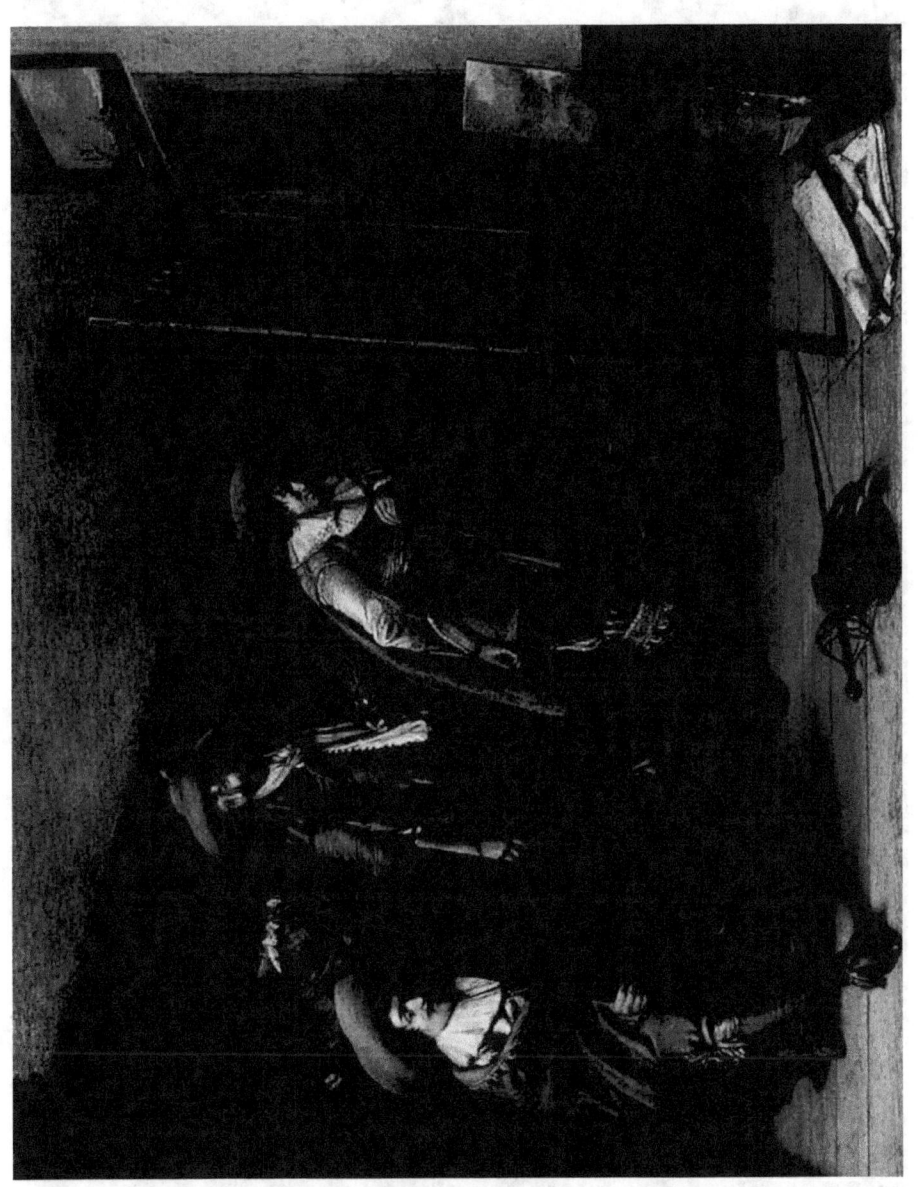

Pieter Codde, *Amateurs d'art dans un atelier de peintre*

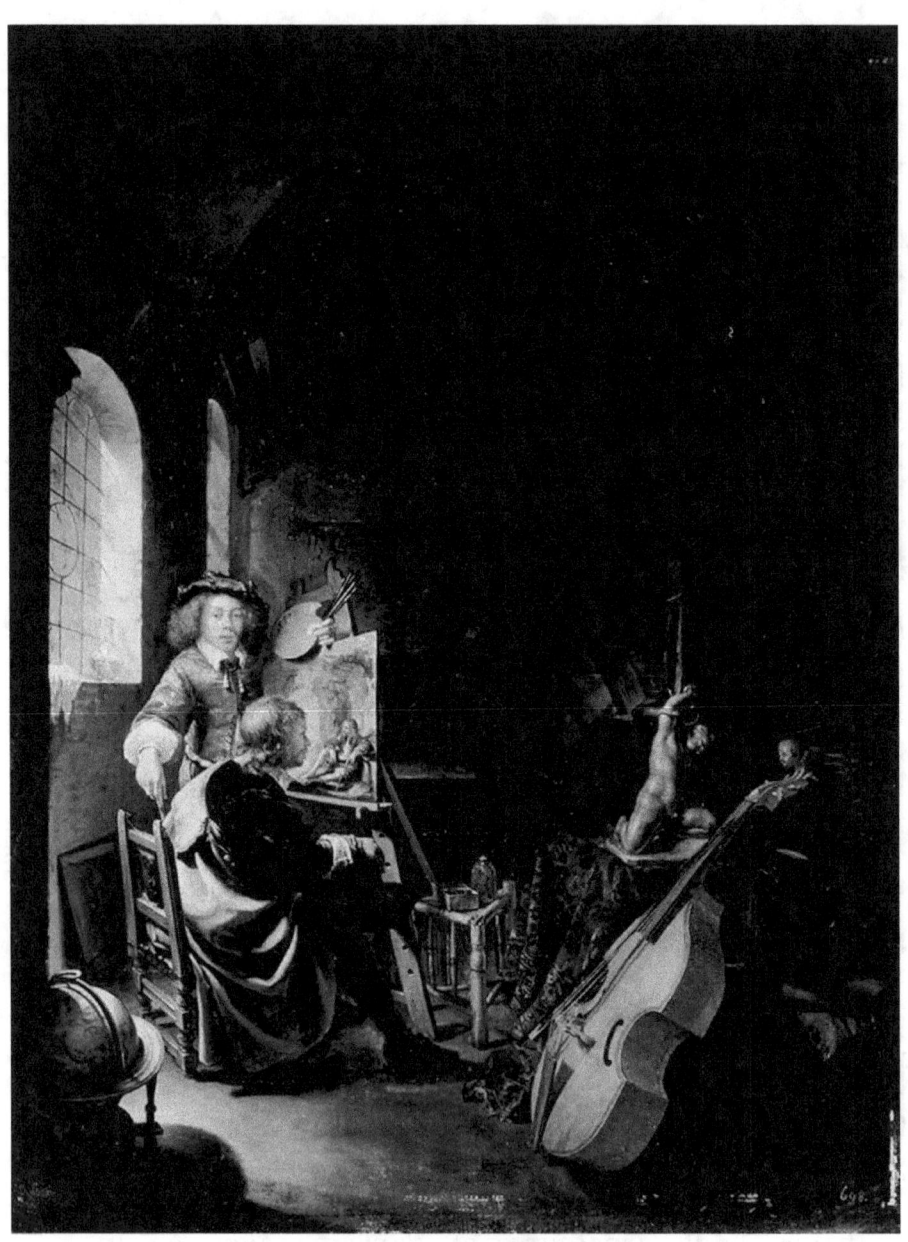
Frans van Mieris, *L'atelier du peintre*

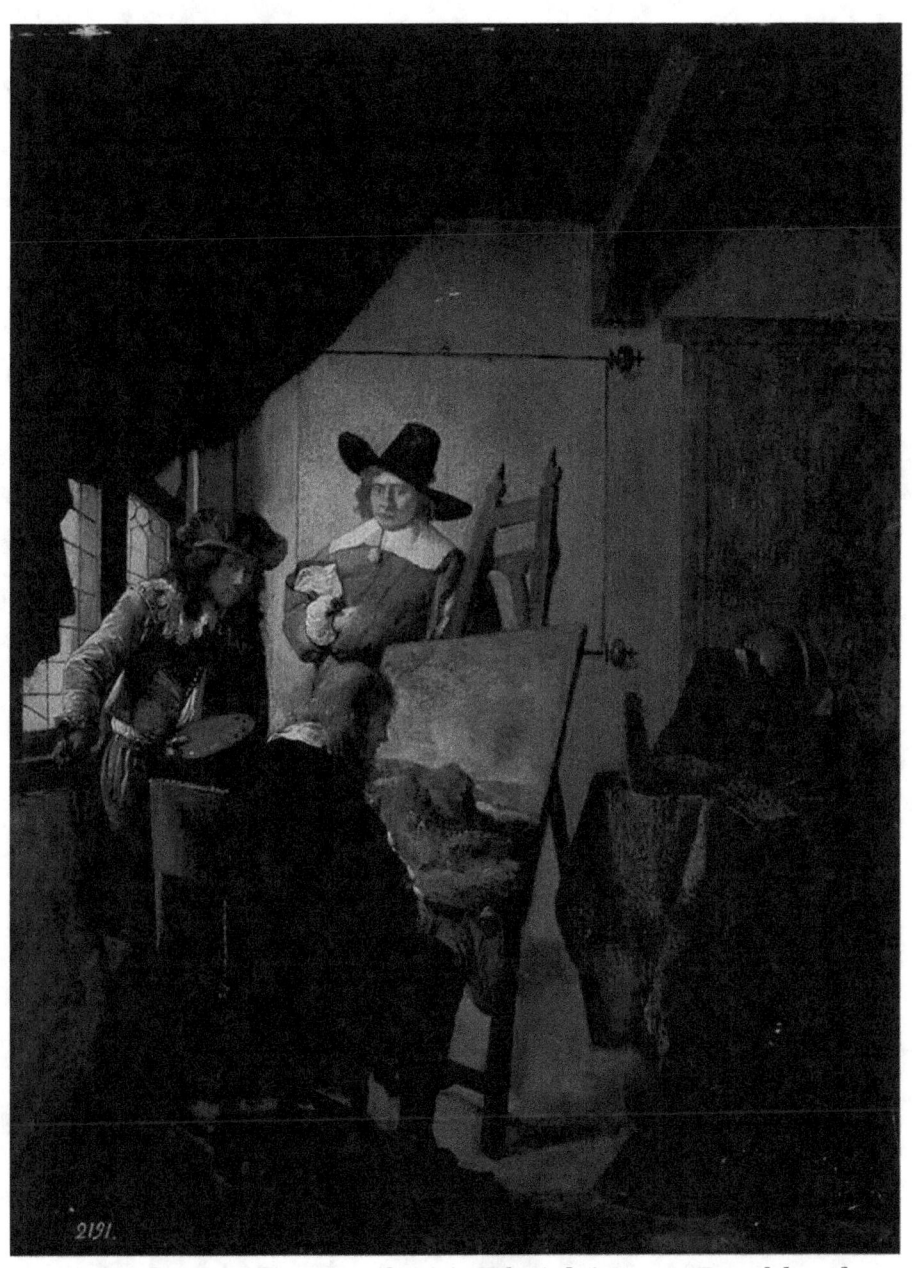

Visite à un atelier, attribué à Job Adriaensz. Berckheyde

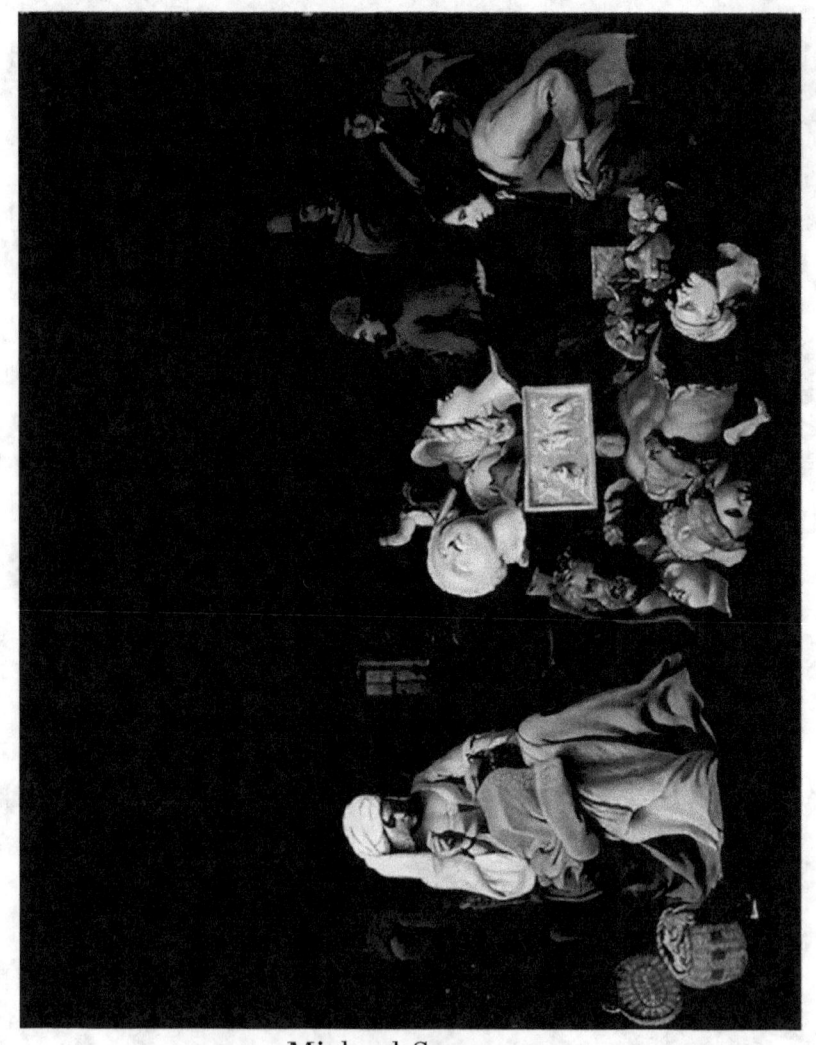

Michael Sweerts,
Atelier d'artiste avec une femme cousant

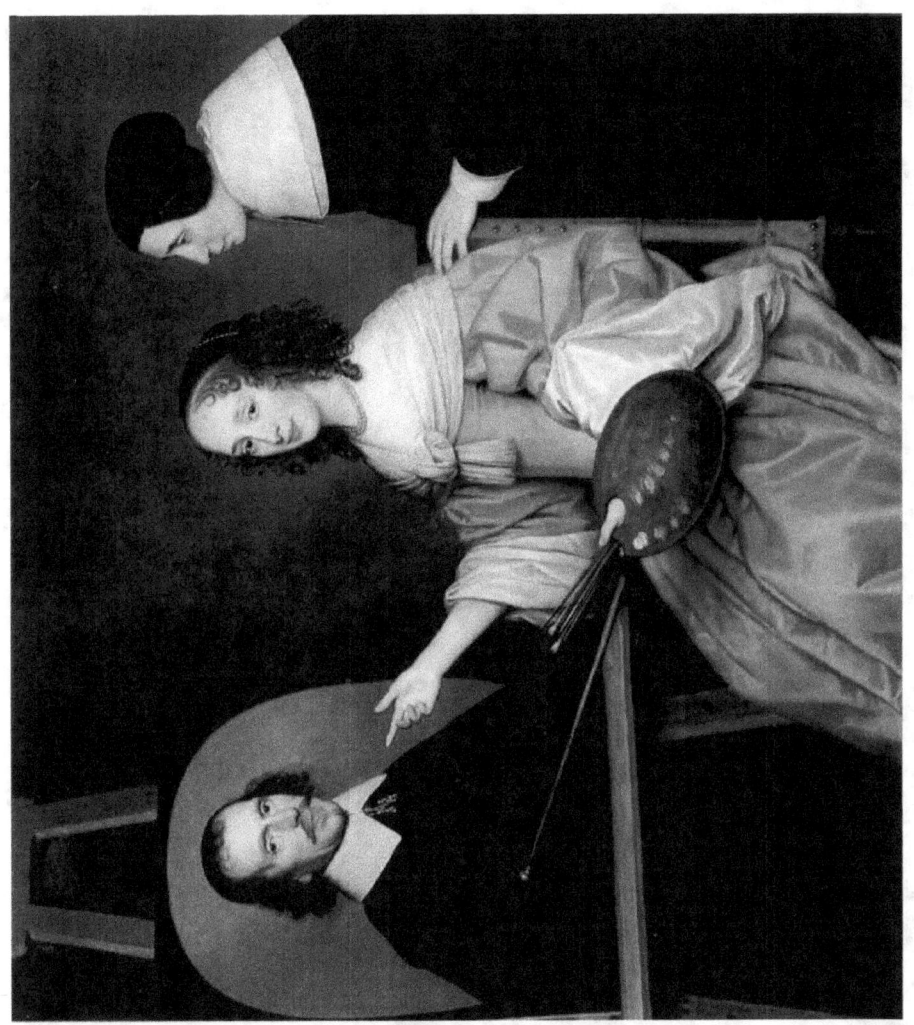

Gerard van Honthorst, *Margereta de Roodere et ses Parents*

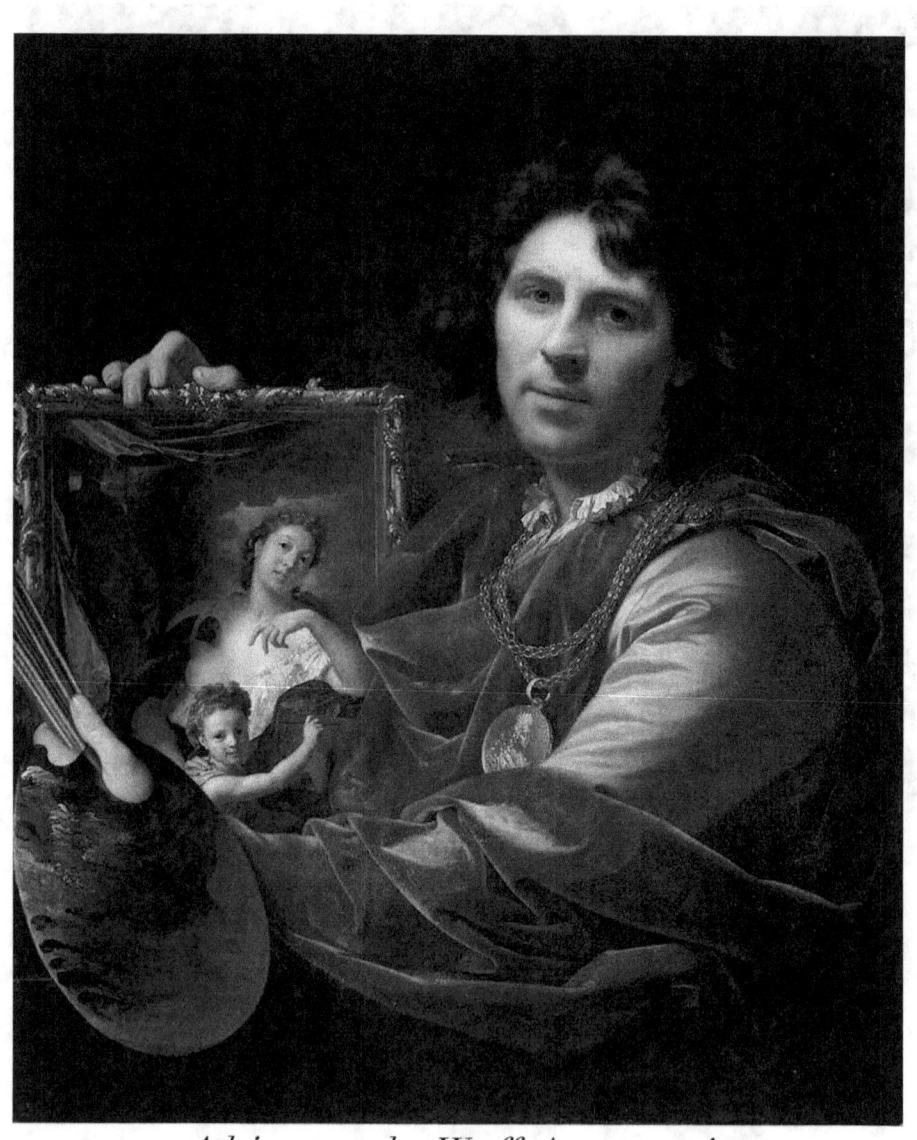

Adriaen van der Werff, Autoportrait

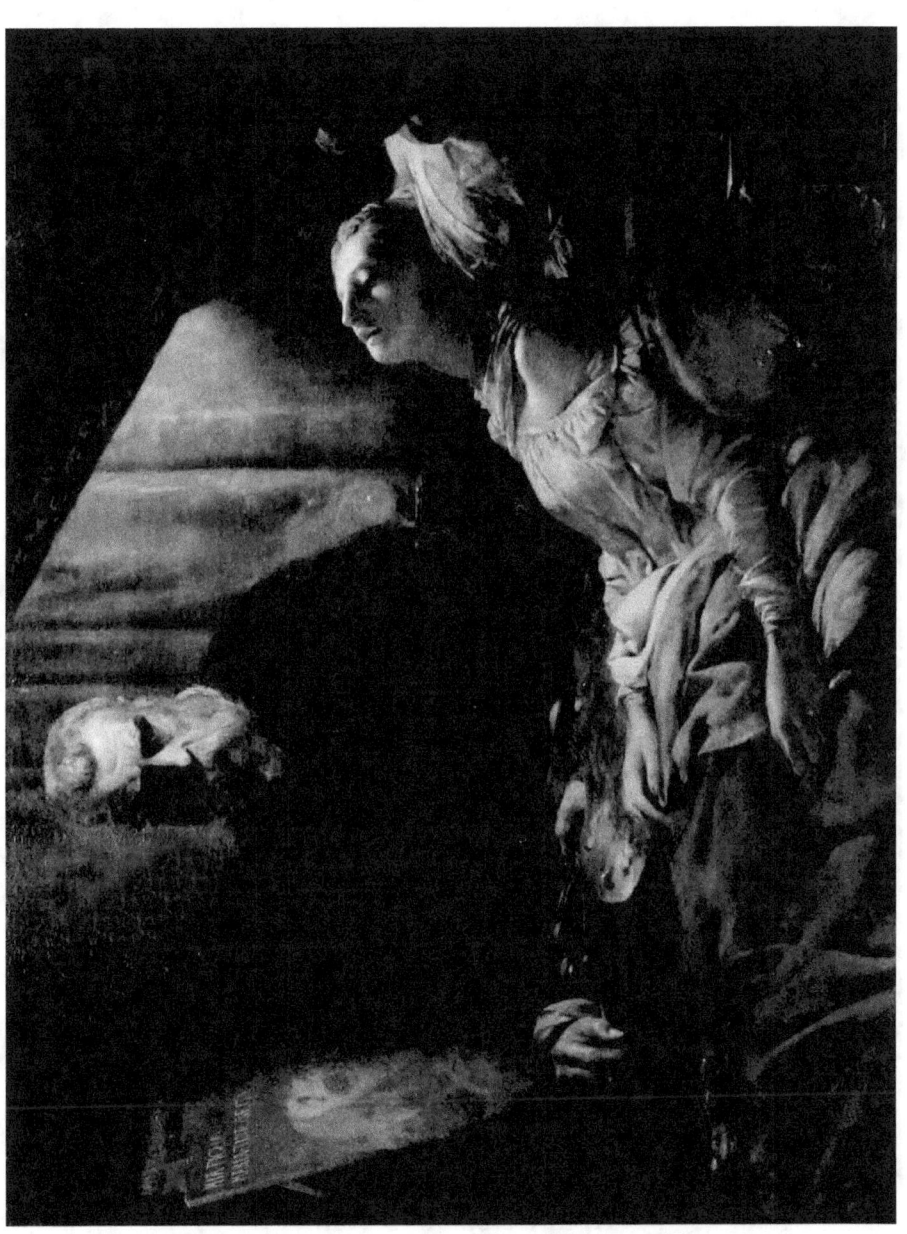

Léon Cogniet, *Tintoret peignant sa fille morte*

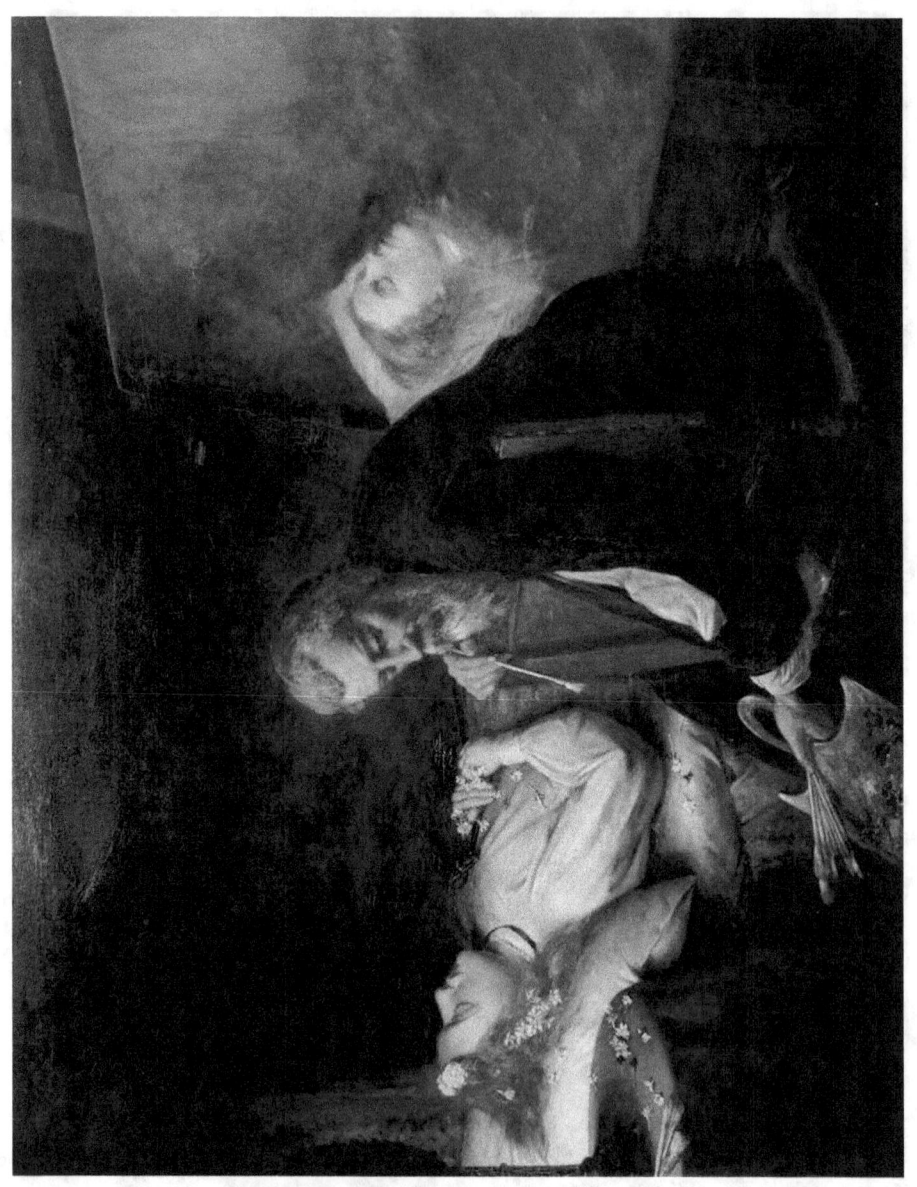

Henry Nelson O'Neill,
Tintoretto Painting His Dead Daughter

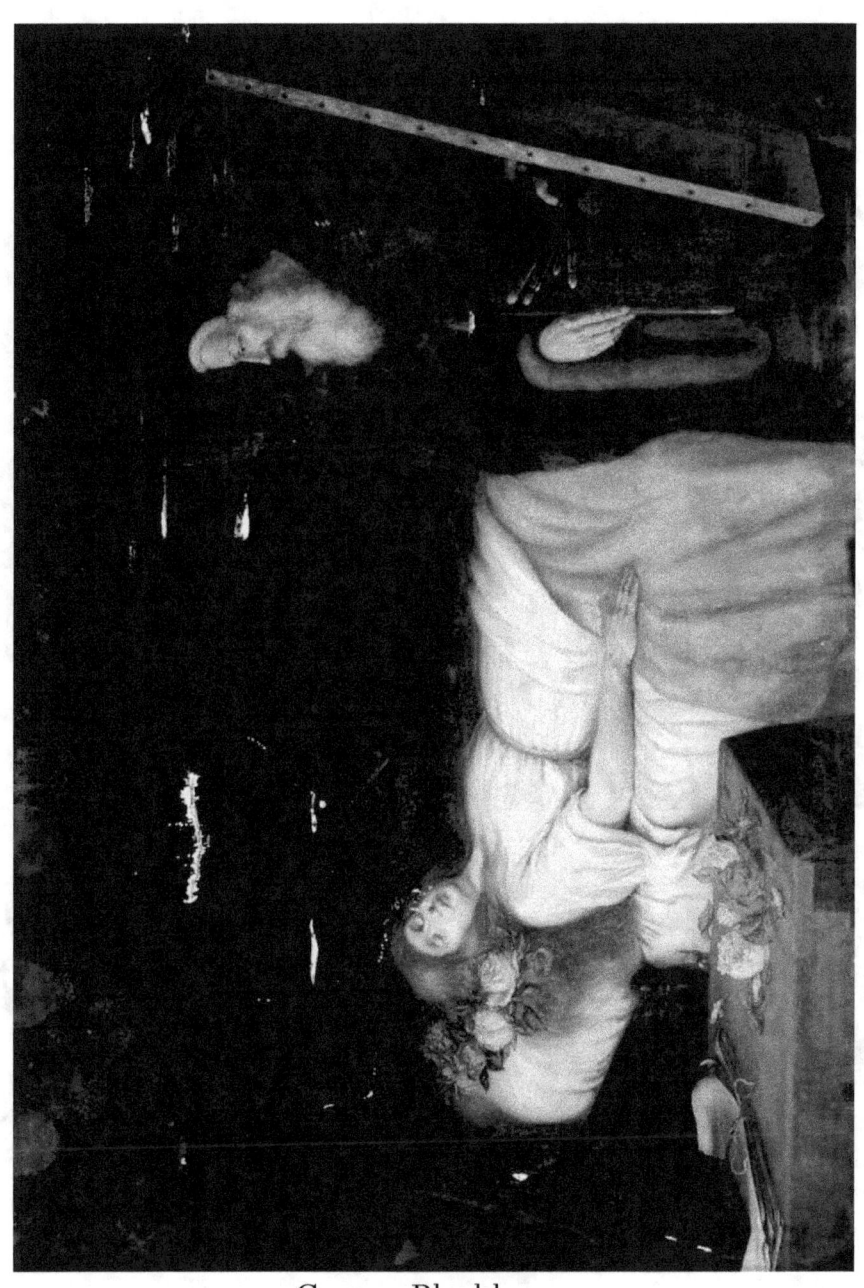

George Blackburn,
Tintoretto Painting His Dead Daughter Marietta

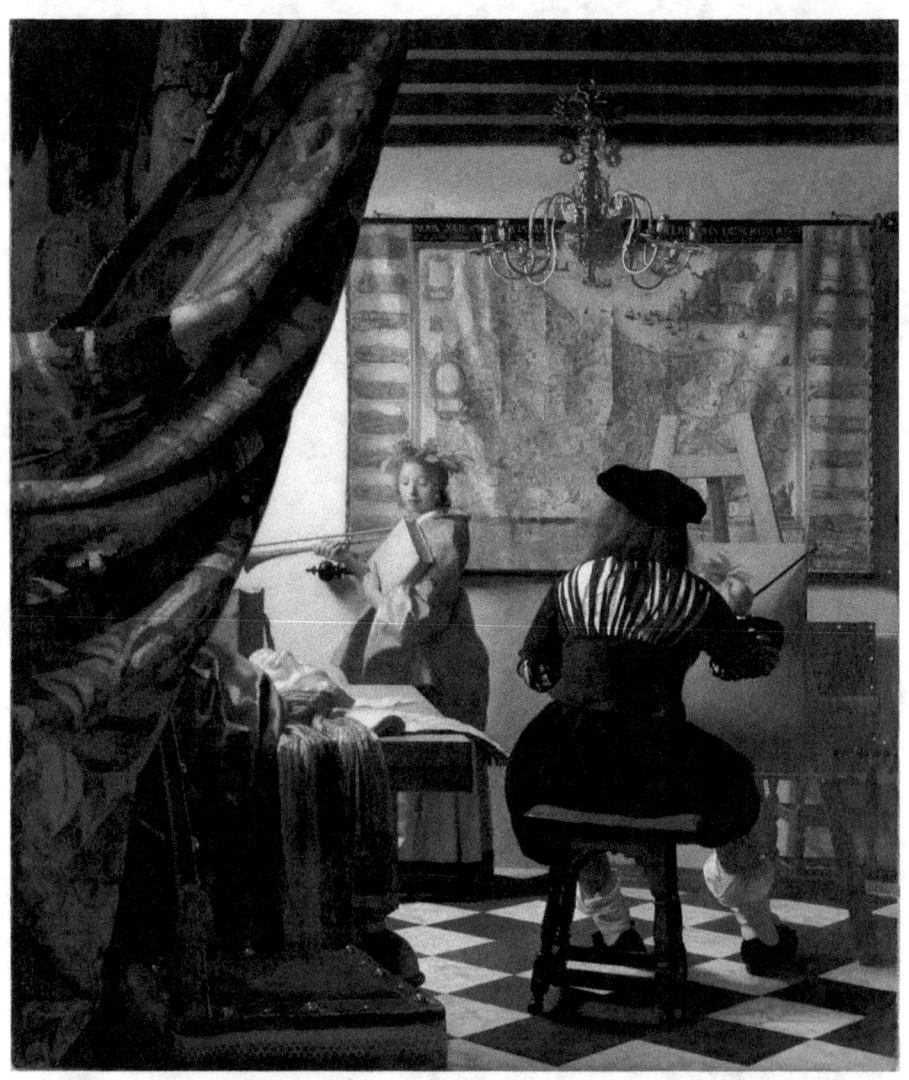
Jan Vermeer, *De Schilderkonst*

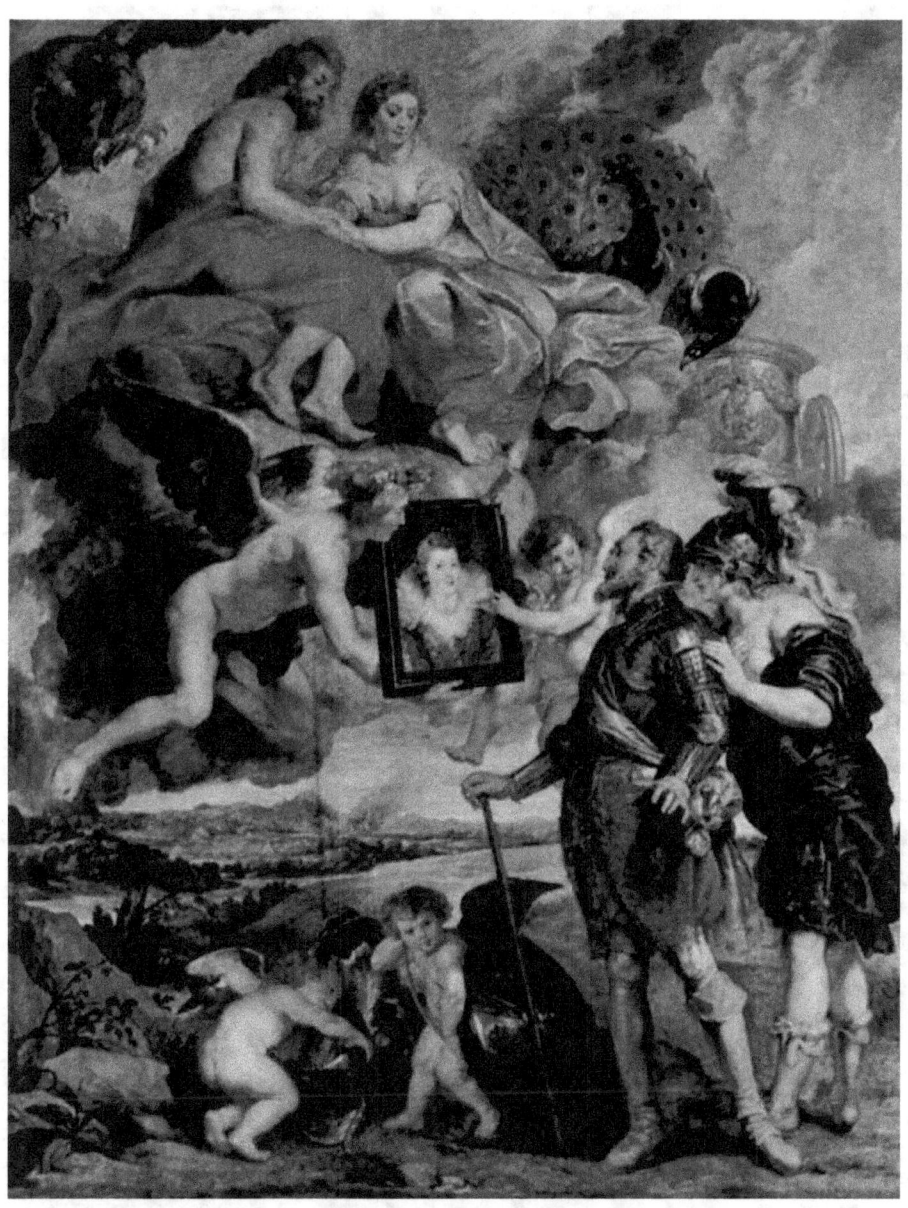
Pierre Paul Rubens *Henri IV reçoit le portrait de la reine et se laisse désarmer par l'amour*

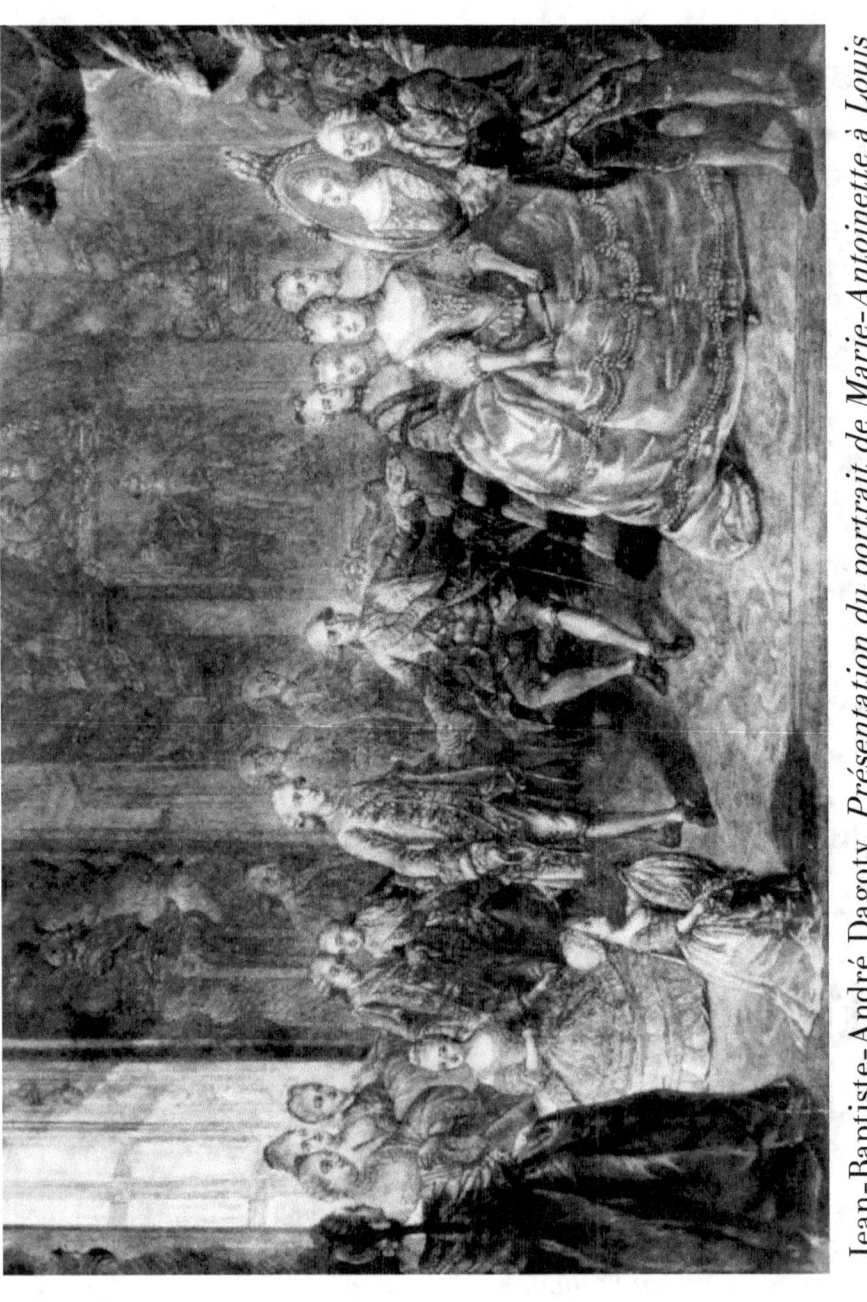

Jean-Baptiste-André Dagoty, *Présentation du portrait de Marie-Antoinette à Louis Dauphin, depuis Louis XVI, devant Louis XV et la cour de Versailles*

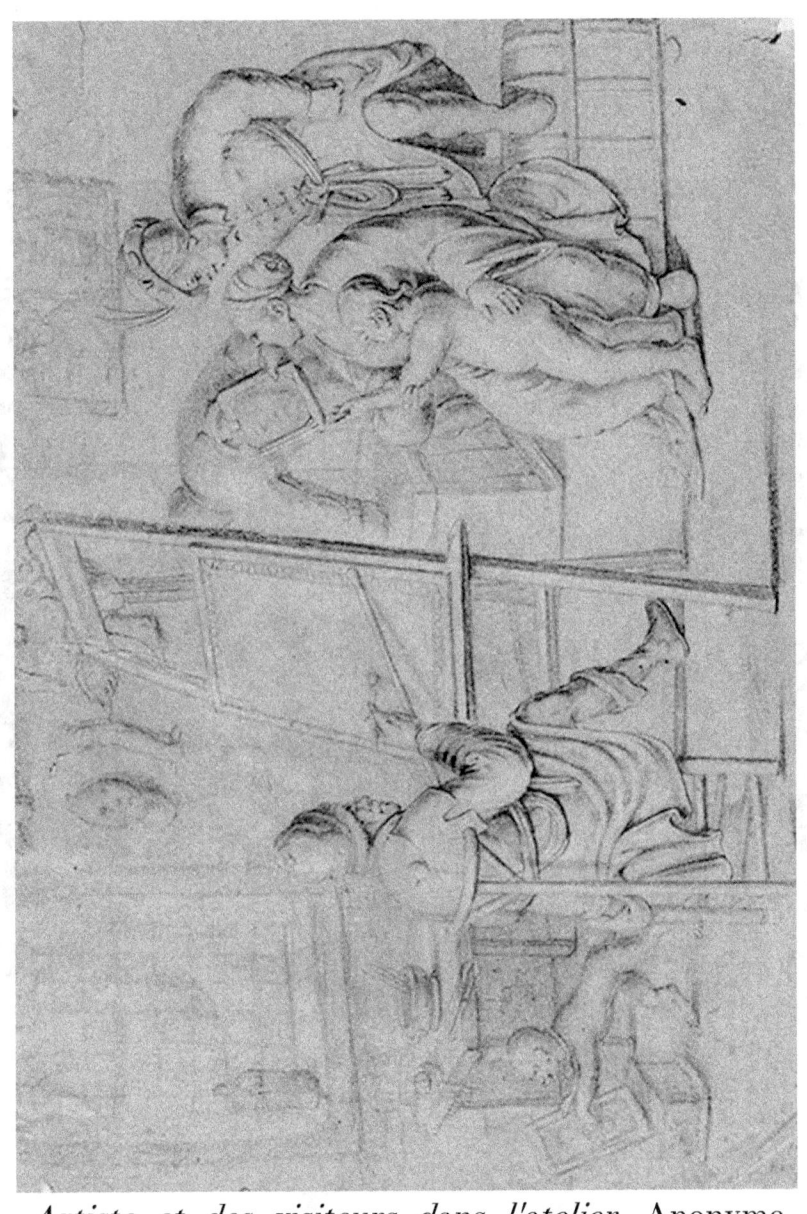

Artiste et des visiteurs dans l'atelier, Anonyme anversois

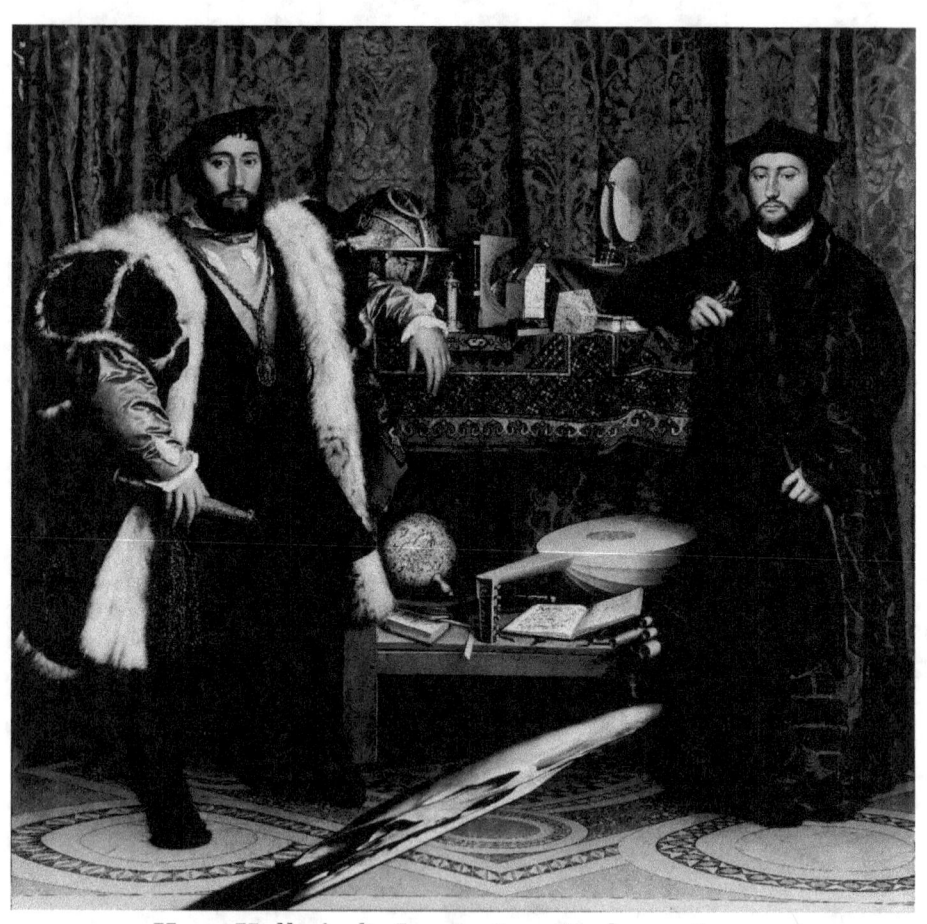

Hans Holbein le Jeune, Les Ambassadeurs

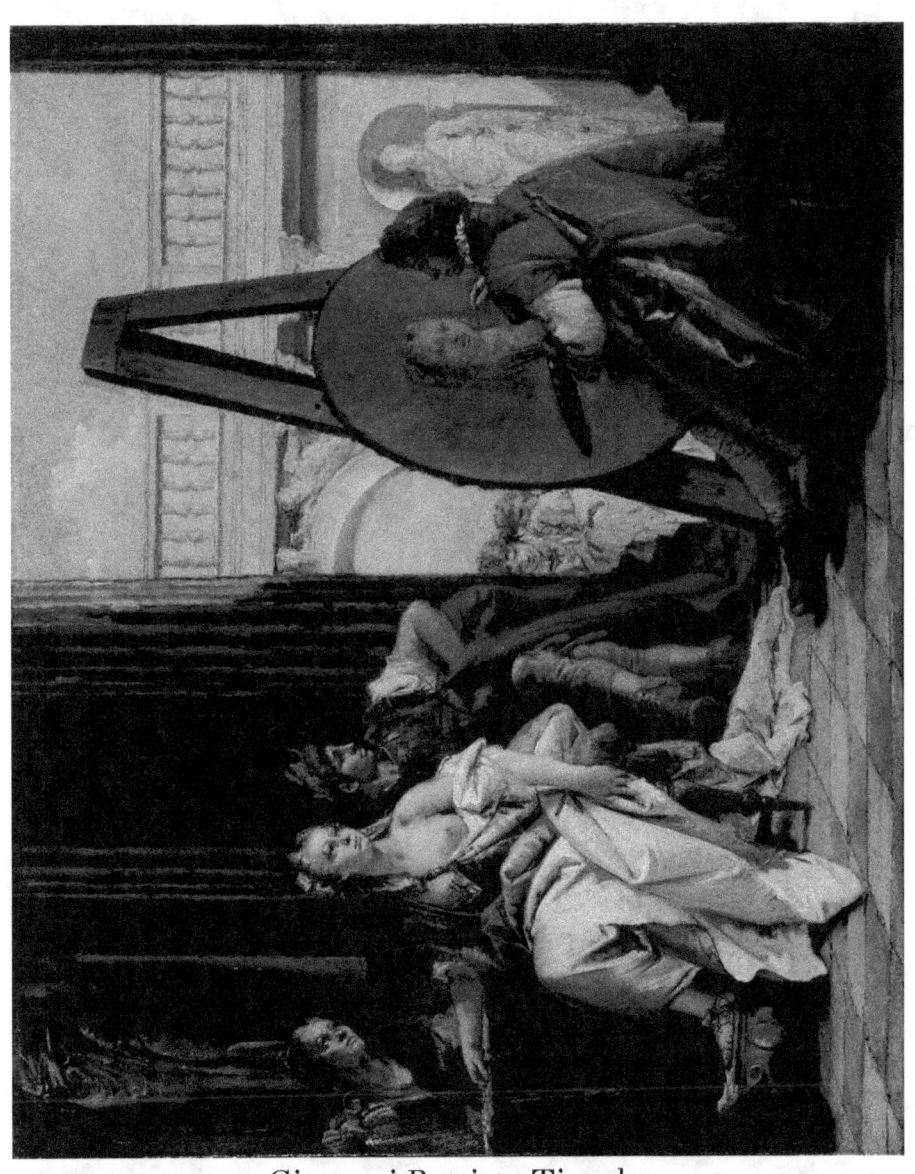

Giovanni Battista Tiepolo,
Alexandre le Grand et Campaspé dans l'atelier d'Apelle

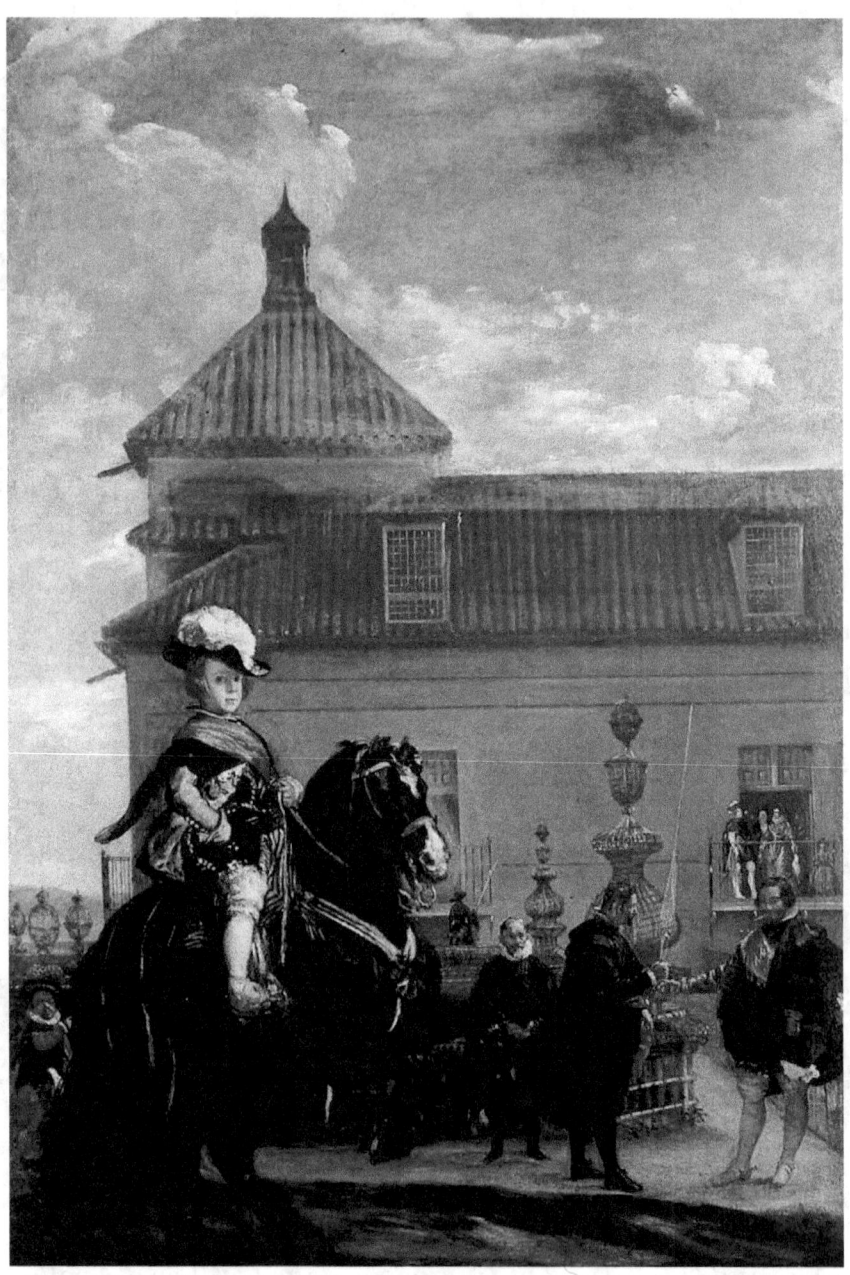

Diego Velázquez, *El príncipe Baltasar Carlos en el picadero*, Collection du Duc de Westminster

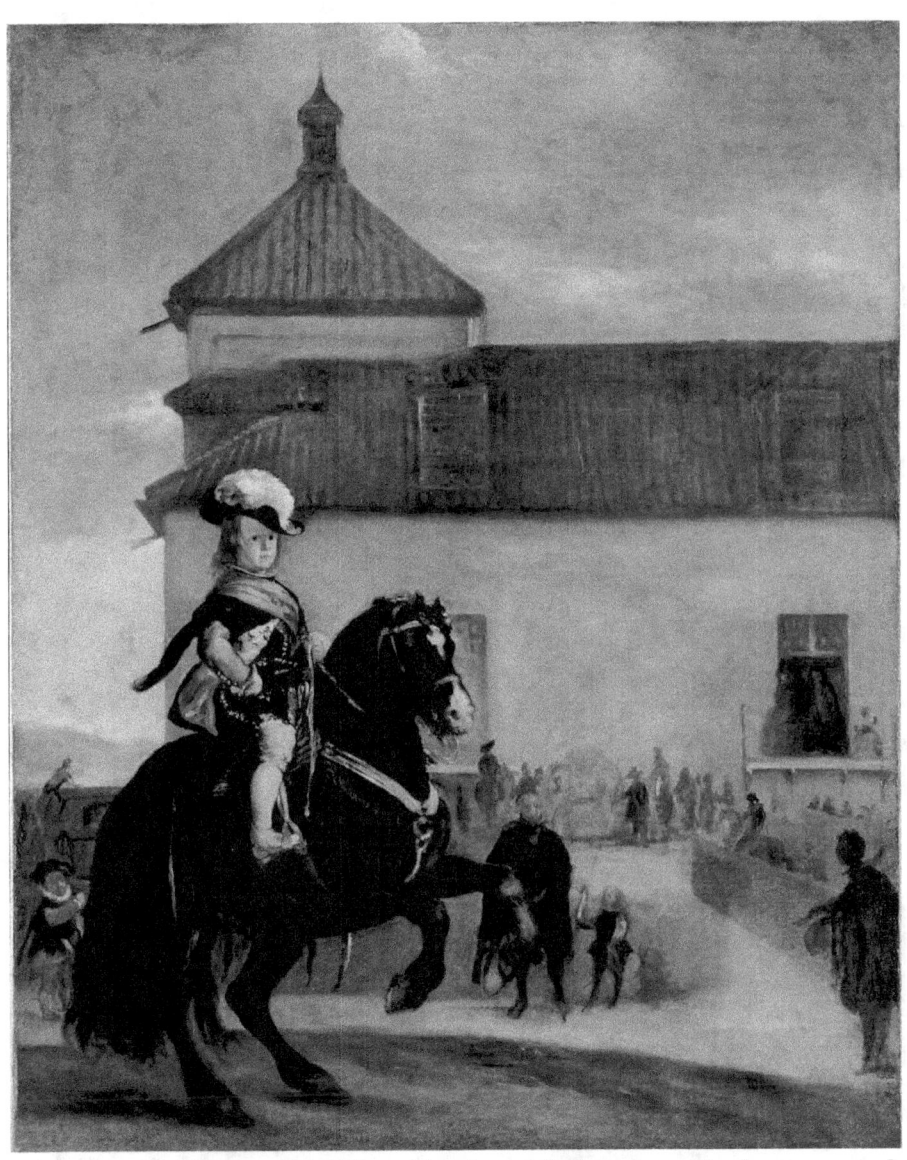

Diego Velázquez, *El príncipe Baltasar Carlos en el picadero*, Collection Wallace

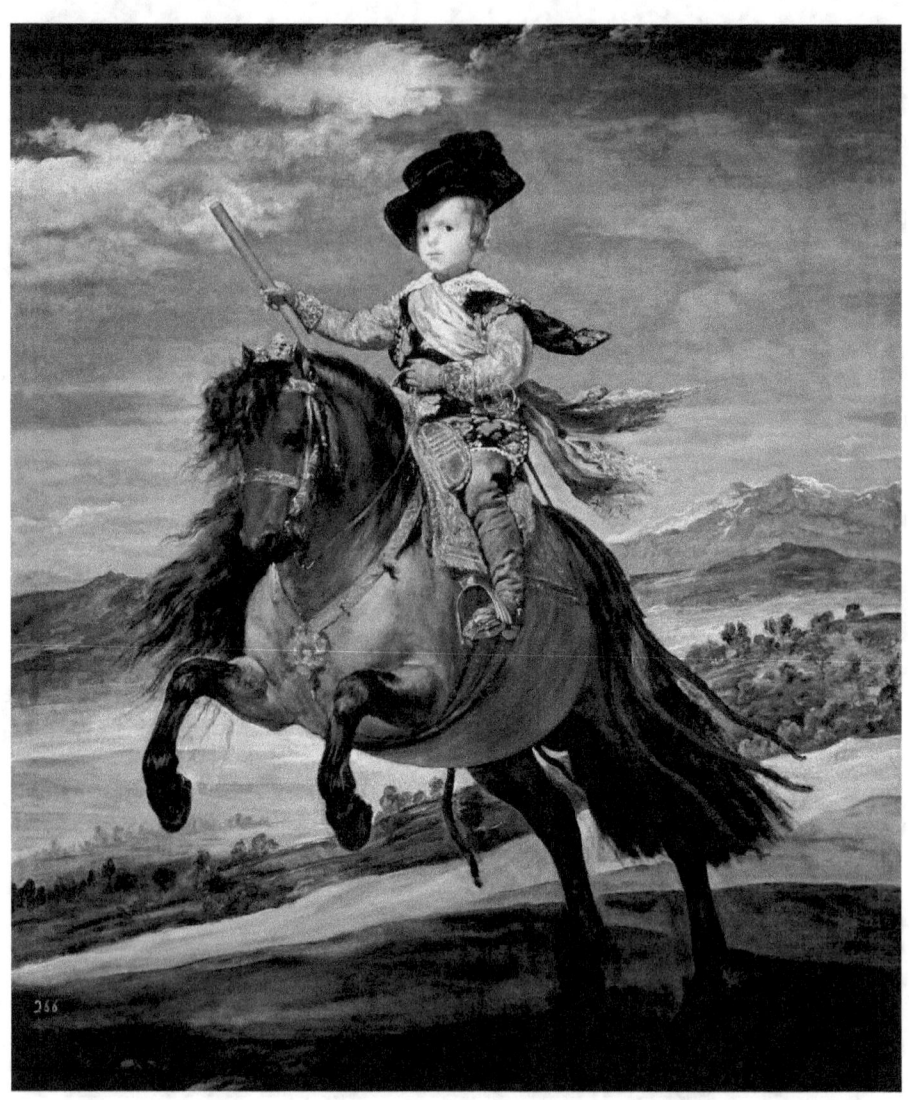
Diego Velázquez, *El príncipe Baltasar Carlos a caballo*

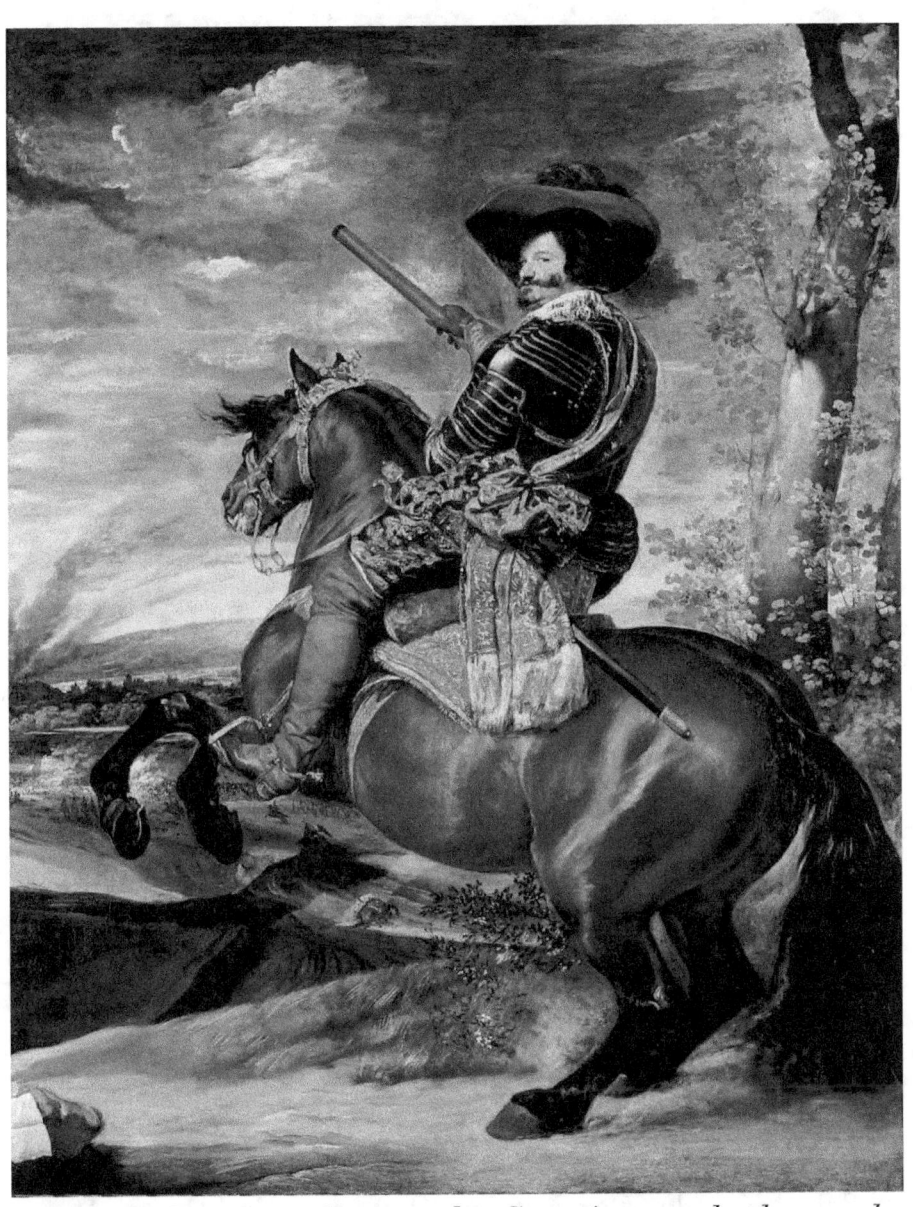

Diego Velázquez, *Gaspar de Guzmán, conde-duque de Olivares, a caballo*

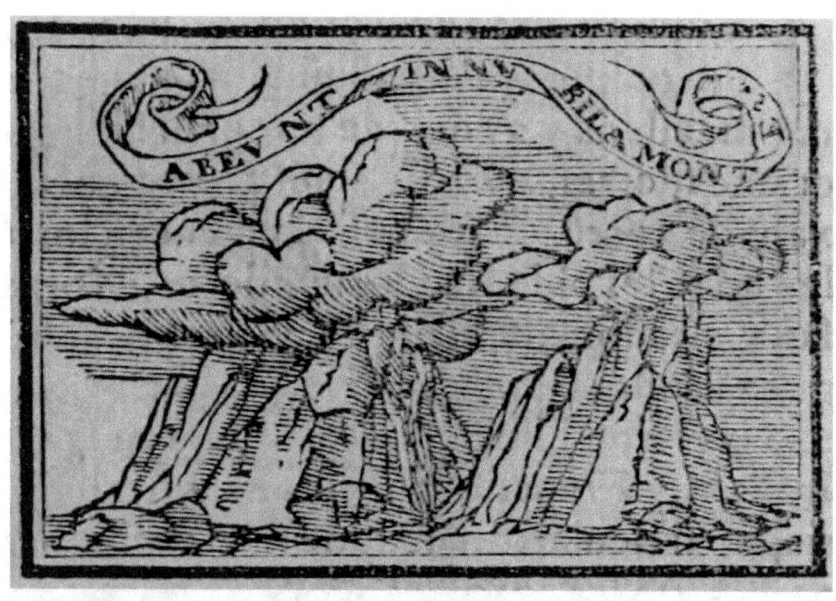

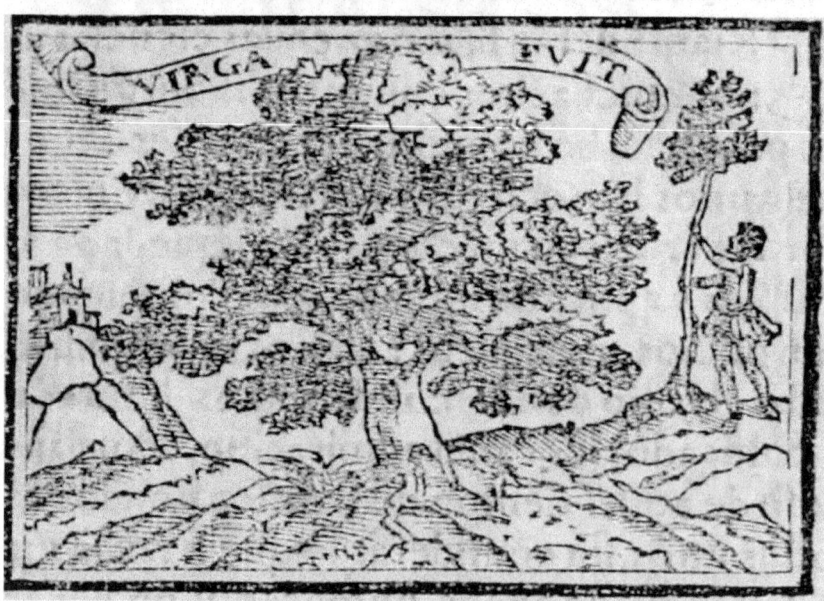

Sebastián de Covarrubias Horozco, Emblèmes 18 Centuria II, et 52 Centuria III

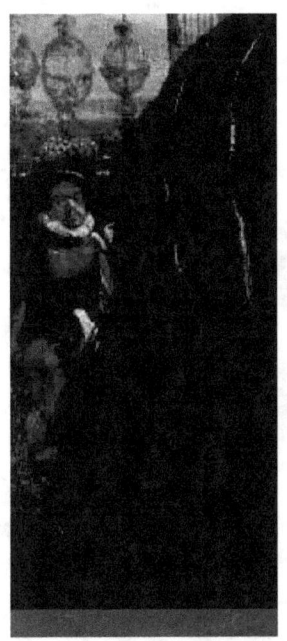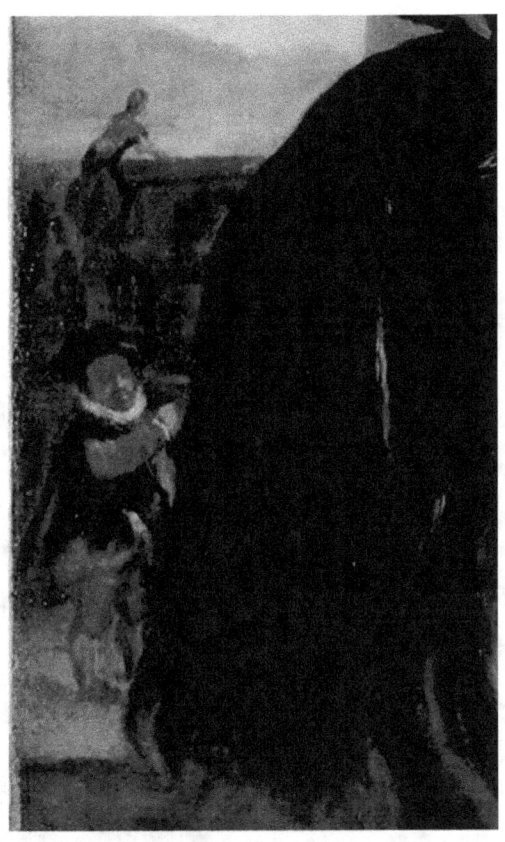

Diego Velázquez, *El príncipe Baltasar Carlos en el picadero*, Collection du Duc de Westminster et Collection Wallace, détails

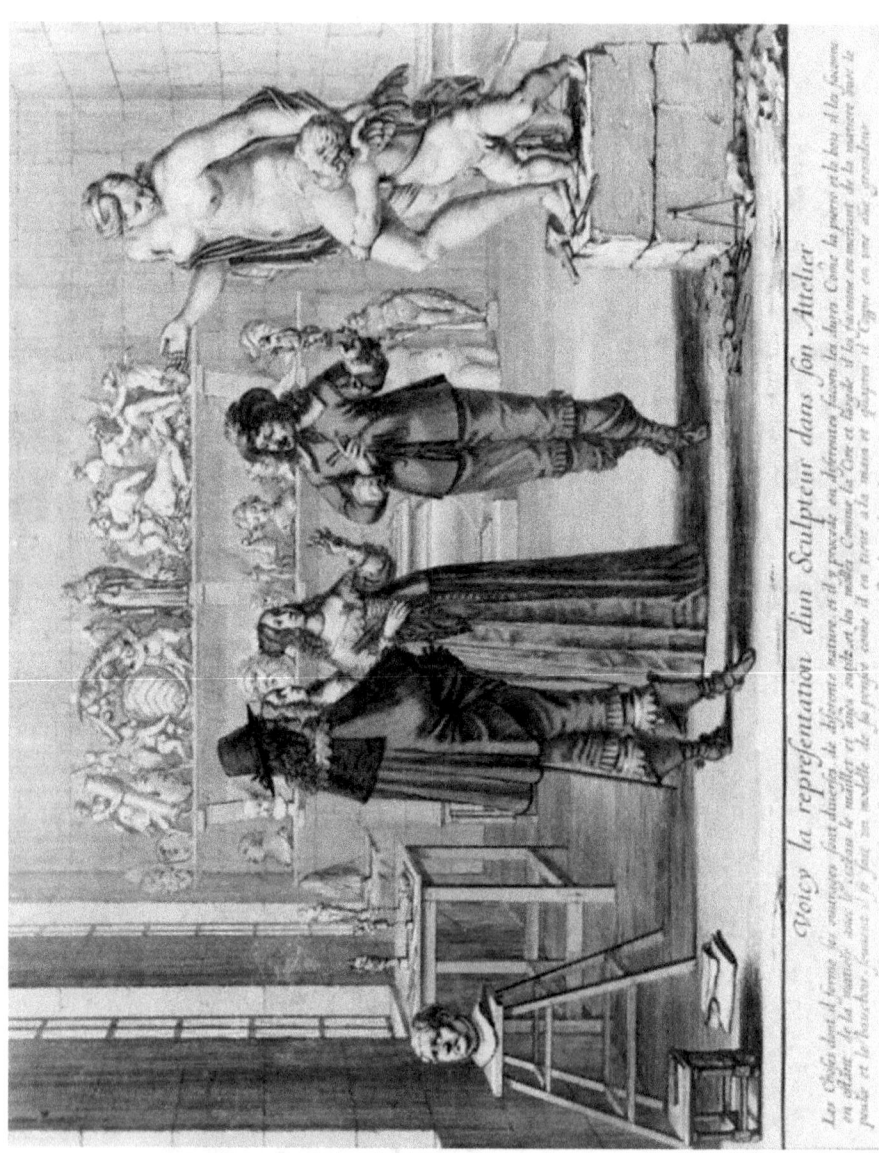

Abraham Bosse, *Le Sculpteur dans son atelier*

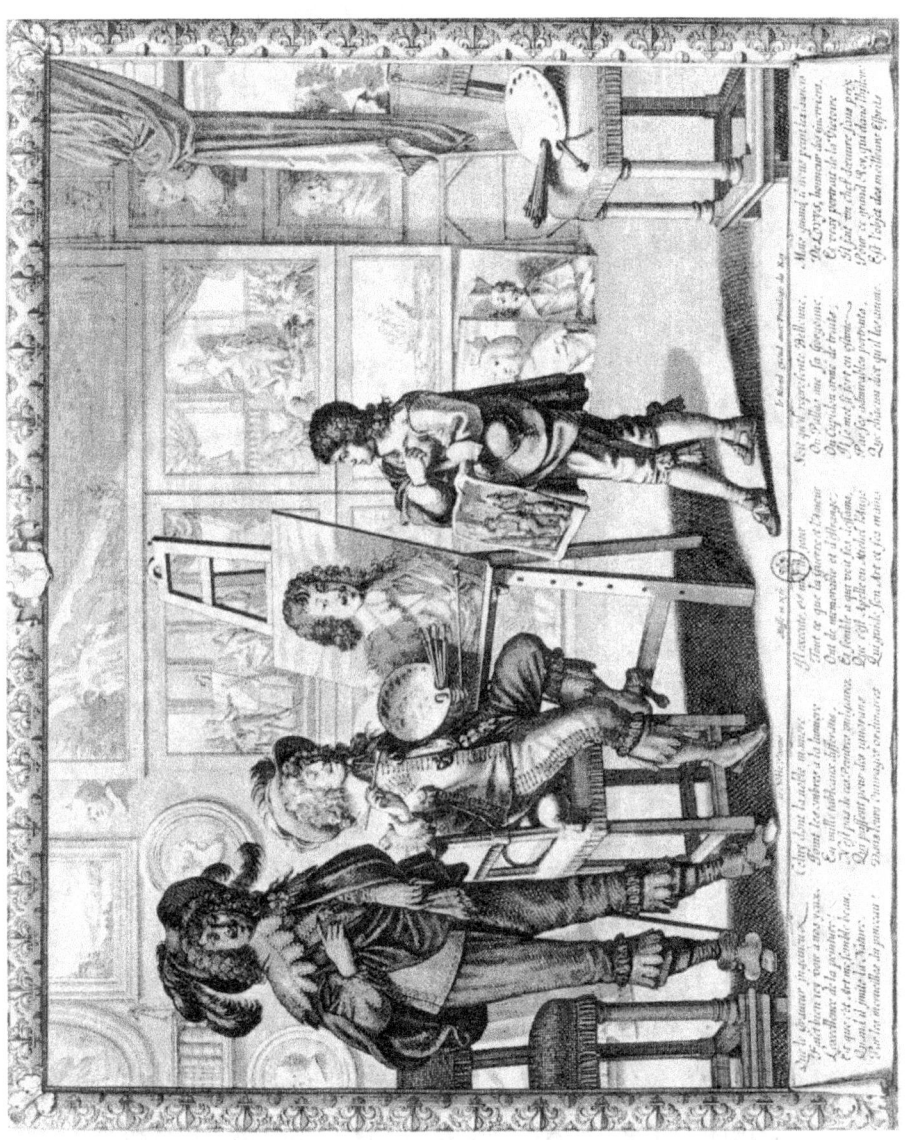

Abraham Bosse, *Le Noble Peintre*

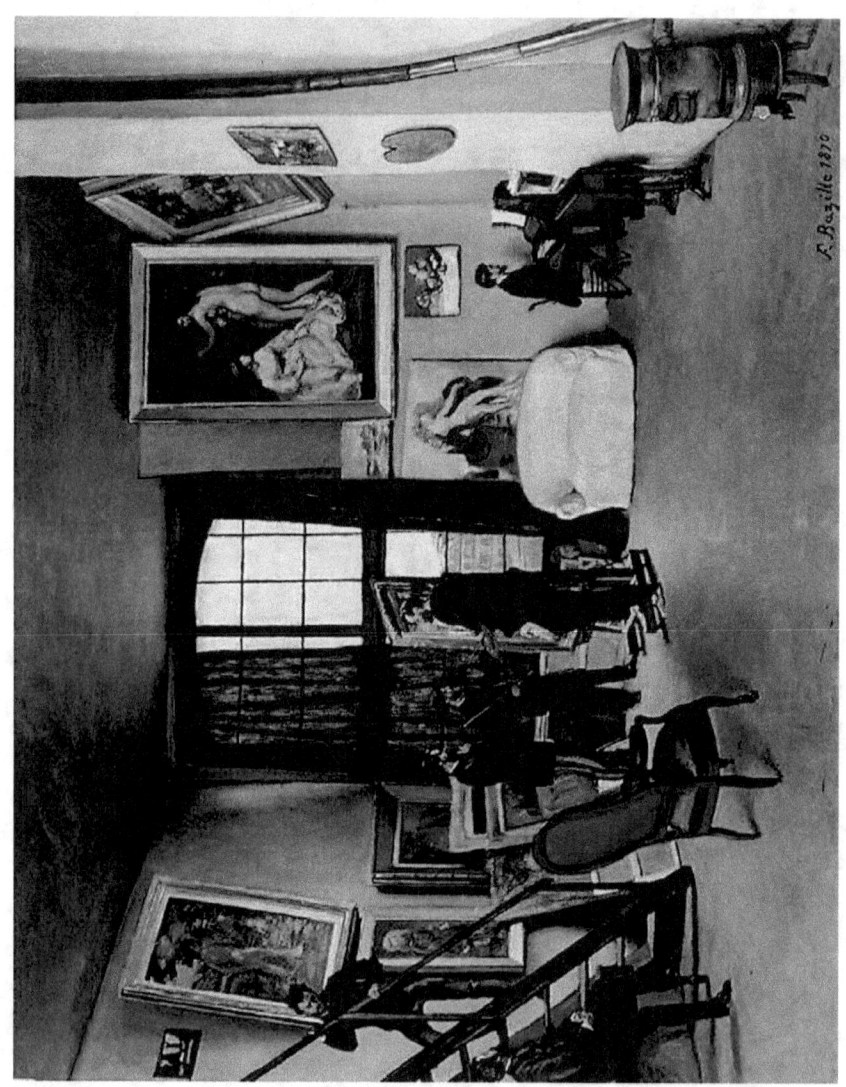

Frédéric Bazille, *Atelier de la rue La Condamine*

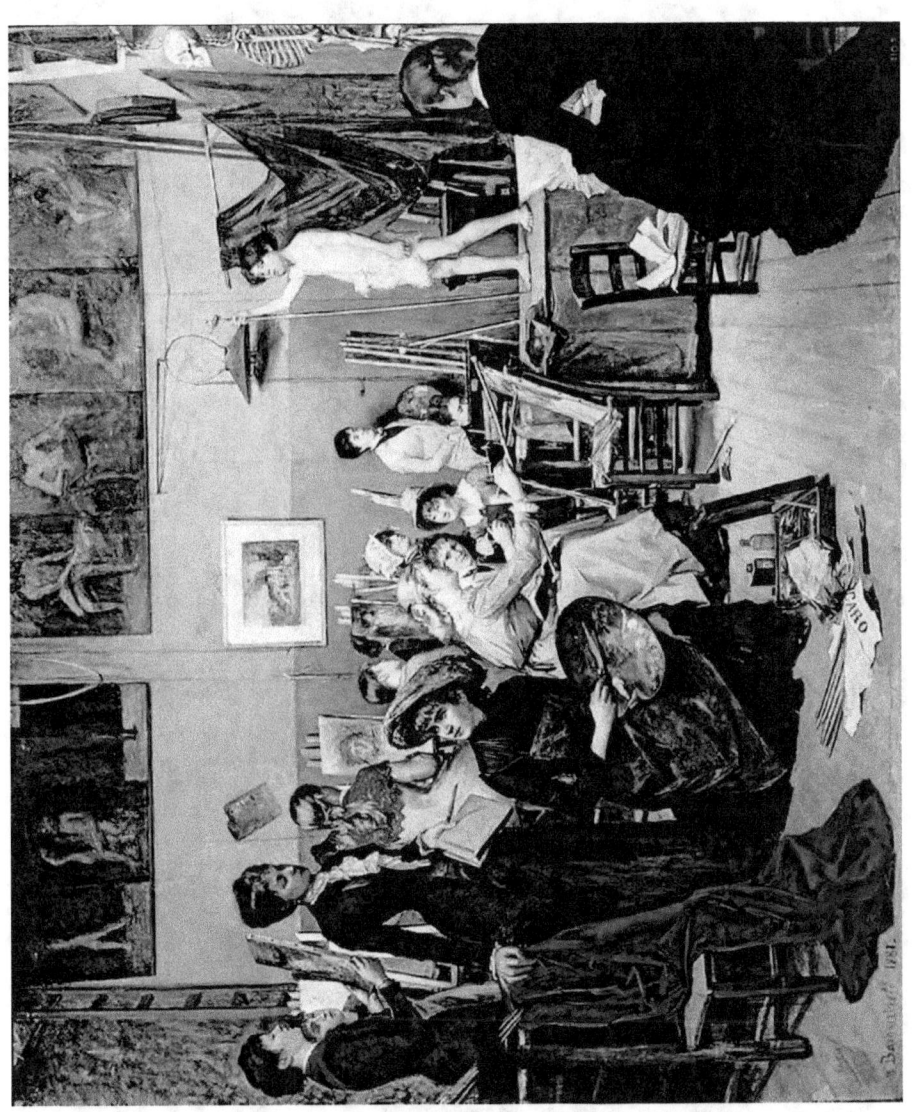

Marie Bashkirtseff, *Dans l'atelier*

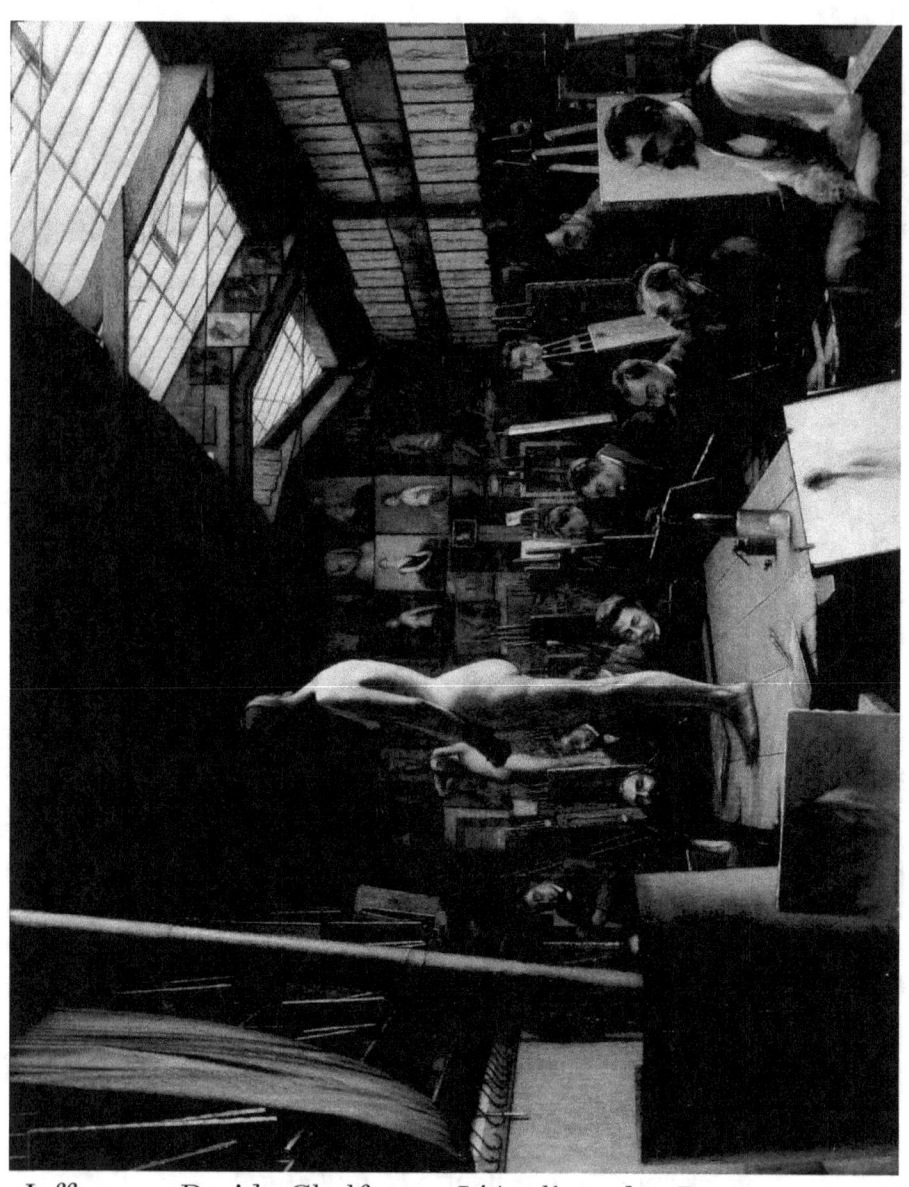

Jefferson David Chalfant, *L'Atelier de Bouguereau à l'Académie Julian, Paris*

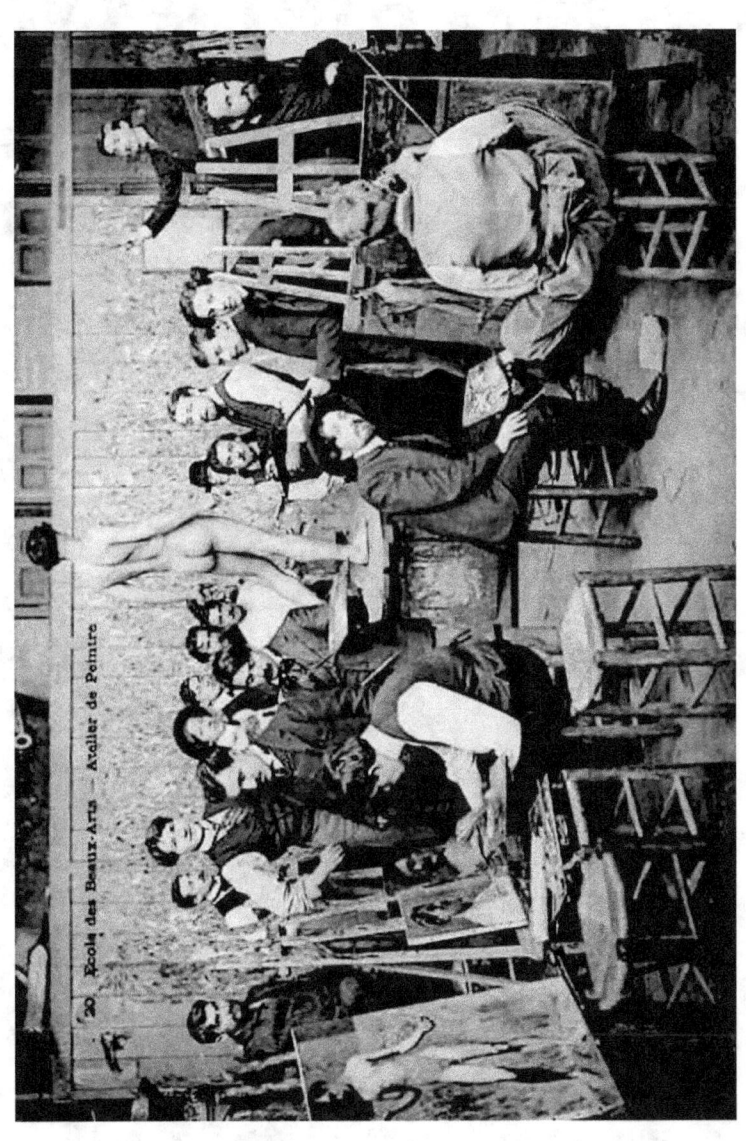

20 École des Beaux-Arts — Atelier de Peintre

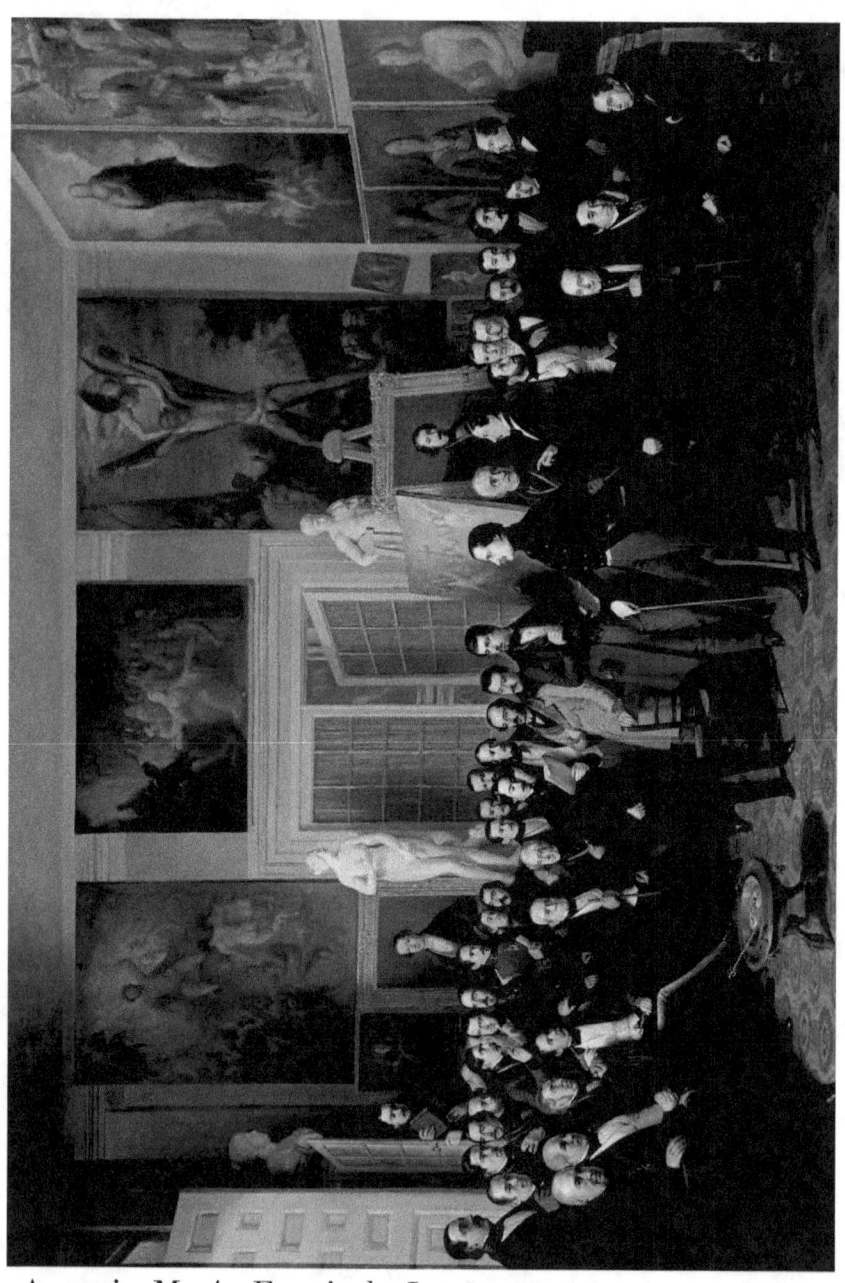

Antonio María Esquivel, *Los poetas contemporáneos. Una lectura de Zorrilla en el estudio del pintor*

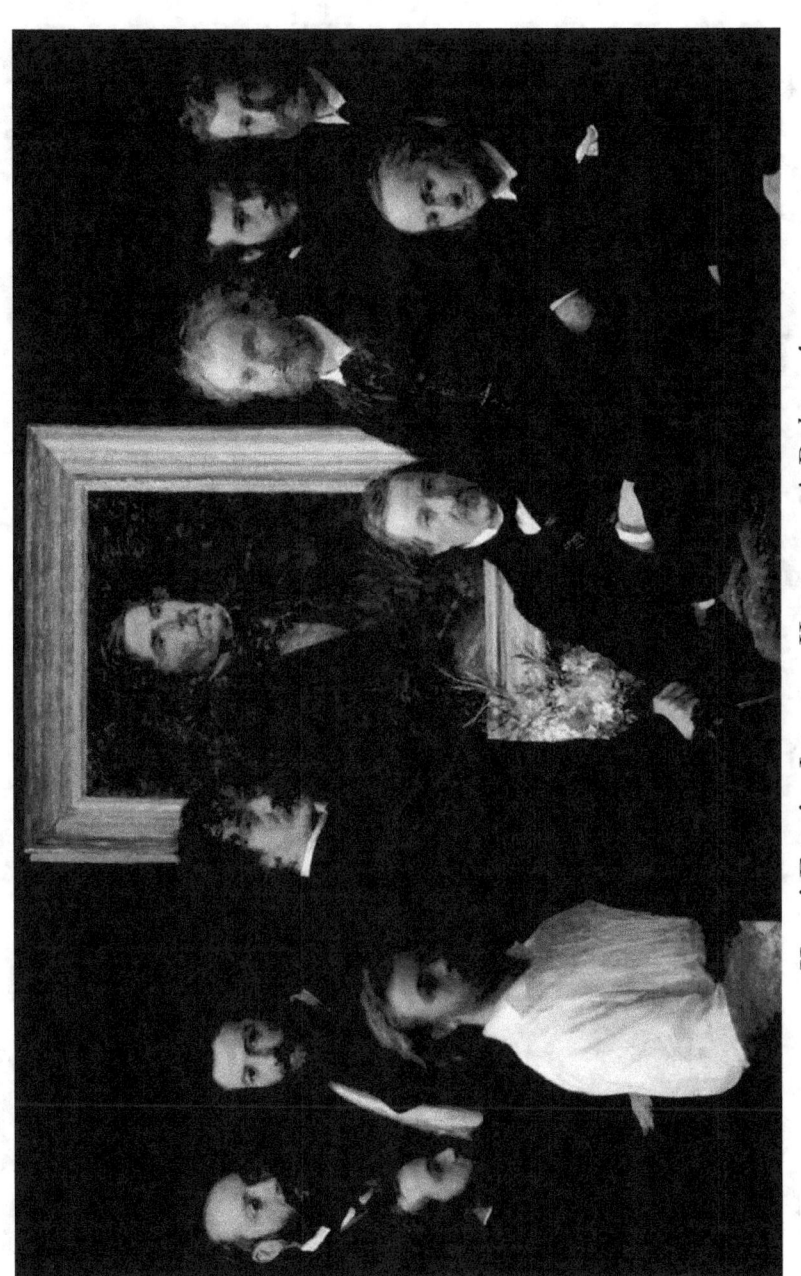

Henri Fantin-Latour, *Hommage à Delacroix*

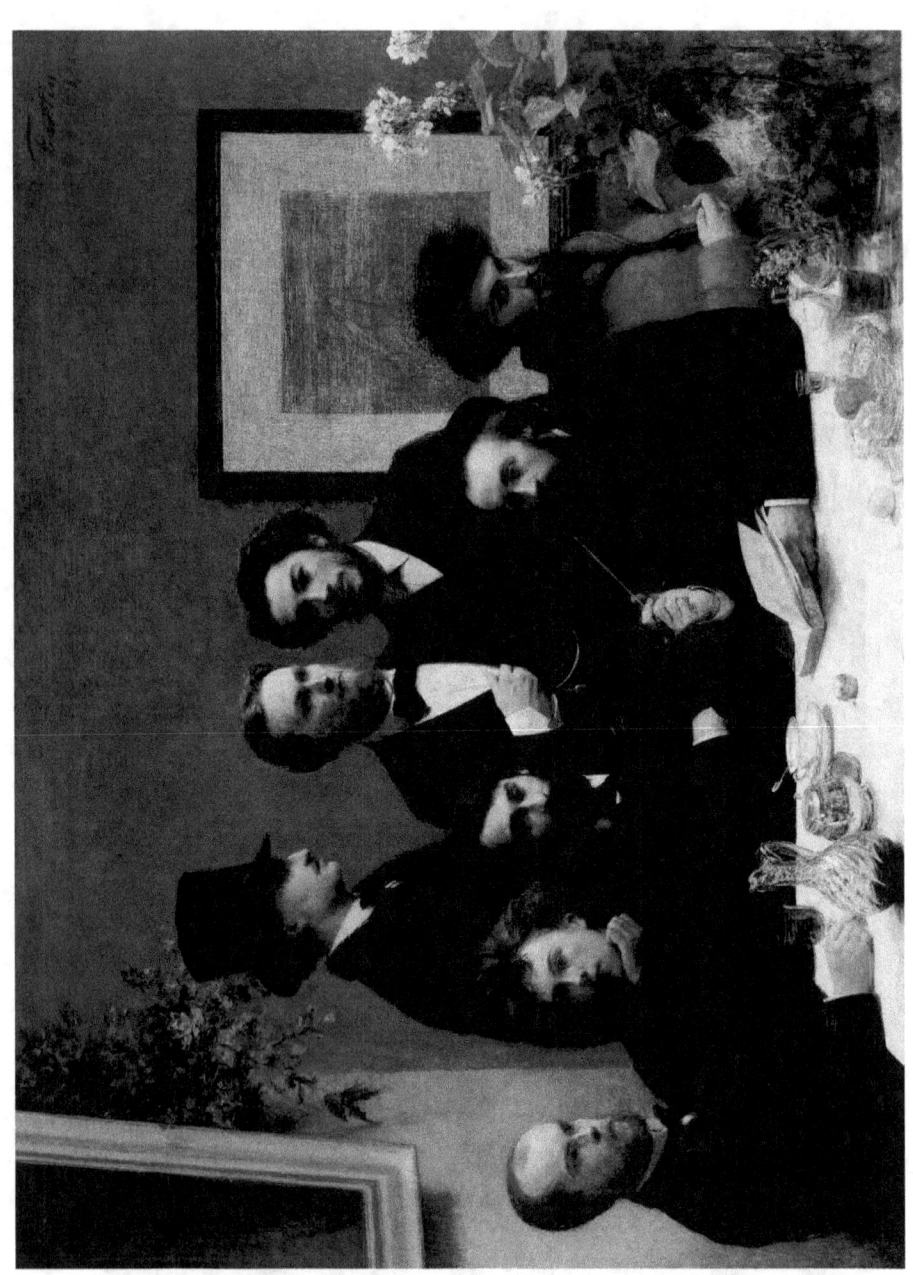

Henri Fantin-Latour, *Un coin de table*

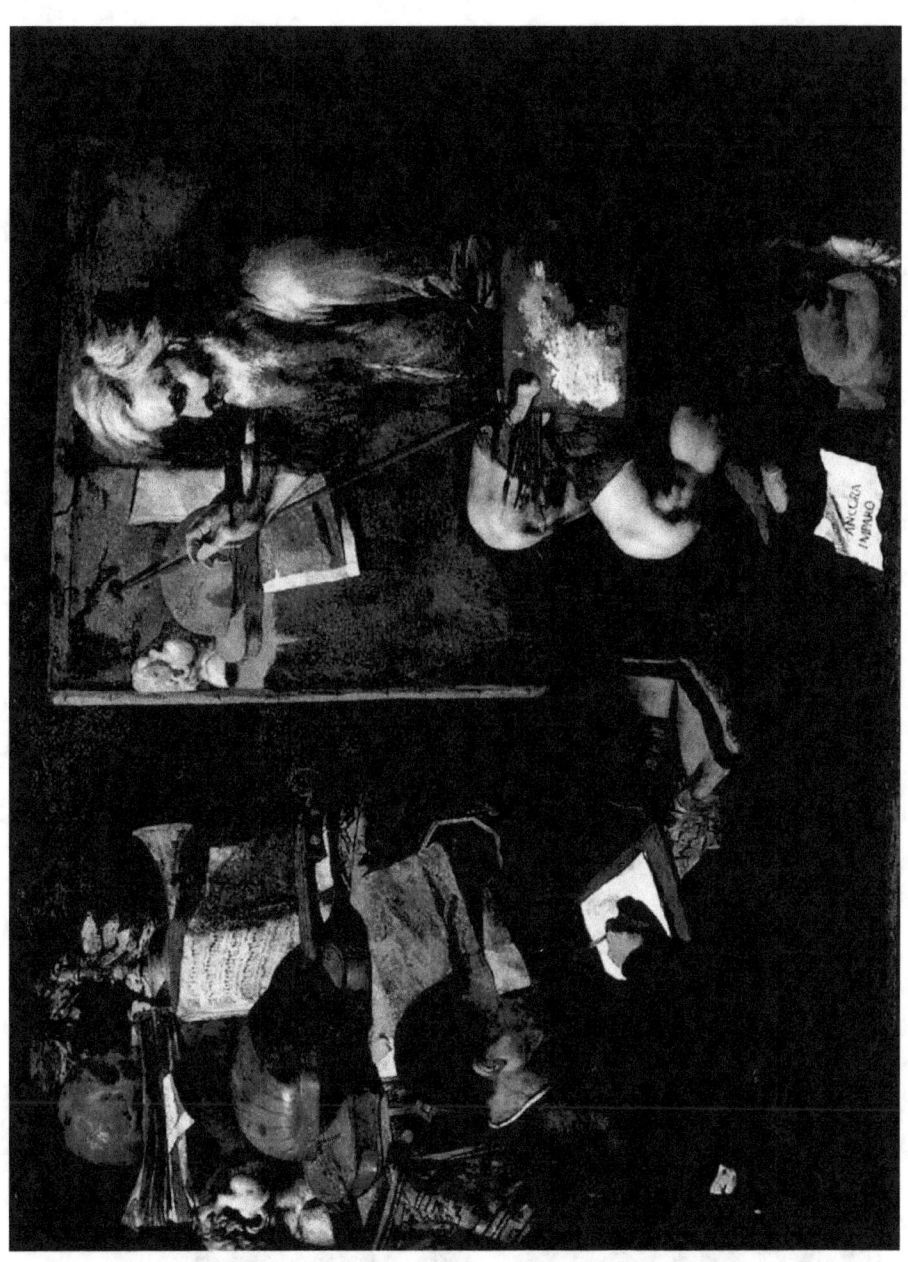

Giovanni Domenico Cerrini, *L'Atelier du peintre*

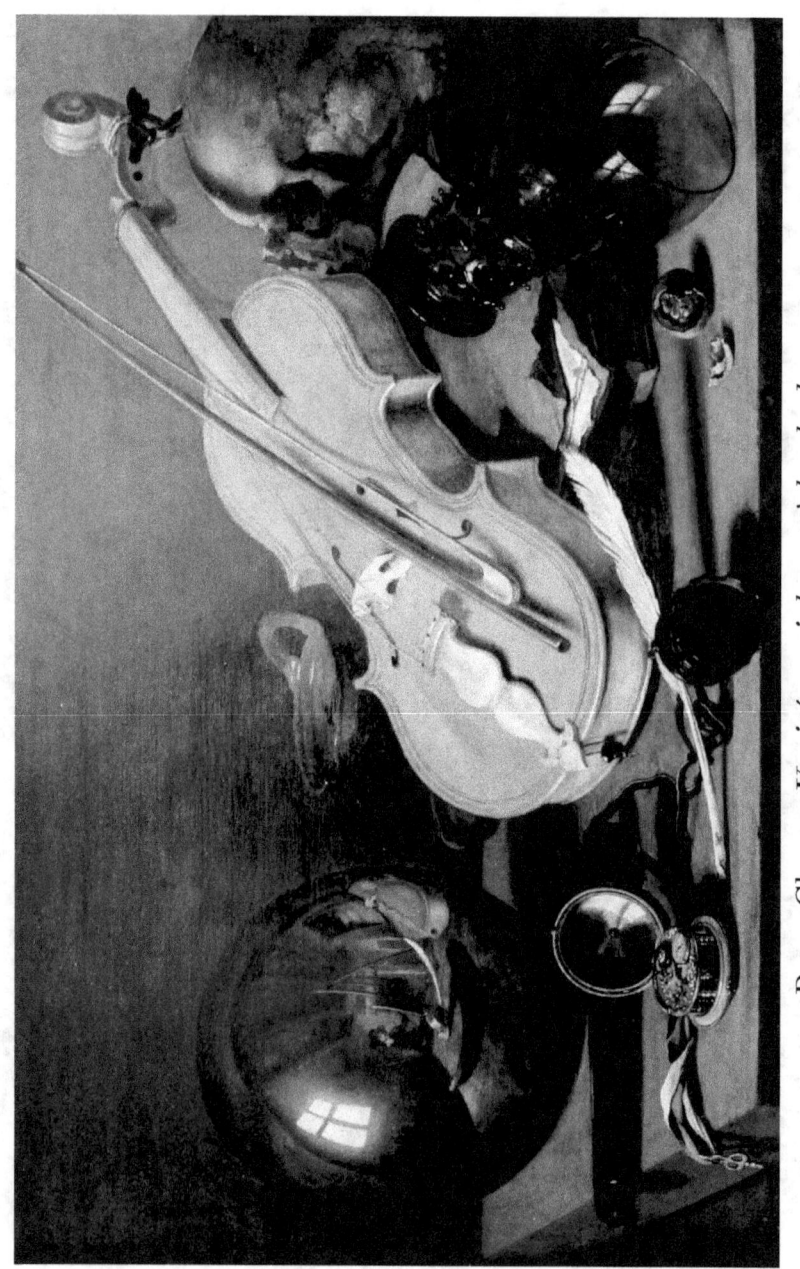

Peter Claesz, *Vanité au violon et à boule de verre*

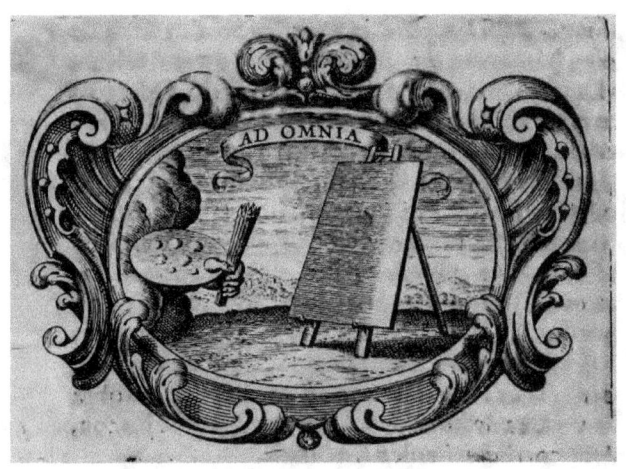

Diego de Saavedra Fajardo, "*Ad Omnia*"

VIE HVMAINE.

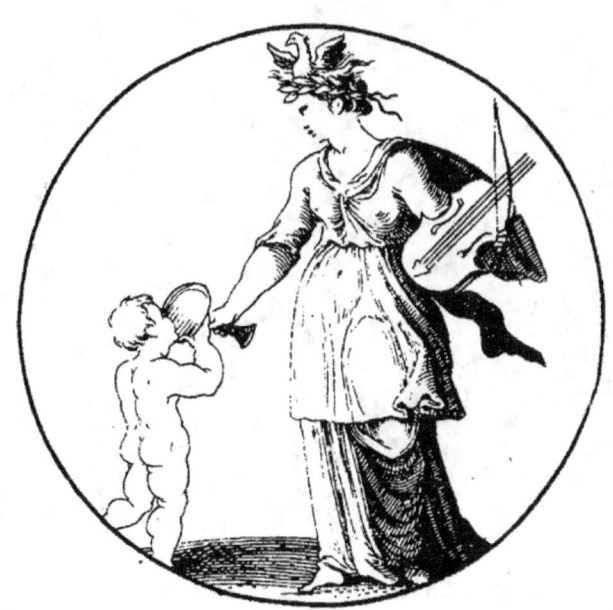

Cesare Ripa

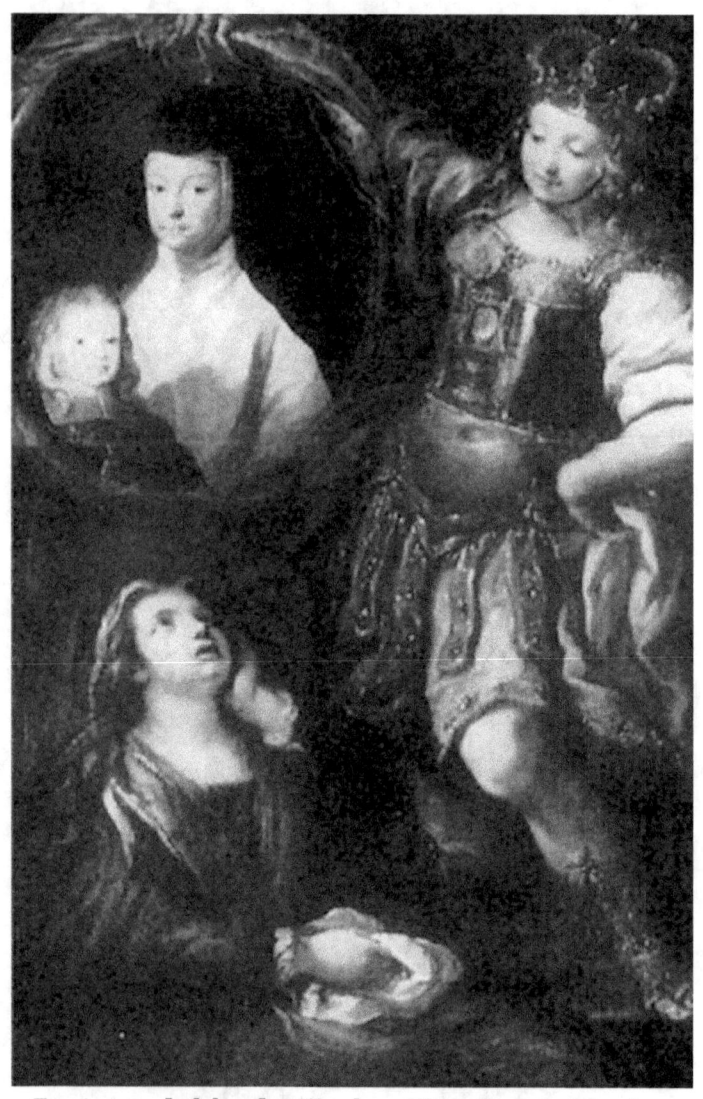

Retrato doble de Carlos II y Doña Mariana de Austria, attribué au cercle de Juan Carreño de Miranda

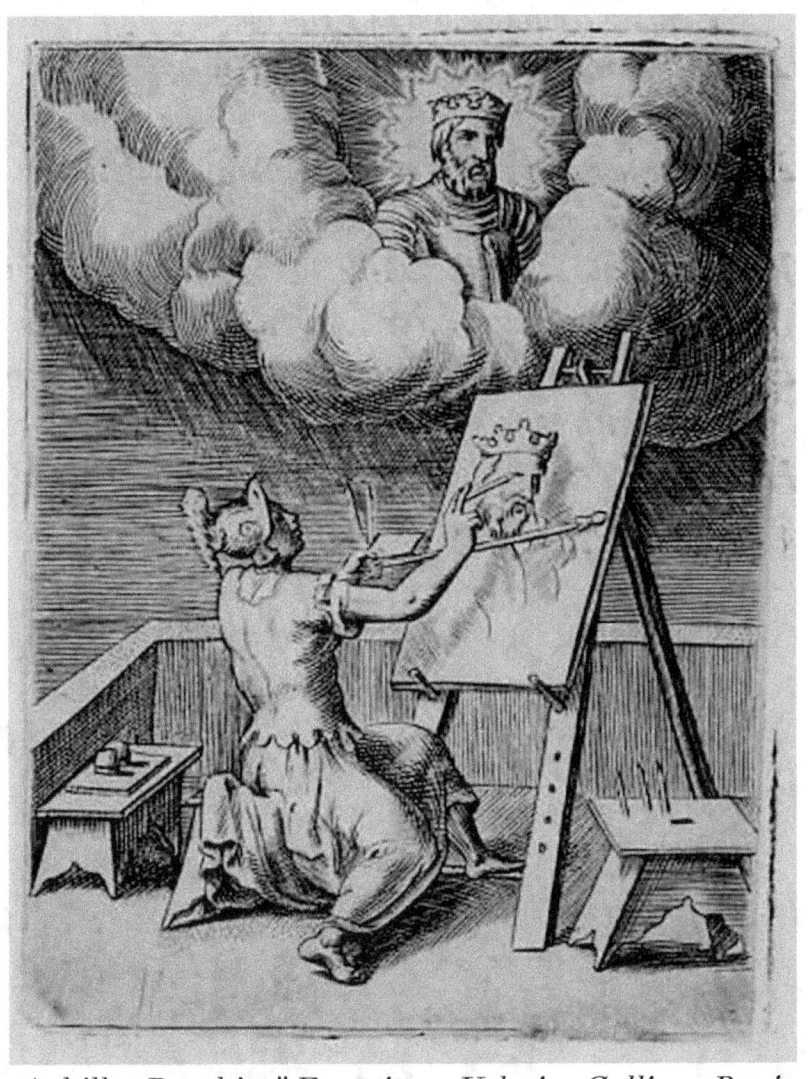

Achille Bocchi, "*Francisco Valesio Galliar. Regi. Virtvs Virtvtem Fingere Sola Potest*"

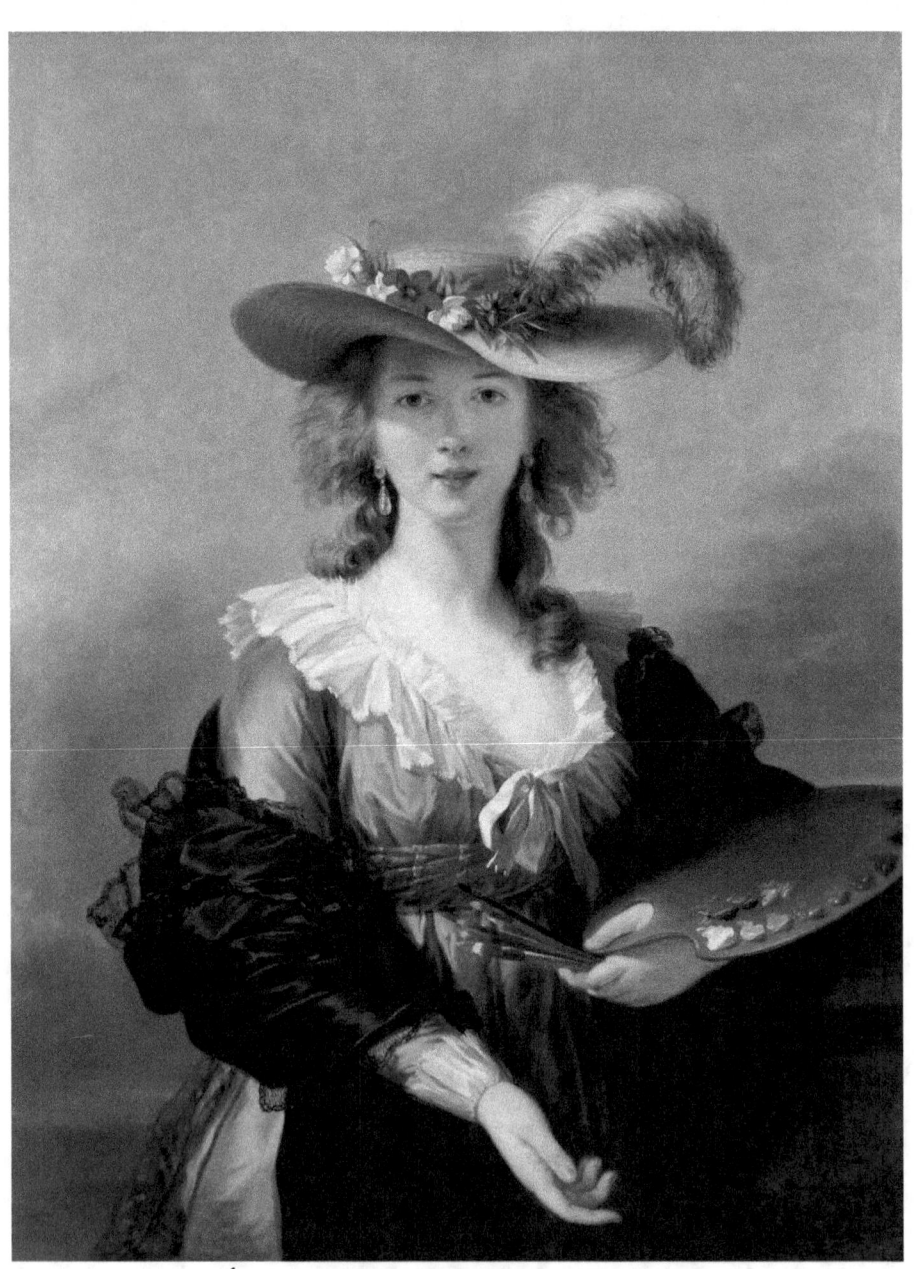

Élisabeth Louise Vigée Le Brun,
Autoportrait au chapeau de paille

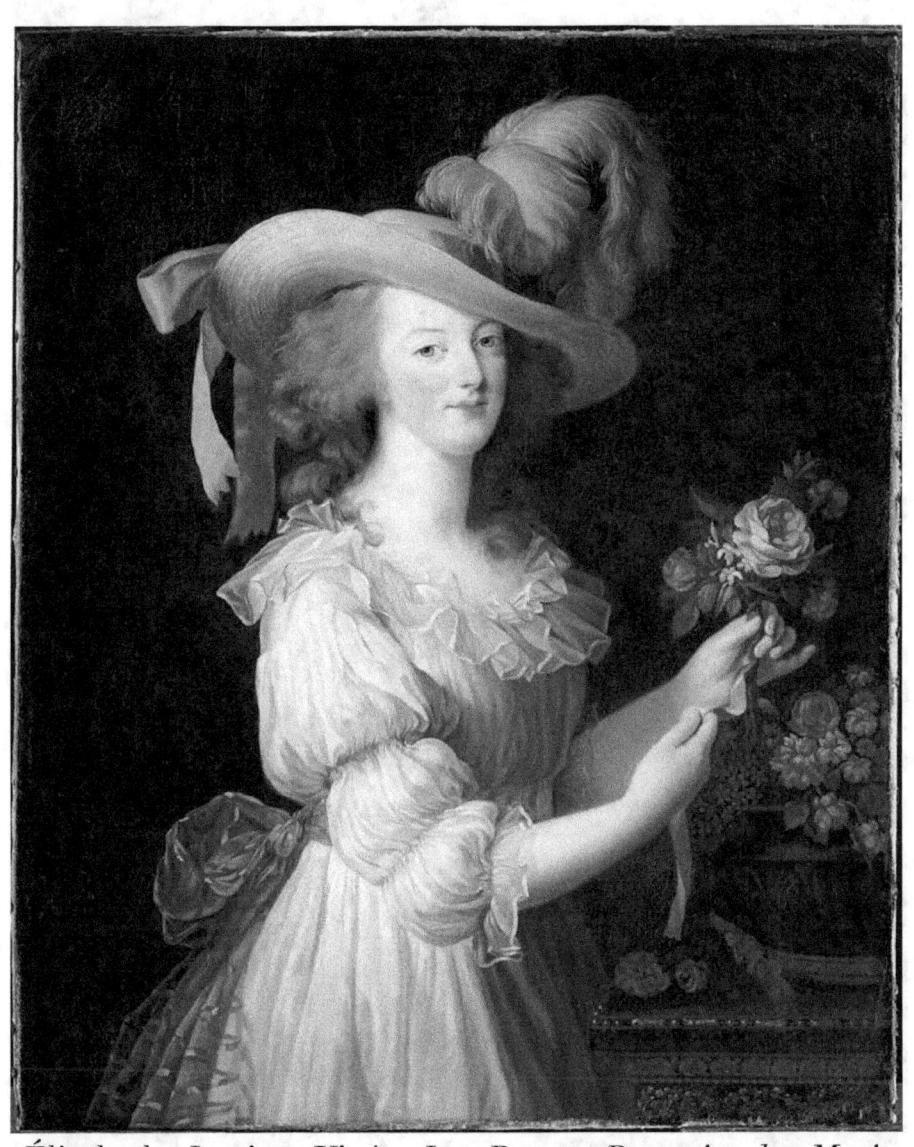

Élisabeth Louise Vigée Le Brun, *Portrait de Marie Antoinette en robe de mousseline dite 'à la créole', 'en chemise' ou 'en gaulle'*

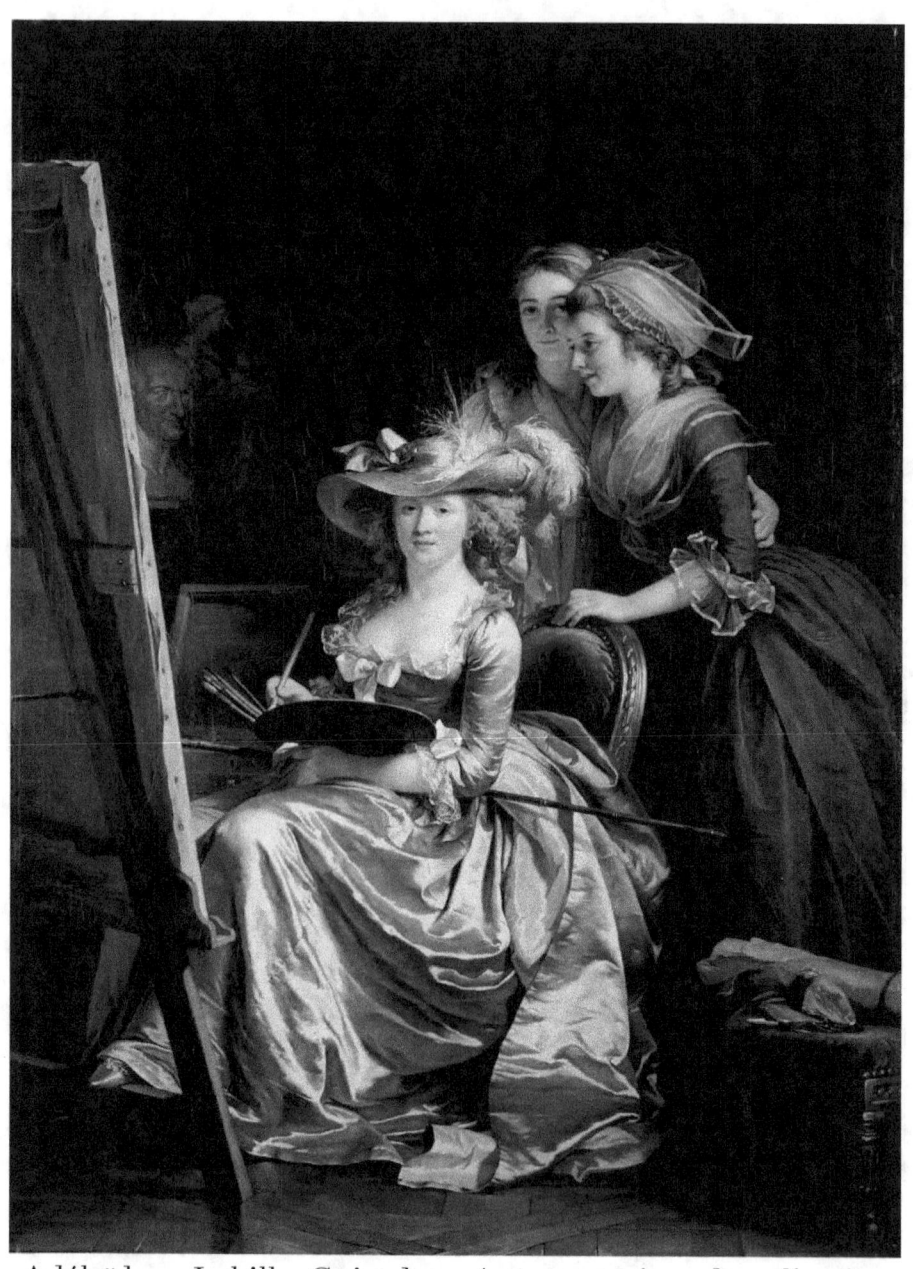

Adélaïde Labille-Guiard, *Autoportrait de l'artiste accompagnée par deux de ses élèves*

www.ingramcontent.com/pod-product-compliance
Lightning Source LLC
Chambersburg PA
CBHW050048230526
45470CB00004B/1446